新编高职高专经济管理类规划教材

管理能力训练教程
(第二版)

谢 敏 编 著

清华大学出版社
北京

内 容 简 介

作为专门为高职高专院校学生量身定做的管理能力训练教材，本书在编写过程中始终坚持以下原则：使通过持续训练的学生自信、自尊、大方、有控制力，有较强的交际能力，有良好的团队精神、管理者角色意识，切实掌握基础技能。本书强调对管理知识的活化和稳定化的可行性，提高学生掌握并运用这一知识和装备的能力，涵盖了自我管理、团队管理、社会关系管理、团队建设等能力的训练内容。

本书可作为高职高专经济管理类等相关专业的教材，也可供企事业单位的管理者、对管理感兴趣的读者参考使用，还可作为相关岗位培训的教材。

本书封面贴有清华大学出版社防伪标签，无标签者不得销售。

版权所有，侵权必究。举报：010-62782989，beiqinquan@tup.tsinghua.edu.cn。

图书在版编目(CIP)数据

管理能力训练教程(第二版)/谢敏 编著. —北京：清华大学出版社，2012.4（2023.9重印）
(新编高职高专经济管理类规划教材)
ISBN 978-7-302-28187-0

Ⅰ. 管… Ⅱ. 谢… Ⅲ. 管理学—高等职业教育—教材 Ⅳ. C93

中国版本图书馆 CIP 数据核字(2012)第 035147 号

责任编辑：王燊娉　易银荣
装帧设计：中子画设计
责任校对：蔡　娟
责任印制：宋　林

出版发行：清华大学出版社
　　　　　网　　址：http://www.tup.com.cn，http://www.wqbook.com
　　　　　地　　址：北京清华大学学研大厦 A 座　　邮　编：100084
　　　　　社 总 机：010-83470000　　　　　　　　　邮　购：010-62786544
　　　　　投稿与读者服务：010-62776969，c-service@tup.tsinghua.edu.cn
　　　　　质量反馈：010-62772015，zhiliang@tup.tsinghua.edu.cn
印 装 者：涿州市般润文化传播有限公司
经　　销：全国新华书店
开　　本：185mm×260mm　　　印　张：14.25　　　字　数：304 千字
版　　次：2012 年 4 月第 2 版　　印　次：2023 年 9 月第 11 次印刷
定　　价：49.00 元

产品编号：045777-02

在网络普及的年代，教育发展的趋势使得人们越来越不满足于知识量的增多而更关注于能力的提高。人们已认识到"原理"类教材的不足，而更愿意重视对"训练"类教材的关心。本书就是针对高职高专学生能力训练的特点而专门设计撰写的教程。作为第二版，它是在前面5年使用基础上的修订。

管理能力，它的作用已不局限于对个人自身资源的节约利用，而是扩张到对社会资源的调动，这不仅有利于个人作用的充分发挥，而且能以团队作用的形式出现，以团队的力量面对任务。所以，它已不为管理者所专有，而是一切有志于从事管理工作的人的必需装备。对于高职高专学生来说，他们起码应把自己定位为基层管理者，除专业内容外，学习了解管理能力也是其基本需求。

鉴于高职高专院校学生的训练需求，本书在结构设计上强调可读性、趣味性和实用性，采用项目模块编排方式。本教程分成4个项目，每个项目下又分设了4个模块。第一个项目是自我管理能力的训练，主要从角色认知、角色能力、时间管理、习惯管理4方面进行阐述，它着重于管理者的自我管理训练。这一项目的学习，旨在使学生能定位于管理者，并掌握管理者应该具有的一些基本能力。第二个项目是团队管理能力的训练，它是继前一项目训练以后对组织(团队)的管理，对组织的管理难度要大于对自己的管理，但是如果已经练好了内功，经过一定的训练，对组织的管理也一样是可行的。其内容主要有团队目标管理、领导与执行、内部沟通与激励、绩效评估，这些都是组织管理中最重要的内容。通过这些内容的反复训练，应该对管理活动有了进一步的了解，应能投身于组织管理的实务活动之中。第三个项目是社会关系管理能力，包括社会资源管理、谈判艺术、社交活动、接受管理的内容，主要训练如何与社会打交道。与社会打交道是普通人都应该具备的能力，但是对于管理者来说却需要进行一些专业的强化训练，事实证明，这些能力中的大多数内容摆在就学期间训练也一样能完成。最后一个项目是团队建设能力的训练，它是组织(团队)管理的动态发展方面的能力要求，包括学习型团队构思、团队组织建设、团队文化营造、团队战略与核心能力的构建等内容，如果人们在组织管理中具有动态的应对能力，则对于日常管理事务的处理自然更容易把握。当然，这一部分的训练难度要更高一些。上述训练项目的安排具有由内及外、由易至难的特点。

在各模块的表达结构上，首先提出了学习的目的，以目的引领后续的训练活动。接下来从活动着手展开训练，要求每个人都参与活动，通过活动构建学生的角色意识、责任意识和活跃参与意识，将传统意义上的传授理论和思想的课堂融入了与此相关的行动的内容，使知识传承与能力训练结合了起来。第三部分是理论知识。能力体现着对知识活化运用的本领，任何能力皆以知识为基础。在理论讨论过程中安排了一定量的故事和案例，使读者能进一步感受他人的处理与活动，以便在认识中加强自身建设，在潜移默化中获得管理能力的提高。第四部分是拓展知识，亦即对相关知识或案例给予介绍，以起到夯实前面所学知识和巩固能力训练成效的作用。第五部分是思考和训练，既是模块的最后一个训练部分，也反映了对读者持久训练的要求。除了模块中的训练内容以外，此次修订还增加了"每日练习"的内容，毕竟，能力训练需要有一个重复的过程，只有反复地操练，才能把它作为一种心理倾向稳定下来。模块结构上述安排的逻辑连贯性保证着该课程能够丝丝相扣地一气呵成。

作为专门为高职高专院校学生量身定做的管理能力训练教材，本书在编写过程中始终坚持以下原则：使通过持续训练的学生自信、自尊、大方、有控制力，有较强的交际能力，有良好的团队精神、管理者角色意识，切实掌握基础技能。本书强调对管理知识的活化和稳定化的可行性，提高学生掌握并运用这一知识和装备的能力，涵盖了自我管理、团队管理、社会关系管理、团队建设等能力的训练内容。

本书设计教学时间为一个学期(18周)，每周2课时。教师在指导学生进行训练时可以适当调整教程中的具体内容。需要注意的是，训练过程是改变不良习惯、培养良好习惯的过程，它不可能纯粹在课堂上完成，课堂外的持续训练则是成功的关键。为此，一开始使用本书时就应该要求学生先记录自己的好习惯和不良习惯，有序安排培养良好习惯和改变不良习惯的时间表，在学习和训练能力的过程中逐渐达成目标。

在使用本书的过程中，希望教师能够带领学生从自我角色定位开始，把自己定位为中、高层的管理者，用中、高层管理者的标准去要求自己。这样或许会有点使学生产生好高骛远的副作用，但却能产生"大气"的效果。

管理能力训练是一个长远的活动，本书作为"基础训练教程"只能起到抛砖引玉的作用，希望同学们借此能对管理能力训练有一个好的开始，从而真正参与到从能力上要求自己并进行积极训练的队伍中来。

本人对"管理能力训练"教学的探索已经多年，深切地体会到高职高专院校开设这门课程的重要性和迫切性，同时也知道没有专用教材对开设这门课程的教师来说有多么不便。值第一版教材正式出版5年，教育部工商教指委主任卢昌崇老师、秘书长赵宁老师、陈丽能教授决定在温州召开"管理能力训练——课程研讨会"之际，我把这个修订本供奉给大家参考，真诚希望专家、同仁们能给予批评指正。本书的相关教学课件，可以从http://www.tupwk.com.cn/downpage网站下载。

谢　敏

2012年1月

目录

项目一 自我管理能力的训练 ················ 1

模块一 角色认知 ················ 2
模块二 角色能力特征 ················ 16
模块三 时间管理 ················ 30
模块四 习惯管理 ················ 43

项目二 团队管理能力的训练 ················ 55

模块一 团队目标管理 ················ 56
模块二 领导与执行 ················ 70
模块三 内部沟通与激励 ················ 82
模块四 绩效评估 ················ 94

项目三 社会关系管理能力的训练 ················ 109

模块一 社会资源管理 ················ 110
模块二 谈判艺术 ················ 123
模块三 社交活动 ················ 139
模块四 接受管理 ················ 153

项目四 团队建设能力的训练 ················ 167

模块一 学习型团队构思 ················ 168
模块二 团队组织建设 ················ 183
模块三 团队文化营造 ················ 195
模块四 团队战略与核心能力的构建 ················ 206

参考文献 ················ 219

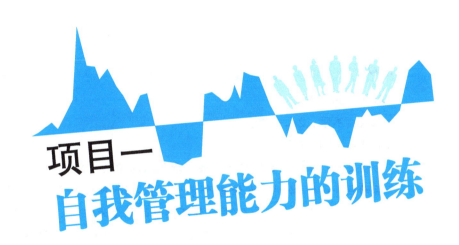

项目一
自我管理能力的训练

模块一 角色认知

一、教学目标

终极目标：进入管理者的角色并定位于该角色。
促成目标：1. 充分理解管理角色、地位及其影响；
2. 定位于管理者角色。

二、能力训练

活动一　　　　　　　我 是 谁

时间：30分钟。
人数：不限，2人一组。
道具：A4打印纸。
活动目的：认识自己眼中的"我"和他人眼中的"我"。
活动程序：1. 培训师发给每个学生一张A4打印纸，学生每2人一组，一人为甲，一人为乙(最好找不熟悉的学生为伴)。

(1) 甲向乙介绍自己的特点，乙在A4纸上记下甲所说的特点，时长5分钟。自我介绍者在说了一个缺点之后，必须再说一个优点。

(2) 甲乙角色互换。

(3) 甲乙两人取回对方记录的纸张，在背面的右上角签上自己的名字。师生分享活动的心得与感受，并讨论：介绍自己的优点与介绍自己的缺点，何者较为困难？为什么？自己使用哪些策略度过这5分钟？

2. 3~4小组并为一大组，每大组有6~8人。

(1) 每个学生将其签名的A4纸(空白面朝上)传给右手边的学生。拿到签名纸张的学生根据对该学生的观察与了解，在纸上写下欣赏性评价，如"我欣赏你，因为……"写完之后，依序向右转，直到签名纸张传回至本人手上为止。

(2) 每个人阅读别人对自己的欣赏性评价。

3. 教师邀请学生分享此次活动的感想与收获，说明了解真实的我并接纳真实的我的重要性。

> **提示**
>
> "人贵有自知之明",有时自知之明也可以通过交流和活动获得。我们也可以把"欣赏性评价"调整为"批评性评价",看看效果怎样。

他人眼中正面的"我"包括_____

我看到的自己是_____

活动二　　　换 位 思 考

时间：15～30分钟。

人数：3人一组。

活动目的：通过情景模拟训练学员的换位思考能力。

活动程序：1. 确定角色——认真的校长,比较心急的老师,不太守纪律的学生。

2. 老师批评学生,学生自我辩解,校长旁白。

3. 换角色扮演。

4. 由主持者作总结。

> **提示**
>
> 换位思考训练以双向形式进行,双方开诚布公、坦诚相待,则相互理解、相互信任的基础就形成了。

如果我站在校长的角度_____

如果我站在学生的角度_____

如果我站在老师的角度_____

换位思考给我的体会是_____

活动三　　　企业角色的默想

假设你所在公司的副总经理因病长期不能工作,如果你分别处在老板、经理、职员的位置,你会怎么处理？

项目一　自我管理能力的训练

> 提示
>
> 换位思考是管理者最基本的能力,也是人们对管理者最基本的要求。

如果你是老板,你会 _____

如果你是经理,你会 _____

如果你是职员,你会 _____

换位思考让我体会到 _____

三、理论知识

摩西岳父的话

《圣经》中曾提到管理的概念。摩西的岳父对他说:"你这种做事的方式不对头,你会累垮的。你承担的事情太繁重,光靠你个人是完不成的。你应当从百姓中挑选出能干的人,封他们为千夫长、百夫长、五十夫长、十夫长,让他们审理百姓的各种案件。凡是大事呈报到你这里,所有的小事由他们去裁决,这样他们会替你分担和处理许多容易的琐事。如果你能够这样做事,便是上帝的旨意,那么你就能在位长久,所有的百姓也将安居乐业。"

(资料来源:[美]尤里斯著.出埃及记.高卫民译.北京:中国青年出版社,2010)

> 提示
>
> 管理具有广泛性、重叠性和角色交互性的特点,有谁能否认摩西岳父的管理意志是通过摩西得到贯彻的呢?

我所理解的管理 _____

1. 管理和管理意志

(1) 管理的含义

人们也许对"管理"一词并不陌生,但要给它下一个确切的定义,并不是件容易的事。许多管理学家都有各自的定义,到目前为止,还没有形成一个统一的看法。管理学的创始人泰罗认为:"管理就是确切地了解你希望工人干什么,然后设法使他们用最好、最节约的方法完成它。"法国管理学家约尔认为:"管理,就是实行计划、组织、指挥、协调和控制。"著名的现代管理学家彼得·德鲁克认为:"管理是一种以绩效责任为基础的专业职能。"诺贝尔经济学奖获得者赫伯特·西蒙则提出"管理就是决策"。系统论者认为，管理是根据一个系统所固有的客观规律，施加影响于这个系统，从而使其呈现一种新状态的过程。三维管理理论认为，应该把管理看成是管理意志的贯彻与表现的过程。

综合多方观点，我们可以将管理定义为：管理是社会组织的管理者按照综合的管理意志，通过计划、组织、协调和控制等职能来分配各种可利用资源，以达到个人无法实现的目标的活动或过程。

(2) 管理意志的概念及形成

管理是管理意志的贯彻过程。那么，意志是什么呢？《辞海》把它表达为："自觉地确定目的，并根据目的来支配、调节自己的行动，克服困难，实现预定目的的心理过程。意志对行动的调节作用包括发动和抑制两个方面，前者指促使人从事带有目的性的必要行动，后者则指制止与预定目的相矛盾的愿望和行动。意志过程使人的内部意识向外部动作转化，体现出人的心理活动的主观能动性，是人类所特有的。"

组织的管理意志是各利益实体管理意志的均衡体，是由劳方、资方、管理方及组织外部管理力量管理意志均衡的结果，是由组织中的强势团体牵头，经过各方利益均衡和磨合之后形成的，并在此基础上构建组织目标，支配、调节组织的行动和资源，努力实现目标。

管理意志和管理者的意志有一定的区别。管理者的意志指的是管理者的个人意志，而管理意志通常是指通过管理者来表达和贯彻的综合意志。

(3) 影响管理意志的因素

组织管理意志的特点是由多方面的影响因素决定的。首先，能够对组织起影响作用的各有关利益实体都可能影响管理意志的性质、发展和表现特点；其次，组织本身的性质和所从事的主要工作直接影响组织管理意志的构成内容；最后，外部环境、政策等因素是组织管理意志的外部变化动因。所以，分析管理意志主要应该从上述这几方面着手。

2. 什么是管理者

石头的价值

有一个孤儿，向高僧请教如何获得幸福。高僧指着一块陋石说："你把它拿到集市去，开高价钱，但无论谁要买这块石头，你都不要卖。"于是，孤儿来到集市卖石头。第一天，第二天，无人问津。第三天有人来询问。第四天，已经有人愿意出高价了。

高僧又说："你把石头拿到石器交易市场去卖。"第一天，第二天，人们视而不见。第三天，有人过来询问。以后的几天，石头的价格已被抬得高出了普通石器的价格。

高僧又说："你再把石头拿到珠宝市场去卖。"……

> 💡提示
>
> 如果你认定自己是一块不起眼的陋石，你就永远只是一块陋石；如果你坚信自己是一块无价的宝石，你最终将具备一块宝石的价值。确定自己的管理者角色，并坚定不移地加以训练，你就可能成为一个合格的管理者。

我的目标是_____，我一定能够实现它。

(1) 管理者的角色认知

美国管理学家彼得·德鲁克认为，管理者是指在现代社会组织里每一个能够由于他们的职位和知识对组织负有责任，因而能够实质性地影响组织经营并取得成果的能力者。这一定义表明，管理者对组织负有作贡献的责任，而不只是拥有权力，也不在于是否有下属。

美国学者亨利·明茨伯格提出，管理者扮演着以下10种角色：

① 代表人，管理者代表组织出席社交活动，如宴请重要的客户、参加研讨会等；

② 管理者，管理者对所在组织的目标实现负有重要的责任，指挥、带领下属一起努力工作，以确保组织目标的实现；

③ 联络者，因为组织皆生存于特定的环境中，所以管理者作为组织的重要成员，需要对内、外环境进行积极的沟通、联络，从而建立一个良好的组织生存环境；

④ 监督者，通过对内、外环境的信息监督，从而获取对组织有用的信息，识别组织存在的机会和威胁；

⑤ 传播者，管理者把从内、外环境获取的信息明确地分配给下属成员，保证员工掌握必要的信息，切实有效地完成工作；

⑥ 发言人，管理者必须把信息传递给组织或组织以外的个人，如向董事和股东说明组织的财务状况与战略方向，向社会媒体、政府等发布本组织的情况等；

⑦ 企业家，管理者通过对内、外环境的监督发现机会，进行投资，如开发新产品、提供新服务、发明新工艺等；

⑧ 矛盾处理者，管理者必须能够很好地处理内在的或是外来的干扰，遇到冲突或问题时能够很好地予以解决，如平息客户的愤怒、调解内部员工的争端、缓解组织利益与员工个人利益的矛盾等；

⑨ 资源分配者，管理者决定组织资源的分配，如人力资源的分配、财力或设备的分配等；

⑩ 谈判者，管理者需要花大量的时间在谈判上，谈判的对象有员工、供应商、客户、其他工作小组等，以使所有的工作都向着组织目标前进。

(2) 管理者的分类

管理者是对从事管理活动的人的一般称呼。在一个组织中，管理者往往是一个群体。根据划分标准的不同，可将管理者分为不同的类别。

① 按管理层次，管理者可以分为高层管理者、中层管理者和低层管理者。高层管理者是指处于组织最高层次的管理者。他们对外代表组织，对内拥有最高职位和职权。中层管理者主要是指中层机构部门的管理者。低层管理者负责落实中层管理者的计划，分派给业务活动者。

② 按管理工作的性质和领域，管理者可以分为综合管理者、职能管理者和项目管理者。综合管理者是指对整个组织或组织中某个部门负全面管理责任的管理者。职能管理者是指在某领域经过训练而拥有专长的人员，只负责某种特定职能。项目管理者是指为特定产品的开发和生产而设置的项目组的负责人。

③ 按职权关系，管理者可以分为直线管理部门的管理者和参谋部门的管理者。直线管理部门的管理者是指有权对下级进行直接指挥的管理者。参谋管理部门的管理者是指向上级提供咨询、建议，对下级进行专业指导的管理者。

(3) 管理者的角色定位

管理者的角色定位的形成是一个长期心理训练的过程。该定位强调对角色的深刻认知、角色的换位训练以及学做头马的训练等。

猴王的成长

一只猴王统治着一群猴子。猴王享有绝对的威严和待遇，其他猴子必须听猴王的命令。有一只年轻的猴子很羡慕猴王，希望自己将来也能够成为猴王。于是，它开始默默地学习猴王的举动，培养自己的能力，而此时其他的猴子则安心于猴王的统治。当猴王渐渐老去，这只年轻的猴子取得了王位，成为新的管理者。

> **提示**
> 只有明确自己将来要成为的角色，才会有目标，才会有努力的方向，才会走向成功。

我实现心中目标的策略是

你能重复对手的观点吗

李先生是一位经营进出口加工业务的工厂老板，该厂有五六百名员工。由于李先生全身心地投入，不管在业务上还是在管理上均取得了相当好的成效。他在管理时，指挥若定、威风八面，宛如领军千万的大将，好不神气！

可是，他对儿子却没办法，怎么都无法跨越代沟。父子俩每次一见面，没讲上三句话，就又是拍桌子又是摔门，弄得家里鸡飞狗跳。

这天，因为儿子的晚归，俩人又闹得不可开交。就在双方面红耳赤之际，儿子突然说："爸，再这样吵下去也不是办法。我能不能请你把我刚刚说的那句话说一遍给我听？"

"什么？"李先生真的吓了一跳，压根儿没想到儿子有这怪招，"你说……你说……做父亲的太能干，当然看不起儿子。"

"不对！你再想想看，我是这么说的吗？"

"浑小子！那你怎么说的？你自己说过的话，你自己为何不再说一次？"

儿子突然笑出声来："你看，从头到尾，我说什么你都没有在听，你那些话是你自己想的，我可没有这么说。我们不是要沟通吗？那好，我说什么，你重复一次给我听。你说的，我来重复。"

"喂！我哪有那么多的时间重复来重复去！你是想气死我啊！"

"爸！我们就试试看吧！否则这种争吵会没完没了的。你再想想我是怎么说的。"

李先生想了一想，终于承认："我真的想不起来，你再说一次好了。"

"好吧。我说，父亲很能干，儿子一方面很佩服，一方面怕自己跟不上，心里多少有点压力。"

李先生冷静地想了想，觉得儿子说得合情合理，自己怎么会那么激动呢？结果，这天晚上，父子俩竟然谈了两个小时而没争吵。这个效果是李先生意想不到的。第二天一早，虽然睡眠不足，但李先生神清气爽，早早就来到了公司。

早上要开一个重要的采购会议，讨论采购价值一千万元的机器到底用美国货还是用日本货。依采购部的报价，日本货的价格更便宜，东西也不差。可是总工程师却主张买美国货。会上，李先生让总工程师发表意见。总工程师知道，老板做久的人，多少喜欢独断专行，什么事情早就心里已有定案，老板问他只是个形式。因此，他无精打采地说了不到5分钟就结束了发言。

如果是往常，李老板会在这个时候大唱独角戏，享受那种权威感，可今天，竟然是——

"总工程师，我来重复你的要点，你看我说的跟你的意思是不是一样。日本生产的机器，价格虽然便宜，东西也不错，可是将来如果出了毛病，要他们来做售后服务，问题就来了。日本人因为语言问题无法跟我们直接沟通，找来的翻译对精密仪器又是外行，机器坏在哪里，我们无法充分了解，下次若出现同样的问题，还是要请他们的人过来，反而会耽误生产时间，如此算下来，还是买美国的比较便宜！"

随着李先生的重复，总工程师的眼睛亮起来了。他打起精神，再次补充。就这么你一言我一语的，大家滔滔不绝地讨论起来……

(资料来源：陈龙海，韩庭卫汇编.企业管理培训故事全书.深圳：海天出版社，2004)

> 🔍 **提示**
>
> 我们的世界，若只有我，没有你、没有他，将注定是孤独的、难受的。我们只有同时从自己的和别人的角度去观察、去感受，而不是仅仅去批判，才能有交流、有发展，才会快乐！

换位思考让我懂得

草原上的马群中总有一匹是头马。头马跑在最前面，决定马群前进的方向和速度，其他马跟随在头马的后面不敢超越。这是群体动物为适应生存环境而长期形成的习惯。人也是群体动物，也有类似的习性。学做头马，是管理者培训的重要一课。

罗森塔尔博士的高智商学生

1960年，哈佛大学的罗森塔尔博士曾在加州一所学校做过一个著名的实验。新学年开始时，罗森塔尔博士让校长把3位教师叫进办公室，对他们说："根据你们过去的表现，你们是本校最优秀的老师。因此，我们特意挑选了100名全校最聪明的学生组成3个班让你们教。这些学生的智商比其他孩子都高，希望你们能让他们取得更好的成绩。"

3位老师都高兴地表示一定尽力。校长又叮嘱他们，对待这些孩子，要像平时那样，不要让孩子或孩子的家长知道他们是被特意挑选出来的。老师们答应了。

1年以后，这3个班的学生成绩果然排在整个地区的前列。这时，校长告诉了老师们真相：这些学生并不是刻意选出的最优秀的学生，只不过是随机抽调的学生。此时，老师们便都认为自己的教学水平确实高。这时校长又告诉了他们另一个真相，他们也不是被特意挑选出的全校最优秀的教师，而是随机抽调的。

结果正是博士所料到的：这3位教师都认为自己是最优秀的教师，学生也都是高智商的学生，因此对教学工作充满了信心，工作起来自然非常卖力，结果肯定是非常正面的。

（资料来源：[美]朱瑟琳·乔塞尔森著.皮格马利翁效应.高榕，温旻译.北京：机械工业出版社，2011）

🔍提示

在做事情以前，如果能充分地肯定自我，就等于已经成功了一半。面对挑战时，不妨告诉自己：我就是最优秀的和最聪明的！结果也将是积极的。

我对自己的期望是_____

高期望对我的意义是_____

3. 什么是被管理者

被管理者就是在管理活动中受管理的对象人。要正确理解被管理者这个概念，首先应认识到被管理者是一个相对的概念。因为被管理者不一定都是当"兵"的，当"官"的也会受到其他人的管理和影响。其次，还要明确被管理者与管理者的区别。管理者的职能是管理，而被管理者是接受管理。由于两者所处的地位不同，心理状况和工作方式也必然也不同。第三，被管理者作为接受管理的人，自然具有人的一切特性，所以，他与管理的其他对象——物和财无疑有着天壤之别。

任何管理者同时也一定是一个被管理者，所以认识管理者，必须同时认识被管理者。被管理者具有以下基本特征：其一，受命于人。包括受计划性、受指挥性、受控制性。接受管理者指令是管理者对被管理者要求的基本内容，是保证管理活动得以正常进行的前提。其二，能动地受命。被管理者是管理的对象人，人的最大特点就是具有能动性。它具体表现在：被管理者对上级指令的接受与理解可能导致指令原意的改变；被管理者对信息的传递和反馈使信息引起变化；指令的原意在被管理者的实际执行中会出现一定程度的变化；被管理者的思想、情感是形成管理者管理指令的重要源泉之一；管是否成功,有赖于被管理者是否能经常进行自我调整和控制;在未直接接受到上级指示的情况下,被管理者往往能主动地处理部分与本组织生存、发展有关的事务。其三,与管理者对立统一。管理者与被管理者是一组相对的概念,对立统一是其基本特点。其四,同时是社会人。被管理者不可能在一个组织内担任一个单纯的角色。作为一个人,他在这个场合扮演这个角色,在那个场合会扮演另外的角色,其需求也完全不同。

资　格

那年李虹刚大学毕业,分配到一个离家较远的公司上班。每天清晨7:00,公司的专车会准时等候在一个地方接送员工。

那天,当李虹匆忙奔到候车点时,因时间已过,班车开走了。她正在沮丧时,突然看到公司的那辆蓝色轿车停在不远处的一幢大楼前。那是上司的专车。她向那车走去,在稍稍犹豫之后打开车门悄悄坐了进去,并为自己的聪明而得意。

为上司开车的是一位慈祥温和的老司机。他从反光镜里已看她多时了。他转过头来对她说:"你不应该坐这车。"

"可是我也是这个企业的员工啊!"她回答道。

这时,她的上司拿着公文包飞快地走来。待他在前面习惯的位置上坐定之后,李虹对上司说:班车开走了,想搭他的车子。她以为这一切合情合理,因此说话的语气充满了轻松随意。

上司愣了一下,但很快明白而坚决地说:"不行,你没有资格坐这车。"然后用无可辩驳的语气命令:"请你下去!"

她一下子愣住了。这不仅是因为从小到大还没有谁对她这么严厉过,还因为在这之前她没有想过坐车是需要身份的。以她的个性,肯定会重重地关上车门,以示她对小车的不屑一顾。可是那一刻,她想起了迟到在公司的制度里意味着什么,而且她非常看重这份工作。于是,一向趾高气扬的她用近乎祈求的语气对上司说:"我会迟到的。"

"迟到是你自己的事。"上司冷淡的语气没有一丝一毫的回旋余地。

她悄悄地拭去泪水,下了车。她知道,那是她在学校里没有学到的一课。

提示

习惯了校园平等文化的职场新人在进入企业后,还必须习惯科层结构的企业文化。成为称职的被管理者是一种全新的学习与成长。

我知道的校园文化的特点有_____

我了解的企业文化包括_____

四、知识拓展

X理论与Y理论

道格拉斯·麦格雷戈提出了有关人性的两种截然不同的观点，一种是基本上消极的X理论，另一种是基本上积极的Y理论。通过观察管理者处理员工关系的方式，麦格雷戈发现，管理者关于人性的观点是建立在一些假设的基础之上的，而管理者又根据这些假设来塑造下属的行为方式。

X理论以下面4种假设为基础：①员工天生不喜欢工作，只要可能，他们就会逃避工作；②由于员工不喜欢工作，因此必须采取强制措施或惩罚办法，迫使他们实现组织目标；③员工只要有可能就会逃避责任，安于现状；④大多数员工喜欢安逸，没有雄心壮志。

与消极的X理论相对应，Y理论也基于4种假设：①员工视工作如休息、娱乐一般自然；②如果员工对某些工作作出承诺，便会进行自我指导和自我控制，以完成任务；③一般而言，每个人不仅能够承担责任，而且会主动承担责任；④绝大多数人都具备作出正确决策的能力，而不是只有管理者才具备这一能力。

当然，并无证据证实某一种假设更为有效，也没有证据表明采用与Y理论联系的假设并相应改变个体行为的做法能够更有效地调动员工的积极性。现实生活中，确实也有采用X理论而卓有成效的管理者案例。例如，丰田公司美国市场运营部副总裁鲍勃·麦格克雷就是X理论的追随者。他激励员工拼命工作，并实施"鞭策式"体制。在竞争激烈的市场中，这种做法使丰田产品的市场占有份额得到了大幅度的提高。

差　　别

阿诺德和布鲁诺同时受雇于一家店铺，拿着同样的薪水。可是一段时间后，阿诺德青云直上，而布鲁诺却仍在原地踏步。

布鲁诺很不满意老板的不公正待遇。终于，有一天，他到老板那儿发牢骚。老板一边耐心地听着他的抱怨，一边盘算着怎样向他解释他和阿诺德之间的差别。

"布鲁诺，"老板说话了，"你去集市一趟，看看今天早上有什么可买的。"

布鲁诺从集市上回来，向老板汇报说："今早集市上只有一个农民拉了一车土豆在卖。"

"有多少？"老板问。

布鲁诺赶快戴上帽子又跑到集市上，然后回来告诉老板说一共有40袋土豆。

"价格是多少？"布鲁诺第三次跑到集市上问来了价格。

"好吧。"老板对他说，"现在请你坐在椅子上别说话。看看别人怎么做。"

老板叫来了阿诺德，同样对他说："你去集市一趟，看看今天早上有什么可买的。"

阿诺德很快就从集市上回来了。他向老板汇报说：到现在为止，只有一个农民在卖土豆，一共40袋，价格是0.8元一公斤，土豆质量很不错，还带回来一个让老板看看。这个农民一个钟头以后还会运来几箱西红柿，据他看价格非常公道。昨天他们铺子的西红柿卖得很快,库存已经不多了。他想这么便宜的西红柿老板肯定会要进一些的,所以他不仅带回了一个西红柿做样品,而且把那个农民也带来了,他现在正在外面等回话呢。

此时,老板转向布鲁诺,说:"现在你知道为什么阿诺德的薪水比你高了吧?"

(资料来源:施伟德.没有任何借口.北京:中共中央党校出版社,2009)

提示

如果你是一个管理者,能够像阿诺德那样主动地思考问题,不断进步是指日可待的,否则只能原地踏步。

我所理解的主动工作精神是

像阿诺德一样干事难吗?为什么?

思考和训练

1. 请找机会多进行换位思考。
2. 怎样将自己定位为管理者?

每日练习

星期一

1. 对自己一年的学习、发展作一个简单的策划:

2. 回想一个你身边近期产生的人与人之间的矛盾,并分析其时间、内容与影响。如果你是当事人,将如何处理?

星期二

1. 如果下属工作不主动,你该怎么办?

2. 如果你的老师带着一个潜在的客户到你这里，由你来请客，你该讲些什么？

星期三

1. 朋友出国两年，托我管理他的小型超市，我考虑在下述内容上做些改革：
调整产品结构

培养特殊经营人员

重新调整管理干部

2. 如果凭空得到500万元人民币，请对怎样发挥这笔钱的作用给予一个简单的策划：

3. 明确自己的一个愿望，然后自问实现该愿望的主要工具有哪些？

星期四

1. 公司总经理因病不能工作了，你有替代他的愿望，请揣摩一下处在下面位置的人会怎么想？
老板

部门经理

供货商

普通员工

2. 如果你最信任的下属犯了一个大错误，你该怎么办？

3. 分析一个当前的社会现象，并整理出产生的原因，以及可能引发的结果：

星期五

1. 朋友向国内投资，托我管理他的小型超市，要我在下述内容上提供一些意见：
资金投入量

管理结构

营销策划

2. 读3篇当前的政论短文，复述其要点：
甲文章的要点

乙文章的要点

丙文章的要点

3. 如果你带一队人到某一单位参观，当遇到对方领导时你该讲些什么？

星期六

1. 公司老板将退休，他的儿子将继任，你估计处在下面位置的人会怎么想？

老板
主管
供货商
普通员工

2. 读3篇当前有关国家经济的时论短文，复述其要点：
甲文章的要点

乙文章的要点

丙文章的要点

3. 如果有人带一队人到你的单位参观，当遇到对方领导时你该讲些什么？

星期日

1. 朋友花500万元人民币在国内投资了一家小型小家电装配厂，需要你在下述内容上提供一些意见和建议：
人员结构

产品结构

营销奖励

2. 读三篇有关美国经济的时论短文，复述其要点：
甲文章的要点

乙文章的要点

丙文章的要点

3. 如果自己得到50万元人民币的3年期无息贷款，请作一个简单的商业投资策划：

模块二 角色能力特征

一、教学目标

终极目标：理解管理者具有的特定能力并加以训练。

促成目标：1. 充分理解管理者角色所需要的能力；
2. 进入特定能力的训练状态。

二、能力训练

活动一　　不要只说"我"

时间：2分钟。

人数：以小组为单位。

活动目的：训练积极评价他人的能力以及换位思考的能力。

活动程序：学员自己寻找同伴，互相提问，问题不限，但不能使用"我"字。记录对方说了多少个"我"字，以多者为输。

提示

管理者的角色特征之一是从他人角度思考问题。这个活动可训练积极地评价他人的能力。

有多少人能够在两分钟内不用"我"而一直进行交谈？

为什么我们中间有这么多人在交谈中对避免过多地使用"我"字有困难？

我们如何调整与他人交流的方式，以便更多地关注别人？

活动二　　定义训练

给身边的事物或想象中的事物下定义。如给人下定义、给桌子下定义等。和词典比对自己所下的定义，找出差异。每天完成10个定义，连续一周。可以独立完成，如果能讨论更好。

🔍 **提示**

概念能力是管理者的基本功。

我今天在定义训练中和词典定义最接近的概念是＿＿＿＿＿＿＿＿＿＿

活动三　　开　飞　船

时间：5分钟。

人数：人数不限，以4人左右为一小组。

活动目的：使学员了解到在团队协作中要牢记自己的角色，提高满足团队需求的反应意识。

活动程序：1. 确定小组、组长与组员。

2. 以一个星球的名称作为一个小组的代号(依次为水星、金星、地球、火星、木星、土星、天王星、海王星、冥王星等)。

3. 假设你的小组为水星，活动开始则小组成员就要一齐说："开呀开呀开飞船，水星的飞船就要开去金星。"那代表金星的那个组就要马上反应接着说："开呀开呀开飞船，金星的飞船就要开去地球。"这样轮过来，你组的代号也跟着轮换。

4. 有一人讲错即为输，输方以小组为单位向全班道歉。

🔍 **提示**

当角色转换时仍能确定自己的角色，这也是管理者的基本功之一。

我今天犯错或没犯错的原因主要是＿＿＿＿＿＿＿＿＿＿

三、理论知识

心里想着扣篮动作

篮球巨星乔丹上中学时，有一次在比赛时做了一个完美的扣篮动作，震惊了全场。事后有人问他："以前也没怎么看你练过扣篮呀，怎么做得那么好？"乔丹说："虽然我没怎么练过，可是我每天都在心里想着扣篮的全部动作，每个细节都想到，就这样在心里一遍遍地练着，所以在球场上才会表现得很好。"人们更是吃惊，难道在心里想也可以练好篮球？

美国人曾做过一个实验，把一个班的男生分成3组，第一组在20天内每天练习实际投篮20分钟，并把第一天和最后一天的成绩记录下来。第二组记录下第一天和最后一天的成绩，但在此期间不做任何练习。第三组记录下第一天的成绩，然后每天花20分钟做想象中的投篮，并在想象中纠正不中的投篮。实验结果如下：第一组学生进球率增加了24%；第二组毫无进步；第三组进球率增加了26%。这就是著名的"心理意象"实验。

如果心里有了一个愿望或一个既定目标，并且有强烈的想象欲望，那么从各个角度周密地考虑它，开动创造性机器，一定能够在不知不觉中接近它。

> **提示**
>
> 人们通常难以找到合适的能力训练平台，而想象是一条有效的途径。只有在深思熟虑之后，走向心中的目标，画在墙上的饼才会冒出缕缕香气！当然，想象只是努力的一部分，行动是必不可少的。

我想象自己可以

1. 管理者的能力特征

根据管理学者罗伯特·卡茨的研究，管理者要具备3种技能，即技术技能、人际技能和概念技能。所谓技术技能，是指管理者掌握和运用某一专业领域的知识、技术、方法和工具开展工作的能力，主要包括专业知识、经验、技术、程序和方法等。管理者虽不能完全做到内行，但必须具备一定的技术技能。所谓人际技能，是指管理者处理人际关系的能力，主要包括掌握人的心理规律的能力，人际交往、与人沟通、解决冲突的能力，满足下属需要、有效激励的能力以及善于团结他人的凝聚能力。良好的人际技能便于创造和谐的氛围，以使员工能够高效地工作，为组织目标的实现作出贡献。所谓概念技能，是指把组织作为一个整体进行考察并考虑各个构成部分之间关系的认知能力，包括管理者的思维、信息处理和计划能力，以及对某个部门如何适合整个组织和组织如何适合所在产业、社区广泛的经营和社会环境的认识能力。概念技能体现了用广泛而长远的眼光进行战略思维的能力，其核心是一种观察力和思维力。这是组织高层管理者所需具备的最为重要的技能。

由于不同层次管理者的管理活动不同，对不同层次的管理者所要求的技能需要程度也不同，如图1-1所示。对技术技能的要求从低层管理者到高层管理者逐渐降低，概念技能则相反。

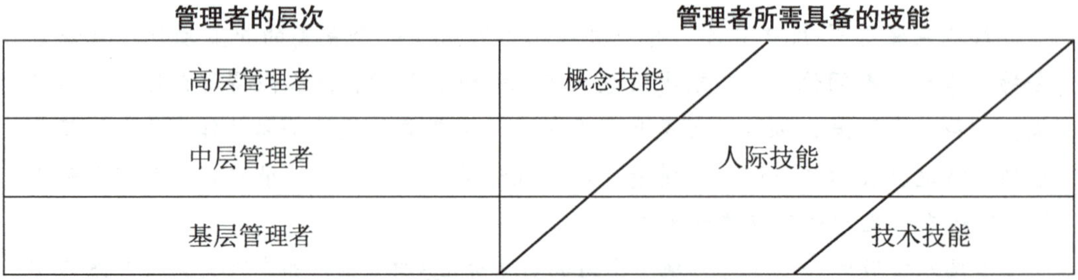

管理者的层次	管理者所需具备的技能		
高层管理者	概念技能		
中层管理者		人际技能	
基层管理者			技术技能

图1-1　不同层次管理者的技能结构

2. 管理者的基本能力

(1) 具备成为榜样的能力

管理者必须具有榜样意识。榜样是标杆，是他人的向往。管理者如果不追求成为他人的榜样，人们必会寻找其他替代物，组织中的其他成员就会离心离德。企业树立什么样的人作榜样，鼓励什么样的行为方式，既关系到企业的价值观念和企业文化的建设，也关系到对员工的激励与管理。

人们常说，榜样的力量是无穷的。榜样的影响可延续到人生的终点，其范围可涉及一个人的心理、意志、情感、道德、性格、生活方式等方面。因此，榜样的力量在员工成长方面起着重要的激励作用。一个管理者，如果想使团队成员具备忠诚度，不是仅仅因为层级关系而服从，还一定要把自己确定为标杆，给下属作榜样。这样，管理的基础就会建立在非常牢靠的基石上。榜样通常有两种：一种是精神榜样，另一种是现实榜样。一般来说，树立精神榜样比较容易，因为精神榜样有特殊性，与普通人差别巨大，属于不平凡的人。管理者应该有抢先树立精神榜样的意识，让自己的精神成为他人的精神榜样，这样就能领先于人。树立一个现实的榜样则比较难，管理者必须探索自身的特别之处，创建自己的过人之处。只有具备优于下属的特质才能服众。

(2) 具备建立公众规则的能力

建立公众规则是对管理者的一个基本要求。俗话说，没有规矩不成方圆。有了规则，管理将更加有说服力，更加有效果。意识到规则所带来的管理便利，不断建立和健全管理的规则体系，充分发挥它的影响力，以规则带动管理水平的提升，带动员工素质的提高，带动部门绩效的扩大，正是管理者的最基本职责所在。一方面，管理是一件很难的事情，因为它需要与人打交道，管人不容易，众口难调，想做到让每个人都满意不太好办。但是，另一方面，管理又是简单的事情，因为它有规律可遵循，只要大家都在同一个规则下行动，管理就可以发挥作用，达到预期的效果。

企业规则包括责权相等的规则、公平公开的晋升规则、可供自由发挥的创新规则、平等的沟通规则等。管理者通过公众规则的建立，为员工提供发展的平台，帮助员工获得最高限度的发展和提升，达到管理更加高效、更加顺畅的目的。

如何合理分粥

有7个和尚住在一个庙宇里，每天分一桶粥。要命的是，粥每天都是不够的。一开始，他们抓阄决定谁来分粥，每天轮一个。可是，一周下来，他们只有一天是饱的，就是自己分粥的那一天。于是，他们推选出一个道德高尚的人出来分粥。强权产生腐败，大家都挖空心思去讨好他，贿赂他，搞得整个小团体乌烟瘴气。后来，他们组成3人的分粥委员会及4人的评审委员会，但互相攻击扯皮下来，粥吃到嘴里全是凉的。

最后，大家想出来一个方法：轮流分粥，但分粥的人要等其他人都挑完后再拿剩下的最后一碗。为了不让自己吃得最少，每个人都尽量分得平均，就算不平，也只能认了。从此，大家快快乐乐、和和气气，日子越过越好。

> **提示**
>
> 同样是7个人，不同的分配制度带来不同的结果。所以，如果企业风气不好，则很可能是机制的问题。如何制定一个好的公众行为规则，是每个管理者首先需要考虑的问题。

你遇到的有关公众行为规则的案例是 _____

(3) 具备主持公正的能力

主持公正是管理者的主要能力。如果没有这一能力，组织内部平衡将被破坏。公正是制度化管理的体现，作为社会运行的重要价值原则需要在企业等组织中得到体现。在组织管理中强化公正概念，就是要保障组织成员的知情权、选择权、监督权，使管理人员真正做到公平、公正和公开，真正体现制度面前人人平等。

然而，公正又常常是建立在差别基础之上的。特别是在企业里，由于能力差别、机缘差别、体质条件差别、个人偏好差别等的存在，导致出现收入差别、社会地位差别、发展机会差别等现象。管理者只能求得相对的公正。

羊和狼的公正

一头羊到了天堂对圣彼得说："我的头上长着一双角，是攻击敌人和保护自己的武器，但我为什么总是被狼吃掉呢？"

圣彼得说："虽然你和狼都是哺乳动物，但是你是以草、乔木树叶为食，而狼以肉为食。在地球的陆地上，只要是有水的地方，野草和乔木遍地都是，你想吃的时候只要张嘴即可，生存要比狼容易得多。狼必须战胜对手、吃掉对手，否则生命不保。换句话说，你身上只具有羊性，而狼具有狼性。这就是建筑在差别之上的公正呀。"

> **提示**
>
> 公正总是相对的。保证相对的公正，是管理者的重要能力。

我对公正的理解是 _____

(4) 具备独特主张与决断的能力

优秀的管理者必须是有决断的。他们通常能从平常人所漠视的内容中发现机会，凭借自己的知识和经验及时作出抉择，并果断地予以运作。独特主张和决断力是管理者综合素质中最重要的一种能力。管理者在关键时刻的决断能够引导组织夺取胜利或规避风险。研究表明，那些富有成就的企业家或社会组织者的一个显著特点，就是充分信任自己，任何反对意见及外界的种种干扰都不能改变他们。倘若患得患失、举棋不定，必然失去时机。在现代社会中，一个不愿承担风险的人，很难成为一名优秀的管理者。

这里的人都不穿鞋

两家鞋业制造厂分别派出了业务员去开拓市场，一家派了杰克逊，一家派了约翰。两个人在同一天来到了南太平洋的一个岛国。到达当日，他们就发现当地人全都不穿鞋！

当晚，杰克逊给老板拍了一封电报："上帝呀，这里的人从不穿鞋子，有谁还会买鞋子？我明天就回去。"约翰也向老板拍了一封电报："太好了！这里的人都不穿鞋。我决定把家搬来，在此长期驻扎下去！"

两年后，这里的人都穿上了鞋子。

提示

有时候，机会就在你的面前，就看你能不能把握住，看准了就别让它溜掉。

我认为，自己在独特主张能力方面_____

_____

(5) 具有专业精神

管理者的专业精神，首先，反映在明确的目标上。目标一经确立之后，就要心无旁骛，勇往直前。如果管理者不能突出地表现自己的专业精神，下属以及协同的其他团队成员就会质疑目标的价值，以致增加目标实现过程中的困难。其次，反映在实现目标的计划上。计划的合理使得人们有路径可循。再次，反映在对各种资源的集聚、调配和使用上。如果管理者能综合各方面的管理意志，并对该综合管理意志以恰当的形式予以贯彻落实，把资源转变为业绩，那么他就算是成功了。

最大的乐事

一家报纸以"世界上最大的快乐是什么"为题，作有奖征答。

获奖的4个答案是一位艺术家完成了一件满意的作品；小孩在海滩上用砂石筑成一座堡垒；母亲忙碌了一天，到了晚上替自己的小孩洗澡；外科医生完成一个手术救活了一条命。

(资料来源：雅琴编著.小故事大道理.北京：海潮出版社，2004)

提示

真正的快乐，不是财富，不是权力，而是通过热情工作，成就自己崇尚的事业。

我的看法是_____

_____

(6) 具备调解的能力

调解的能力是管理者所需具备的重要能力之一。调解工作起着维持组织内部或外部关系稳定的作用。由于组织利益格局具有一定的复杂性，社会矛盾纠纷也存在多元性，在日常工作中预防以及处理大量的纠纷和矛盾已成为管理者的重要工作。因此，管理者

项目一 自我管理能力的训练

必须具备这样的能力：全面深入的调查研究能力；纵横有方的协调能力；较强的语言表达能力；及时总结归纳的能力。

第一封信仅仅用来解气

一天，美国前陆军部长斯坦顿找到林肯，气呼呼地说一个少将用侮辱的话指责他。林肯建议斯坦顿写一封内容尖刻的信回敬那家伙，"可以狠狠地骂他一顿"。

斯坦顿立刻写了一封措辞激烈的信。"对了，对了，"林肯高声叫好，"要的就是这个！好好训他一顿。真写绝了，斯坦顿。"但是，当斯坦顿把信叠好装进信封里时，林肯却叫住他，问道："你干什么？""寄出去呀。"斯坦顿有些摸不着头脑了。"不要胡闹，"林肯大声说，"这封信不能发，快把它扔到炉子里去。凡是生气时写的信，我都是这么处理的。这封信写得好，写的时候你已经解了气。现在感觉好多了吧，那么就请你把它烧掉，再写第二封信吧。"

(资料来源：赵海男编著.管理中的心理学.北京：清华大学出版社，2011)

🔍 **提示**

调解下属之间的问题，前提是管好自己，组织行为学上称为"自我监控能力"。林肯控制情绪的方式不失为培养自我监控能力的有效途径。

我认为，自己_____

_____

(7) 具备说服力

说服力是让组织管理意志集中的最重要武器。如果把本来明明白白的道理讲成"冠冕堂皇的官话、翻来覆去的套话、千篇一律的空话"，就不具备说服力。如果居高临下、生硬强制，则不能贴近人心，也难以实现心灵的沟通。说服不是哄骗，也不是迁就。只有以事实说话，讲清道理，身体力行，以身作则，才能获得人们的信服。管理者要用真理说话，要靠本领说话。

成功：简单事 重复做

一位著名的推销大师在城中最大的体育馆作告别职业生涯的演说。会场座无虚席，人们在急切地等待着他的精彩演讲。大幕徐徐拉开，舞台的正中央吊着一个巨大的铁球。

主持人对观众说："请两位身体强壮的人到台上来。"转眼间，两名动作快的年轻人跑到台上。推销大师说："请你们用这个大铁锤，去敲打那个吊着的铁球，直到把它荡起来。"

一个年轻人先拿起铁锤，拉开架势，抡起大锤，全力向那吊着的铁球砸去。但一声震耳的响声后，那铁球却纹丝不动。他用大铁锤不断砸向铁球，铁球还是不动。很快，他就气喘吁吁了。另一个人也不示弱，接过大铁锤把铁球打得叮当响，可是铁球就是一动不动。

这时，推销大师从上衣口袋里掏出一个小锤，对着铁球"咚"敲了一下，停顿一下，再用小锤"咚"敲了一下。人们奇怪地看着，他就这样自顾自地不断敲着。10分钟过去了，20分钟过去了，会场开始骚动，有的人干脆叫骂起来。他却不闻不问，只管用小锤敲打着。40分钟以后，坐在前面的一个妇女突然尖叫一声："球动了！"接着，铁球在老人一锤一锤的敲打中越荡越高，它拉动着那个铁架子"哐哐"作响，它的巨大威力强烈地震撼着在场的每一个人。

老人开口讲话了。他的告别演讲只有一句话："在人生的道路上，如果你没有耐心去等待成功的到来，那么，你只好用一生的耐心去面对失败。"

 提示

说服力的强弱并不以说话多少来衡量。

我认为，自己

(8) 具备必要的对下施压的能力

要使下属有效地贯彻执行上级的管理意志，对下属施加适当的压力是必要的。压力通常能转化为动力。管理者不必太顾忌压力的反作用，而应该把注意力放在使用压力的艺术性上。

如何使猎狗努力

猎人带着猎狗在森林中打猎，猎狗将兔子赶出了窝，一直追赶它，追了很久没有抓到。后来，兔子一拐弯，不知道跑什么地方去了。猎人看到这种情景，讥笑猎狗说："小的反而跑得快多了。"猎狗回答说："我们两个的'跑'可是完全不同的！我仅仅为了一顿饭而跑，而它是为了性命而跑呀。"

猎人想，猎狗说得对。要想得到更多的猎物，必须想个好办法，让猎狗也为自己的生存奋斗。思前想后，猎人决定多买几条猎狗，并规定凡是能够在打猎中抓到兔子的，可以得到5根骨头；抓不到兔子的就没有饭吃。

刚开始，猎狗们很反感，随着时间的推移，便逐渐适应了这种机制，纷纷努力去追兔子，因为谁也不愿意看着别人啃骨头而自己没有吃的。

过了一段时间，问题又出现了：虽然猎人每天都能捕到五六只兔子，但兔子的个头却越来越小。原来有些善于观察的猎狗发现：大兔子跑得快，逃跑的经验丰富；而小兔子跑得比较慢，逃跑的经验也少，所以小兔子比大兔子好抓。猎人的奖赏是根据兔子的数量计算的，而不管兔子的大小。那些观察细致的猎狗最先发现了这个窍门。

于是，猎人决定改革奖惩办法，按照兔子的重量来计算给猎狗的食物。从此，猎狗们都尽量抓大的兔子。

> **提示**
> 每个人或多或少都有惰性。作为管理者，你需要做的是督促下属及时完成任务而不是确定是否在工作。为此，及时调整工作压力就成为管理者能力的一个重要内容。

在经济、行政、法律、心理等手段中，你最喜欢使用的施压手段是 _____

原因是 _____

四、知识拓展

就管理者所应具有的能力来说，美国普林斯顿大学的包莫尔曾提出过颇具代表性的观点。他认为，一个企业家应具备以下10个条件：其一，合作精神，即愿意与他人一起工作，能赢得人们的合作，对人不是压服，而是动之以情、晓之以理；其二，决策能力，即根据实际情况而非主观想象作出决策，具有高瞻远瞩的能力；其三，组织能力，即善于发掘下级才智，善于组织人力、物力和财力；其四，恰当授权，即把握方向，抓住大事，把小事分散给下级处理；其五，善于应变，即随机应变，不抱残守缺、墨守成规；其六，敢于求新，即对新事物、新环境、新观念和新技术有敏锐的感受能力；其七，高度的责任心，即对国家、组织、员工、消费者以及整个社会抱有高度的责任心；其八，敢冒风险，即对组织发展前途未知的风险敢于承担，能创造新的局面；其九，尊重他人，即虚心听取别人的意见，吸取合理的建议，不妄自尊大，器重下级；其十，品德高尚，即品德上为社会人士和组织内的人们所敬仰。

我国从20世纪80年代初开始，便对管理者的素质理论进行了一系列的研究。概括起来看，主要包括6方面内容，即良好的政治素质、思想素质、知识素质、心理素质、能力素质和身体素质。

1. 政治素质

要成为一个好的管理者，必须有良好的政治素质，能够自觉地维护人民利益和国家利益，在政治的大是大非问题上旗帜鲜明，具有政治上的坚定性。

2. 思想素质

在社会主义市场经济条件下，管理者应该具有强烈的事业心、责任感和创业精神，以及良好的思想作风和工作作风。特别是对企业的管理者来说，一定要具有6种现代意识：第一，商品经济意识。目前，我国的市场机制虽然已初步建立，但"重生产、轻销售，重产值、轻效益"的思想依然普遍存在。可以肯定地说，从产品经济意识向商品经济意识转变的快慢将决定企业的命运。第二，市场竞争意识。许多管理者虽然人进入了市场经济时代，但思想仍停留在计划经济时代。他们对市场占有率下降等形势缺乏应有的警惕，不去强化风险意识，不敢直面市场竞争的残酷。企业管理者一定要有强烈的竞争意识，积极参与竞争，认识自身的优势和危机，提高自己在市场竞争中的地位。第三，开拓创新意识。随着市场竞争的白热化，科学技术的更新大大加快，管理上的创新屡见不鲜。管理者应树立"创新则生，守旧则亡"的基本观念。只有敢冒险、敢创新、勇于开拓，才能使组织走向辉煌。第四，服务意识。由于科学技术的传播速度越来越快，制造技术和设备的差距越来越小，企业之间的竞争中心日益转移到服务上来，越来越依靠服务质量在市场竞争中取胜。因此，全体员工和管理者要牢固确立顾客至上和优质服务的意识。第五，诚信意识。现代化的企业越来越实行开放式经营，甚至跨国经营，企业与外部的关系越来越密切，诚实守信成了企业公共关系的道德规范。管理者具有诚信意识，才能把事情做好。第六，法制意识。市场经济是法制的经济，守法经营是管理者必须守住的一条防线，管理者不能带头做违法犯罪的事。

规　矩

约翰有一次将车送到城里一家大的经销商那里去维修。取车时，负责接待的小姐告诉他，修理费达数百美元。约翰说道："好吧，不过我要先试车，看看是否真的修好了。"接待小姐说："可以，不过，您要先付修理费，才能把车开走。"

约翰是这家经销商的大客户，约翰供职的集团每年经约翰的手从这里购买四五辆车。为此，该经销商专门指派一名销售人员对其跟踪服务。接待小姐对他的情况一清二楚。所以，当约翰听到让他先付费后取车时，简直难以置信。"你是说，我不先付费，就不能把车开走？""十分抱歉，先生。可是，我不能坏了公司的规矩！"小姐说道，"这是公司的规定，我也毫无办法。"

小姐并非有意刁难，但如此做法的确让约翰不快。约翰怒气冲冲地给经销商打电话，并吼道："你难道不相信我会付这区区一笔修理费吗？简直可笑！"经销商弄清事情的缘由后，马上向他道歉，保证尽快妥善处理这件事，并亲自将车交给了约翰。

然而，出人意料的是，这个经销商从此再也没有跟约翰做一笔生意，并断言："约翰要不了多长时间就得卷铺盖回家，他已经变成一个没有规矩的人了！"果然，没过多久，约翰因为回扣问题东窗事发，被炒了鱿鱼。这件事，几乎让所有认识约翰的人大吃一惊，同时，也佩服经销商的预言。

提示

谁一旦不把规矩当作一回事，便必定会被群体所抛弃。

我是这样理解规矩的_____

_____

3. 知识素质

管理者必须具备一定的知识，因为没有知识什么事情也干不了。一般来说，管理者应当具有政治、法律、经济学、管理学、心理学、社会学及相关专业知识。这是因为：

第一，组织是社会的细胞，组织在社会的大环境中生存和发展，会与多方面发生关系，这就要求管理者具有丰富的社会人文知识。其中，主要是关于政治、法律方面的知识以及文化、心理、道德、历史等方面的知识，以确保所作决策的正确性。第二，科学技术是第一生产力，管理者应成为自己所从事领域的专家，掌握该领域的科学前沿知识。第三，现代管理理论是一切管理者的必学科目，一个想要成功的管理者，必须掌握管理学的基本原理，在实践中创造性地应用管理知识，并形成独特的管理艺术风格。

4. 心理素质

心理素质是形成独特管理风格的决定性因素。心理素质的好坏是衡量管理者素质高低的重要指标。一个好的管理者要具有美好的理想、强烈的事业心；要具有坚强的意志，克服困难的勇气和精神；要具有积极乐观的精神，热爱工作，热情待人；还要宽容大度、机智幽默；面对危险的形势，能镇定自如地指挥下属；面对乐观的形势，能看到隐藏的危险。

仁 爱 之 心

有位无儿无女孤独的老人，决定搬到养老院去。漂亮的住宅以底价8万英镑出售。购买者闻讯蜂拥而至，人们很快就将它炒到了10万英镑，而且价格还在不断攀升。老人深陷在沙发里，满目忧郁。是的，要不是健康问题，他是不会卖掉这栋陪他度过大半生的住宅的。

这时，一个衣着朴素的青年来到老人眼前，弯下腰，低声说："先生，我也很想买这栋住宅，但我只有1万英镑。可是，如果您把住宅卖给我，我能保证让您依旧生活在这里，和我一起喝茶、读报、散步，天天都快乐。相信我，我会用整颗心来照顾您！"

最后，住宅以1万英镑的价格成交。

(资料来源：达央.拥有一颗爱人之心.下一代.2007(2))

> 🔍 **提示**
> 完成梦想，不一定非得要冷酷地厮杀和欺诈，有时，恰恰需要的是一颗仁爱之心。

我的看法是_____

5. 能力素质

管理者的能力素质主要包括以下内容：其一，较强的分析、判断和概括能力。管理者能够在复杂的事务中，透过现象看清本质，抓住主要矛盾，从而寻找解决问题的办法。其二，决策能力。管理者要善于作出正确的决策，因为决策是否正确对企业的经营将产生根本性的作用。此外，在特殊情况下还要果断地作出决策，不能拖延。其三，组织、指挥和控制的能力。管理者要懂得管理知识，善于协调组织中的人力、物力、财力等各种资源，使它们能为实现组织目标作出应有的贡献。其四，沟通、协调企业内外关系的能力。即善于与人交往、能够倾听各方面的意见、能为组织发展创造良好的条件。其五，不断探索和创新的能力。管理者要具有探索和创新的特质，这是保持管理者先进性的关键。其六，知人善任的能力。这是管理者拥有团队支持的前提。

6. 身体素质

管理者应该有强健的体魄、充沛的精力，这是保证工作正常进行的硬件条件。管理者负责指挥、协调、组织等工作，要求高、任务重，必须有良好的身体作支撑。

 思考和训练

1. 给自己制订一个计划，可以是生活方面的，也可以是学习或工作方面的。要求如下：

(1) 内容尽可能详细。

(2) 具有执行的可能，不能太简单，也不能太难。

(3) 时间可以设定为一周。

一周之后，回顾一下你在这段时间内，有多少事情是按照计划去做的？有多少事情是你没有完成的？分析一下没有完成的原因。

2. 进行"定义训练"。

每日练习

星期一

1. 根据给出的词语，写出它们的定义，并抄出词典上的定义予以对比：

词　　语	自己下的定义	词典上的定义	备　　注
按照			
稍微			
儿童			
温暖			
寡妇			
衰弱			
洋行			
窘迫			

2. 自问：与人一起工作的意愿是否足够强烈，是否存在调整的必要性，为什么？

3. 找一个领导对下属施加压力从而使管理目标达成的故事，并谈谈你的看法：_____

4. 分析自己对新事物的感受：_____

星期二

1. 自问：是否有足够的吸取合理建议的心理准备，为什么？_____

2. 请讲一个自己处理过的调解矛盾的例子：_____

3. 我希望自己最迫切具有的管理能力是：_____

星期三

1. 根据给出的词语，写出它们的定义，并抄出词典上的定义予以对比：

词　语	自己下的定义	词典上的定义	备　注
人员			
的确			
停顿			
别扭			
腐化			
信封			
磁带			
重申			

2. 如果你讨厌的下属为组织立了一个大功，你将如何应对？_____

3. 帮助一个朋友设定一个短期目标并制订实现它的计划：_____

星期四

1. 自问：对他人产生影响的愿望是怎么形成的？_____

2. 请讲一个自己曾经犯过的错误，现在又是怎样认识的？_____

3. 你知道什么是公众规则吗？请举一个例子，并说明它对管理的意义：_____

星期五

1. 根据给出的词语，写出它们的定义，并抄出词典上的定义予以对比：

词　　语	自己下的定义	词典上的定义	备　　注
摸索			
软骨			
鼻子			
考虑			
破坏			
群众			
背诵			
废品			

2. 分析自己在冒险方面的特点：_____

3. 闭眼、静心，暗示自己：我就是最优秀的和最聪明的人。即使现在还没有表现出来，不久以后一定能。

星期六

1. 自问：我对自己周边群体的注意分布是否合理？为什么？_____

2. 请讲一个你曾经有过的对他人服从的例子：_____

3. 分析一下你所在组织与其他组织在行为上不同的两个特点：_____

星期日

1. 根据给出的词语，写出它们的定义，并抄出词典上的定义予以对比：

词　　语	自己下的定义	词典上的定义	备　　注
汗水			
眼泪			
故事			
铁匠			
错落			
国家			
许多			
半日			

2. 请讲一个你曾经有过的展现自己美好品德的例子：_____

3. 分析自己所在组织与上级组织的关系：_____

模块三 时间管理

一、教学目标

终极目标：有效地进行时间管理。

促成目标：1. 理解时间的有限性及合理管理时间的重要性；
2. 明确时间管理的误区；
3. 像合格的管理者那样有效地利用时间。

二、能力训练

活动一　时　钟

人数：3人。

道具：时钟模型、3根长度不一的棍子。

活动目的：活跃气氛，训练人的反应能力和时间观念。

活动程序：1. 在白板或墙壁上画1个大的时钟模型，将时钟的刻度标识出来。
2. 找3个人分别扮演时钟的秒针、分针和时针，这3个人手上拿着3根长度不一的棍子或其他道具(代表时钟的指针)，在时钟前面站成一纵列(注意应背向白板或墙壁，扮演者看不到时钟模型)。
3. 主持人任意说出1个时刻，比如3点45分15秒，表演者迅速地将代表指针的道具指向正确的位置，指示错误或指示慢的人受罚。
4. 可重复玩多次，也可由1人同时扮演时钟的分针和时针。

> **提示**
> 这个活动可训练反应能力，培养时间观念，对意识深层的影响也非常重大。

我对时间的意识

活动二　时　间　日　记

请记录自己昨天一天的活动，包括所想所做的事(从起床到就寝)，分别花了多少时间。然后，分析哪些是合理的，哪些是浪费的。

> 提示
>
> 从细节认识时间,才能最大限度地有效利用时间。

合理利用的时间包括 _____

浪费的时间包括 _____

活动三　　　　时间的分配

回顾一下上周的生活与学习,你在哪些事情上花的时间最多?是在既紧急又重要的事情上?还是在重要但不紧急的事情上?或者是在紧急但不重要的事情上?或者是在既不紧急也不重要的事情上?

请注意,在划分既紧急又重要的事情和紧急但不重要的事情时要特别小心,急迫的事很容易被误认为是重要的事。其实,二者的区别就在于这件事是否有助于达成某种重要的目标。如果答案是否定的,应归入紧急但不重要的事情。

> 提示
>
> 从"急迫"和"重要"二维角度分析时间,有助于最合理地分配时间。在哪些方面持续而优异的表现会对生活或工作有积极的意义?有人拿这个问题问过数千人,发现大多数的答案可归纳如下:人际关系;充足的准备工作;周详的规划与组织;善待自己;抓住机会;充实自我;增进能力。这些都属于重要的事。

我目前已经具备的是 _____
需要努力达到的是 _____

三、理论知识

给工作排序

查尔斯·史瓦在担任伯利恒钢铁公司总裁期间,曾经向管理顾问李爱菲提出这样一个不寻常的挑战:"请告诉我如何在办公时间内做好更多的事,我将支付给你2.5万美元的顾问费。"

于是,李爱菲递了一张纸给他,并对他说:"写下你明天必须做的最重要的各项工作,先从最重要的那一项工作做起,并持续地做下去,直到完成。完成这项工作以后,重新检查你的办事次序,然后进行第二项重要的工作。任何一项着手的工作花掉你整天的时间,都不用担心。只要手中的工作是最重要的,就坚持做下去。

因为如果按这种方法你无法完成全部的重要工作，那么即使运用任何其他方法也同样无法完成它们。而且，倘若不借助优先次序，你可能连哪一种工作最为重要都不清楚。将上述一切变成你每一个工作日的习惯。当这个建议对你生效时，把它提供给你的部属采用。"

数星期后，史瓦寄了一张面额2.5万美元的支票给李爱菲，并附言她确实为他上了十分珍贵的一课。伯利恒后来之所以能够跃升为世界上最大的独立钢铁制造者，据说正是因为李爱菲的那几句真言。

提示

在时间的管理上，只要安排合理，效果将是令人惊叹的。

我认为

1. 什么是时间

时间是一种特殊的资源，是物质运动的顺序性和持续性，是物质存在的客观形式之一。任何一种物质的变化、运动或发展的过程，都永远是在时间和空间内发生的。时间有两种含义：一是"时段"，即两个瞬时之间的间隔长短；二是"时刻"，指某一瞬时是什么时间。例如，我们早晨8点上班，12点下班，上午工作了4个小时。这4个小时就是"时段值"，而8点和12点就是"时刻值"。时间具有以下4项独特性：第一，时间的供给毫无弹性，即时间的供给量是固定不变的，在任何情况下都不会增加也不会减少，每天都是24小时。第二，时间无法蓄积，即时间不像人力、财力、物力和技术那样可以被积蓄储藏。无论愿不愿意，我们都必须消费时间。第三，时间无法取代，即任何一项活动都有赖于时间的堆砌，也就是说，时间是任何活动所不可缺少的基本资源。第四，时间无法失而复得。一旦丧失，则永远丧失。

胡适先生心目中的时间

1930年，胡适先生在一次毕业典礼上发表了一篇演讲，其内容如下：

诸位毕业学生：你们现在要离开母校了，我没有什么礼物送给你们，只好送你们一句话。这一句话是：珍惜时间，不要抛弃学问。

以前的功课也许有一大部分是为了这张文凭，不得已而做的。从今以后，你们可以依自己的心愿去自由研究了。趁现在年富力强的时候，努力做一种专门学问。少年是一去不复返的，等到精力衰竭的时候，要做学问也来不及了。

有人说：出去做事之后，生活问题急需解决，哪有工夫去读书？即使要做学问，既没有图书馆，又没有实验室，又哪能做好学问？

我要对你们说：凡是要等到有了图书馆才读书的，有了图书馆也不肯读书；凡是要等到有了实验室方才做研究的，有了实验室也不肯做研究。你有了决心要研究一个问题，自然会节衣缩食去买书，自然会想出法子来设置仪器。

至于时间，更不成问题。达尔文一生多病，不能多做工，每天只能做一个小时的工作。你们看他的成绩！每天花一个小时看10页有用的书，每年可看3600多页书，30年读11万页书。

诸位，11万页书可以使你成为一个学者了。可是每天看3种小报也得费你一个小时的工夫；四圈麻将也得费你一个半小时的光阴。看小报呢？还是打麻将呢？还是努力做一个学者呢？全靠你们自己选择！

易卜生说：你的最大责任就是把你这块材料铸造成器。学问就是铸器的工具。抛弃了学问便是毁了你自己。再会了，你们的母校将眼睁睁地看你们10年之后成什么器。

🔍 **提示**

"一寸光阴一寸金，寸金难买寸光阴。"最成功和最不成功的人一样，一天都只有24小时，但区别就在于他们如何利用这所拥有的24小时。

看到胡适先生的这一番语重心长的话语，我的感受是_____

2. 时间管理及其重要性

时间管理就是合理安排自己的计划，掌握重点，有效地利用时间。时间管理的目标是掌握工作的重点；其本质是一种自我的管理；其方法是通过制订周密的计划来完成工作；其所探索的是如何减少时间浪费，减少对目标没有价值的时间消耗，以便有效地完成既定目标。所以，时间管理的对象不是"时间"，而是面对时间所进行的"自我管理"。"自我管理"需要引进新的工作方式和生活习惯，包括订立目标、妥善计划、分配时间、权衡轻重、权力下放、自我约束并持之以恒。

有人提了这样一个问题：如果银行每天早晨向你的账号拨款8.64万元，你在这一天可以随心所欲，想用多少就用多少，用途也没有任何的规定，条件只有一个——用剩的钱不能留到第二天再用，也不能节余归自己。前一天的钱，你花光也好，分文不花也好，第二天你将又有8.64万元。请问，你如何用这笔钱？这"银行拨款"纯粹是不可能的虚构，但我们不难发现：每天我们有24小时，每小时由60分钟组成，每分钟由60秒组成，总计就是8.64万秒。拥有这样一笔财富，我们应该怎样利用？这个问题恐怕需要我们花点时间来考虑。

有人曾粗略地统计过一个活到72岁的美国人的时间花费：睡觉，21年；工作，14年；个人卫生，7年；吃饭，6年；旅行，6年；排队，6年；学习，4年；开会，3年；打电话，2年；找东西，1年；其他，3年。

看了上面的这一组数据，您有何感受？"时间管理"一直是个重要的问题，但从来没有像今天这么重要过。为什么？因为现在是信息爆炸的年代，人人都面临着竞争的压力，社会对你具有比以前多得多的要求。在这种情况下，我们该怎么办呢？积极的时间管理，就成为我们的必要手段。

会不会利用时间，关键在于会不会制订完善的、合理的工作计划。所谓工作计划，就是填写自己和企业的工作时间表——某年某月某日要做什么事；哪些事先做，哪些事后做；哪个时间内以哪些事为重点；安排哪些时间做什么事；最重要的目标何时达到，等等。但是，有计划地利用工作时间，并不是要求管理人员把未来的时间全部填满工作内容，而是要合理地安排最主要的工作和最关键的问题。这些工作和问题，只要安排得适时和得当，就会像机器的主轴带动整个机器运转那样，促使其他事情也能按时完成。

3. 时间管理的原则

时间管理更注重个人的管理，关注完成的工作是否具有有用性。工作会自动地膨胀，占满所有可用的时间，因此应该把最佳的时间用在最重要的事情上，所谓"好钢用在刀刃上"。我们要遵循时间管理中的两个重要原则，一个是80/20原则，另一个是目标明确原则，这将会达到事半功倍的效果。

80/20原则起源于意大利的经济学家帕累托。他研究了19世纪各个国家的财富分配后发现：这些国家80%的财富由20%的人占有。他的发现，被通俗地称之为帕累托原则或80/20原则。后来，人们发现，80/20原则其实广泛地适用于生活和工作的方方面面，如80%的税由20%的人付，80%日常所穿衣服来自衣柜中的20%，在学校里80%的问题由20%的孩子引起，20%的产品带来80%的销售额，等等。所以，80/20原则就是：80%的结果由20%的行动所产生。在时间管理上也是如此：20%的时间投入，完成整个工作任务的80%。

> **马友友练琴**
>
> 世界著名的大提琴演奏家马友友回忆小时候的学琴经历时说："父亲教小孩拉琴很有一套。他知道孩子的专心时间很短，因此，他特别把握小孩子专心的那10到15分钟。"他的父亲每天只要求他练琴15分钟，但必须集中精神，全心全意。这种训练方式让他受用无穷。时至今日，他还是认为：练琴时间在精不在多，逼孩子练琴绝不可能练好。只有在练习者有意愿要练，而且也全神贯注地练时，才可能有好成绩。

> **提示**
>
> 在时间管理上，并不是花的时间越多越有效果，关键是要用得合适。

我认为 _____

_____

时间管理中的目标明确原则是高效达成任务的关键因素。目标是指组织预期要求达到的目的或结果，具有预测性、可计量性和激励性等特点。目标明确，即由组织或个人制定一定时期内期望达到的目标，然后积极主动地设法实现这些目标。所以说，目标明确是时间管理中的重要原则。

目标决定将来

赖嘉随父母迁到亚特兰大市时，年仅4岁。他的父母只有小学学历。因此，当赖嘉表示要上大学时，他的亲友大多不表示支持。但是，赖嘉心意已决，最后成为家中唯一进大学的人。然而一年之后，他却因为贪玩导致功课不及格而被迫退学。在接下来的6年，他过着得过且过的生活，毫无人生目标。

有一天，他读到了柯维的著作《相会在巅峰》。从那时起，他的想法完全改变了，因为他发现自己有不平凡的能力。重获新生的赖嘉，终于了解到目标的重要性。他的目标是重返大学，然而他的成绩实在太差了，以致连遭墨瑟大学的拒绝。在遭到第二次拒绝之后的某天，赖嘉无意间撞见院长韩翠丝，他趁机向她表明心志。结果，院长答应了他的请求，准许他入学，但有一个附加条件：他的平均分数要达到乙等，否则只能再度退学。

赖嘉一改过去的散漫态度，以信心坚定、目标明确的姿态，重新踏入校门。他每季平均进修多个学分。经过两年零三个月的努力，赖嘉以优异的成绩取得了学位，紧接着再迈向更高的目标。如今，这个伐木工人的儿子已成为赖嘉博士。

> **提示**
>
> 有目标才有结果，目标能够激发我们的潜能。的确，目标决定我们的将来。

我为自己定的目标是 _____

_____

4. 时间管理的方法

究竟什么占据了人们的时间？这是一个经常令人困惑的问题。著名管理学家科维提出了一个时间管理的理论，把工作按照"重要"和"紧急"两个不同的程度进行划分，基本上可以分为4个"象限"：既紧急又重要、重要但不紧急、紧急但不重要、既不紧急也不重要。时间管理理论的一个重要观念，是有重点地把主要精力和时间集中地放在处理那些重要但不紧急的工作上，以做到未雨绸缪、防患于未然。

在人们的日常工作中，很多时候往往有机会很好地计划和完成一件事，但却没有及时去做。随着时间的推移，造成工作质量下降。因此，把主要精力有重点地放在重要但不紧急这个"象限"的事务上是必要的。要把主要精力放在重要但不紧急的事务处理上，需要很好地安排时间。一个好的方法是建立预约，即将自己的工作按轻重缓急分为紧急并且重要、重要但不紧急、紧急但不重要3类；安排各项工作的优先顺序，粗略估计各项工作的时间和占用百分比；在工作中记载实际耗用时间；每日计划时间与实际耗用时间进行对比，分析时间运用效率；重新调整自己的时间安排，更有效地工作。建立了预约，自己的时间才不会被无谓的事务所占据，从而有效地开展工作。

我们可以通过时间四象限图(如图1-2所示)来直观地了解时间管理的有效方法。

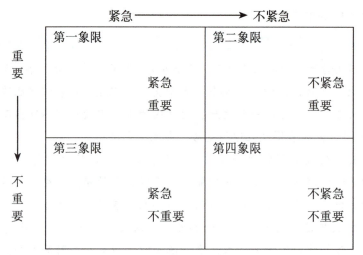

图1-2　时间四象限图

第一象限是重要又紧急的事。诸如应付难缠的客户、准时完成工作、住院开刀等。这是考验我们的经验、判断力的时刻。很多重要的事都是因为一拖再拖或事前准备不足而变得迫在眉睫的。

第二象限是重要但不紧急的事。包括长期的规划、问题的发掘与预防、参加培训、向上级提出问题处理的建议等。多投入一些时间在这个象限，有利于提高实践能力，缩小第一象限的范围。这个象限的事情不会对我们造成催促力量，所以必须主动去做，这是发挥个人管理能力的领域。

第三象限是紧急但不重要的事。这一象限的内容经常与第一象限的内容相混淆，因为迫切的呼声会让我们产生"这件事很重要"的错觉。电话、会议、不速之客都属于这一类。我们花很多时间在这里面打转，自以为是在第一象限，其实不过是在满足别人的期望与标准。

第四象限属于不紧急也不重要的事。虽然看起来好像根本不值得花时间在这个象限，但我们往往在前三个象限来回奔走，忙得焦头烂额，不得不到第四象限去疗养一番再出发。

要成为时间管理大师，轻松地把时间管好，一切要从简单的计划开始。以下是管理好时间的5个步骤：第一，列单。把要做的事情一项一项地记录下来。第二，组织。根据列好的清单分门别类，依据重要性排序。第三，删除。看看排在最后的事情是否必要，如果没有必要，就把它删掉。第四，习惯。将上述3个步骤变成日常生活的习惯。第五，体会成就。当以上的步骤办妥以后，你就会发现，自己比没有计划的日子完成的事情多了，人也感觉有成就感了。这个成就感就是优质计划的回报。

在时间管理的过程中，还需应付意外的事件，因为计划没有变化快，需为意外事件留一些时间。这里有3个预防此类事件发生的方法：其一，每件事情都留有充分的预备时间；其二，将工作分解成若干单元；其三，准备一套应变措施。

出色的时间经营者能够做到有效的时间管理，即记录自己的时间，以认清时间耗在什么地方；管理自己的时间，设法减少非生产性工作的时间；集中自己的时间，由零星而集中，成为连续性的时间段。我们要很好地完成工作，就必须善于利用自己的工作时间。工作是无限的，时间却是有限的。时间是最宝贵的财富。没有时间，计划再好，目标再高，能力再强，也是空的。时间如此宝贵，但它又是最有伸缩性的，它可以一瞬即逝，也可以发挥最大的效力。时间是潜在的资本。我们必须充分、合理地利用每个可利用的时间，压缩时间的流程，使时间价值最大化。

时间管理是组织的财富之源。"时间就是金钱"的观念早已深入人心，但对于个体而言，做好时间管理不仅意味着丰厚的经济利益，更能令自己的事业突飞猛进。保持焦点，一次只做一件事情，一个时期只有一个重点。要学会抓住重点，远离琐碎。

5. 时间管理的误区

在时间管理上有很多的误区。比如，很多管理人员从早忙到晚，不但在工作时间内挤满了各种工作，而且在工作时间以外也寻找时间继续工作。单纯从这个现象看，并不能表明该管理人员会利用时间。他的工作精神固然是好的，但称不上是好的管理者。真正会利用时间的管理者，不是把大量时间花在忙乱的工作中，而是用在拟订计划中。表面看来，作计划和考虑问题的时间占用得多了；实际上，从总耗用时间量上来计算，却节省了许多宝贵的时间——正所谓"磨刀不误砍柴工"。我们探索克服时间浪费的途径，便是培养克服时间管理误区的技能。具体来说，时间管理的误区主要有以下几种。

(1) 工作缺乏计划

大量的时间浪费源于工作缺乏计划。比如：没有考虑工作的可并行性，结果使并行的工作以串行的形式进行；没有考虑工作的后续性，结果工作做了一半，发现有外部因素限制只能搁置；没有考虑对工作方法的选择，结果长期用低效率高耗时的方法工作。

(2) 组织工作不当

组织工作不当中最常见的一种情况就是不会拒绝，这不是一个明智的行为。量力而行地说"不"，对己对人都是一种负责。自己不能胜任请托的工作，不仅浪费自己的时间，还会打乱请托人的时间安排，结果"双输"。所以，接到别人的请托，要先分析一下自己能不能如期按质地完成工作。如果不能，就要与请托人协调，在必要的时刻敢于说"不"。

对于管理者而言，因组织工作不当而造成的时间浪费往往表现为找不到合适的下属授权。每个人的精力都是有限的，所以管理者应当学会授权，将主要的精力和时间放在最重要的事情上。

(3) 时间控制不够

在时间控制方面，往往存在这样的问题：不善于处理不速之客的打扰；不善于处理无端电话的打扰；受泛滥的"会议病"困扰。不少中、高层管理者抱怨，会议竟占去他们日常工作时间的四分之一，甚至三分之一！更令他们感慨的是，在这么多的会议之中，几乎有一半是徒劳无功的，是浪费时间！

(4) 进取意识不强

常言说："对于人来说，最大的敌人就是自己。"有些人之所以会让时间白白流逝而毫无悔痛之意，最根本的原因就是缺乏进取意识，缺乏对工作和生活的责任感和认真态度。这一情况通常在以下方面得到表现：个人的消极态度；做事拖拉，找借口不干工作；做白日梦；工作中闲聊，煲电话粥。如果一直处于迟钝的时间感觉中，换句话说，当你觉得时间可有可无，不愿面对工作中的具体事务，沉溺于"天上随时掉下大馅饼"的美梦时，那就需要好好反省一下了。因为你正在丧失宝贵的机会，已处在一个被社会逐步淘汰的过程中。

走出时间管理的误区，就要抛开3个字：忙、盲、茫。不要瞎忙，也不要乱忙，甚至也不应茫茫然。走出时间管理的误区就是马上行动，调整好心态，调整好自己的思想，改变心境。

管理最重要的基础就是良好的时间管理

格里在威格利南方联营公司当了20多年的总经理，该公司是美国最成功的超级市场之一，他获得了许多值得骄傲的荣誉。第一，他的工作记录几乎为所有的总经理所羡慕，包括连年不断的销售记录和利润记录。第二，他毫不松懈地连续运用计划、组织、授权、激励、评价和控制等基本原则，显示了专业管理的精神。第三，他献身时间管理原则的事迹已经写进大量赞扬的文章。在格里看来，正确管理的基础是良好的时间管理。

> **提示**
>
> 在信息爆炸的今天，时空似乎在无限地扩展。面临无处不在的竞争、客户高品质的需求，高效的时间管理将是你成功的关键。

你的时间管理表

四、知识拓展

为进行有效的时间管理，我们可以参照以下10个措施。

1. 设立明确的目标

时间管理的目的是在最短时间内实现更多目标。必须把一个时段内(如2007年度)的4~10个目标写出来，找出一个核心目标，并依其重要性排列，然后依照目标制订详细的计划。要实现目标，最为关键的是依照计划进行。

2. 列一张总清单

把今年所要做的每一件重要的事情都列出来，并进行目标切割。年度目标切割成季度目标，列出清单，记录每一季度要做的事情。季度目标切割成月目标，并在每月初重新列一遍，碰到突发事件需要更改目标时，要及时进行调整。每个星期天，把下周要完成的每件事情列出来。每天晚上把第二天要做的事情列出来。

3. 按照80/20原则做事

用80%的时间来做最重要的那20%的事情，首先要了解，对自己来说，哪些事情是最重要的。

4. 每天留出半小时到一小时的"不被干扰"时间

假如你每天能有一个小时完全不受任何人干扰，关在自己的房间里面思考一些事情，或是做一些你认为最重要的事情，那么，这一个小时可以抵过你一天甚至三天的工作效果。

5. 行事与你的价值观相吻合，不可以互相矛盾

价值观不明确，就很难知道什么最重要，也难以把握好时间分配。时间管理的重点不在管理时间，而在于如何分配时间。你永远没有时间做好每件事，但永远有时间做对你来说最重要的事。

6. 争取每一分钟都做最有效率的事情

要做好一份工作，到底哪几件事情是最有效率的，把它们列出来，然后分配时间把它们做好。一定要强化效率意识。

7. 充分地授权

列出目前生活中所有可以授权的事情，把它们写下来，然后开始找人授权，找适当的人来授权，这样效率会比较高。不会利用他人资源的人，一定是效率低下者。

8. 归并同类事情，尽可能一次做完一类事

假如在做纸上作业，那段时间就都做纸上作业；假如是在思考问题，那段时间就只作思考；打电话的话，最好把电话累积到某一时间，一次打完。重复做一件事情，就会熟能生巧，其效率也一定会有所提高。

9. 做好"时间日记"

花了多少时间在哪些事情上？把它们详细记录下来，便会发现浪费了哪些时间。而若能找到浪费时间的根源，就有办法加以改变。

10. 强烈地意识到时间大于金钱

要习惯于用金钱去换效率。比如，该用空调降温时不用空调就是最大的浪费。另外，可以用金钱去换取别人的成功经验，尤其应跟成功人士换，这会节省很多时间。

思考和训练

1. 你的生命里还有多少时间，你计算过吗？如果以80岁寿命来计算，你已用去多少天，还剩下多少天？
2. 用时间管理的5个步骤要求自己。
3. 撰写"时间日记"。

每日练习

星期一

1. 根据给出的词语，写出它们的定义，并抄出词典上的定义予以对比：

词　语	自己下的定义	词典上的定义	备　注
耳朵			
窗户			
明亮			
避免			
失踪			
围裙			
恳请			
歪斜			

2. 对于时间观念你是怎样理解的？你是一个有时间观念的人吗？

3. 写下你明天活动内容的时间分配：

星期二

1. 回顾一下上周的工作与学习，哪些地方存在时间浪费？

2. 你的生命里还有多少时间，你计算过吗？如果以100岁寿命来计算，你已用去多少天，还剩下多少天？

星期三

1. 根据给出的词语，写出它们的定义，并抄出词典上的定义予以对比：

词　语	自己下的定义	词典上的定义	备　注
女儿			
生日			
暖和			
旋转			
豆浆			
整体			
掩饰			
挎包			

2. 过去的一个月你都做了些什么？你主要把时间花费在哪些事情上？＿＿＿＿

3. 你上个月的活动内容中有意义的时间是多少？占多少比重？＿＿＿＿

星期四

1. 与以前相比，你觉得你的时间观念有变化吗？＿＿＿＿

2. 给自己设定一个目标，并按照时间管理的步骤制订出相应的计划：＿＿＿＿

3. 写出今天的时间日记：

星期五

1. 根据给出的词语，写出它们的定义，并抄出词典上的定义予以对比：

词 语	自己下的定义	词典上的定义	备 注
尽管			
策略			
重力			
狭窄			
尺寸			
窃取			
颓废			
迥然			

2. 假如时间可以倒流，你将如何度过上个月？＿＿＿＿

3. 分析自己所在的一个组织(如班级、社团)的一个目标，表述确保该目标实现的思路：＿＿＿＿

星期六

1. 你是否对过去的一年不够抓紧时间而感到遗憾？如何看待这个遗憾？＿＿＿＿

2. 今年你最想做的事情是什么？在时间分配上你将如何管理使它达到最好的效果？

3. 评价你上周时间管理的效果，看看存在什么误区：

星期日

1. 根据给出的词语，写出它们的定义，并抄出词典上的定义予以对比：

词　　语	自己下的定义	词典上的定义	备　　注
接近			
口号			
农业			
取得			
原谅			
力量			
人才			
运动			

2. 分析自己时间使用上的80/20定理：

3. 写出今天的时间日记：

习惯管理

一、教学目标

终极目标： 了解管理能力中所需要的习惯，学会培养习惯的方法，养成好习惯，从改变习惯着手改变自己。

促成目标： 1. 进一步理解管理者角色；

2. 了解管理者应具备的重要习惯；

3. 重视从习惯养成的角度来要求自己。

二、能力训练

活动一　勇于承担责任

地点：空地。

活动目的：面对自己的弱点，克服心理障碍，勇于承担责任。

活动程序：学员相隔一臂站成若干排。培训师喊"一"，学员向右转；喊"二"，向左转；喊"三"，向后转；喊"四"，向前跨一步；喊"五"，不动。做错的人走出队列，站到大家面前鞠躬，并举起右手高声说："对不起，我错了！"

提示

这是一个绝大多数人都会犯错的活动。面对错误时，人有时会不承认自己犯了错误；有时是认识到自己错了，但没有勇气承认，因为很难克服心理障碍。事实上，只有勇敢面对错误的人才能真正养成好习惯。

这个活动意图纠正我的_____

活动二　竖鸡蛋

时间：10～15分钟。

人数：7～10人一组。

道具：鸡蛋若干，平整的木桌若干。

活动目的：训练学员的自控能力，通过自控制能力的提高促进习惯的养成。
活动程序：1. 每组学员通过比赛，选拔出最优秀的3个人参加小组之间的决赛。
2. 分配给每组一样多的鸡蛋。
3. 在规定时间内最早竖完者赢，如无人竖完则以竖多者赢。
4. 打破蛋壳、利用桌面凹陷、用其他固定物者无效。

🔍 提示

只要有信心、有耐心、有自我控制能力，鸡蛋是完全可以竖起来的。竖不起来的原因在于内心的浮躁。

如果有了足够的自控能力，成功就会显得不那么难了。我认为＿＿＿＿＿＿＿＿＿
＿＿＿＿＿＿＿＿＿＿＿＿＿＿＿＿＿＿＿＿＿＿＿＿＿＿＿＿＿＿＿＿＿＿＿＿

活动三　　　　　　好习惯与坏习惯

时间：不限。
人数：不限。
道具：纸、笔。
活动目的：帮助学员认识自身的好习惯与坏习惯，并培养出好习惯。
活动程序：要求学员根据自己的日常行为，找出哪些是好习惯，哪些是坏习惯。把这些习惯罗列出来。如果想不出来，也可以找身边的朋友帮忙找。把坏习惯一点一点地改掉，好习惯则保持和发扬。一周时间后回顾、分析各自的变化。

🔍 提示

人们总是在不断改变的过程中获得提高。

我的感受是＿＿＿＿＿＿＿＿＿＿＿＿＿＿＿＿＿＿＿＿＿＿＿＿＿＿＿＿＿＿

三、理论知识

本公司从来不录取那些乱翻别人东西的人

一家外资企业招工，对学历、外语、身高、相貌的要求都很高，薪酬也挺高，所以有很多人来应聘。过五关斩六将，总算到了最后一关——总经理面试。
一见面，总经理就说："很抱歉，各位。我有点急事，要出去10分钟，你们能不能等我？"应聘者说："没问题，您去吧，我们等您。"

总经理走了，应聘者一个个踌躇满志。大家闲不住，就围着总经理的大写字台看，只见上面文件一摞、信一摞、资料一摞。应聘者你看这一摞，我看那一摞，看完了还互相交换。10分钟后，总经理回来了，说："面试已经结束。""没有啊？我们还在等您啊！"众人面面相觑。总经理说："我不在的这段时间，你们的表现就是面试。很遗憾，你们没有一个人被录取。因为本公司从来不录取那些乱翻别人东西的人。"

（资料来源：隋晓明，赵文明编著.成就一生的好习惯.深圳：金城出版社，2007）

> **提示**
>
> 翻东西，是儿童时期缘于好奇的一种行为。如果没有被及时纠正，就会成为坏习惯。

我认为 _____

1. 什么是习惯

习惯就是人的行为倾向。用心理学的语言来说，习惯就是刺激与反应之间的稳固链接。习惯一定是行为，而且是相当稳定的行为，是一种自动化的行为、下意识表现的行为，但并不一定是自己希望的行为。我们每个人身上一定有很多好习惯，也一定有些不好的习惯。坏习惯是一种藏不住的缺点。别人看得见，自己却不一定能意识到。所以，习惯是长时期逐渐养成的、一时不易改变的行为、倾向或风气。

2. 习惯的重要性

著名教育家叶圣陶先生曾说过："我们在学校里受教育，目的在养成习惯，增强能力。我们离开了学校，仍然要从多方面受教育，并且要自我教育，其目的还是在养成习惯，增强能力。习惯越自然越好，能力越增强越好。"习惯的重要性源于习惯的特征。一般来说，习惯不是由遗传得来的，它是在后天的生活环境中习得的。习惯一旦形成就较难改变，它会因为经过多次重复而得到强化，不断地趋于定型稳固。行为形成习惯以后，不需要专门的思考和意志的努力就会发生。一旦到了特定的场合，习惯就会表现出来。正因为如此，好习惯受益终生，坏习惯贻害无穷。

对于管理者来说，是否优秀通常以素质高低来衡量。然而，从一定意义上说，习惯就是素质，素质总会通过习惯表现出来。良好的行为习惯是人的能力和素质的生长点，它能为实现人的全面发展和成功提供支撑的平台。

成功从脱鞋开始

20世纪60年代，苏联发射了第一艘载人宇宙飞船，大家都知道宇航员叫加加林。当年挑选第一个上太空的人选时，几十个候选宇航员去参观他们可能要乘坐的飞船，进舱门的时候，只有加加林一个人把鞋脱了下来。

有人问加加林为什么脱鞋，他回答说："这么贵重的一个舱，怎么能穿着鞋进

项目一 自我管理能力的训练

去呢？"加加林的这一个动作，让主设计师非常感动。他想，只有把飞船交给一个如此爱惜它的人，才能令人放心。在他的推荐下，加加林成了人类第一个飞上太空的宇航员。所以有人开玩笑说，成功从脱鞋开始。

(资料来源：雅琴编著.小故事大道理.北京：海潮出版社，2004)

> **提示**
>
> 成功都是从好习惯开始的。没有诸如脱鞋这样的好习惯，远大理想和目标只能是空谈。美国心理学家威廉·詹姆士说："播下一个行动，收获一种习惯；播下一种习惯，收获一种性格；播下一种性格，收获一种命运。"

我认为

3. 为什么要关注习惯

习惯是组织文化的基本构成要素。从培养员工良好的习惯入手，通过塑造员工的习惯来打造企业文化，不失为一种好的方法。

让人送还是自己去拿

一天，某企业的两个部门经理同时去找总经理评判。这两个经理一个是生产模具的，另一个是使用模具的。俩人各执一词，生产模具的经理说："模具应该他自己来拿。"使用模具的经理则说："模具应该他给我送过来。"总经理听了对他们说："你们先回去，一小时后我来帮你们拿。"言外之意，一小时以后不能自动处理好这件事，两个经理都不必呆在公司了。

> **提示**
>
> 当我们没有去检讨自己的观念和行为习惯时，由于习以为常，一般都认为自己是对的。比如上面的故事，有人议论说："拿一次没关系，但是拿一次就意味着永远是我的部门来拿了。"这个观点的意思是"多干活就是吃亏，能不干的活我就不干"。这是一种逃避工作和责任的思想，显然是错误的。这是一件小事，类似的事情在很多团队里都曾经发生过。这就是典型的员工行为习惯问题，它体现了员工习惯与理想的企业文化的冲突。

我认为

如果一个企业有太多类似上述故事中所提到的错误观念，便形不成正确的企业文化，管理也会出现混乱。很多职业经理人新到一个企业却无法开展工作，这固然有能力、战略、管理手段等因素，但其对员工行为的习惯难以把握也是其中一条。他常常会碰到"秀才遇到兵，有理说不清"的情形。因为他不能从员工习惯、从所在企业的企业文化去了解事件背景。所以，光用"讲道理"的方法是行不通的。

制度可以培养习惯，习惯能够产生共同行为，并最终形成企业文化。制度和习惯是"双刃剑"。已固定化的制度越多，达成共识的习惯越多，组织就越容易管理。但是，对于创新则会难度较大。

4. 怎样养成良好的习惯

首先，要确定目标，即要明白养成哪些良好的习惯。这些良好的习惯，包括能真诚地欣赏他人优点的习惯、留意机会和抓住机会的习惯、积极架构关系的习惯、持续创新和稳定创新成果的习惯、展望未来与经营未来的习惯等。

其次，懂得"播下一个行动，收获一种习惯"的基本培养路径。不要只停留在思想的灌输上，一定要进入行为的操作，通过持久、重复的行为使习惯稳定下来。

第三，注意与控制是习惯养成的基本点。注意的分布合理而且到位，并在此基础上能够控制住、稳定住，则习惯就能慢慢地成为自然。

要培养学生的良好习惯，通常可参考以下6个步骤进行：第一，认识习惯的重要性。这可以通过讲故事、分析案例等方式来进行，切身感受习惯的重要性。第二，与学生一起讨论制定行为规范。具体地说，就是定家规，定班规，制定习惯培养目标。第三，树立榜样。杰出的人物都有好习惯，比如，大家都知道李嘉诚很守时，他的表都是拨快10分钟的。第四，持久训练。一个行为的稳定出现，一般都要训练一个月以上，还要进行分析、评估、引导、训练等。第五，及时评估。也就是用各种方式表扬，因为表扬能起到稳定的作用。第六，形成良好的集体风气。好的行为应得到鼓励和欣赏；不良的行为则应遭到鄙视和反对。把以上每个步骤都做细，良好习惯也就养成了。

5. 几个重要的好习惯

如果你想成为一个优秀的团队管理者，应该养成如下的好习惯。

(1) 真诚地欣赏他人优点的习惯

人际关系理论的创始人，美国心理学家梅奥在19世纪早期的霍桑实验中发现：员工在工作时不仅需要薪水，而且需要人们的关心。一旦割断相互关注、关心的渠道，工作效率就会明显下降。对于管理者来讲，待人诚实、正直、公正、和善和宽容，对他人的生活、工作表示关心与兴趣，别人就会喜欢你，愿意和你合作。不过，管理者不应该停留在对他人的一般意义上的关心，应该养成真诚地欣赏他人优点的习惯，还应该发掘他人的优点，从而最大限度地用好人力资源。只有真诚地欣赏他人的优点，才能最大限度地发挥管理的优势。

能欣赏孩子的叫大师

一次，一位著名的钢琴家预定在某大音乐厅表演。那是一个值得纪念的夜晚——音乐厅里到处是黑色燕尾服、正式的晚礼服，都是上流社会的打扮。

当晚的观众里有一位母亲，带着一个9岁的男孩。小男孩等得不耐烦，在座位上动个不停。母亲希望他在听过大师演奏之后，能够增强对钢琴的兴趣。当她转头跟朋友交谈时，小男孩按捺不住，偷偷从母亲身旁溜走。小男孩被灯光照耀着的舞台上的大钢琴和前面的乌木坐凳吸引住了。他瞪眼看着眼前黑白颜色的琴键，把颤抖的小手指放了上去，开始弹奏名叫《筷子》的曲子。

观众的交谈声忽然停止了,数百双表示不悦的眼睛一起看过去,被激怒的观众开始叫嚷:"把那男孩弄走!谁把他带进来的?他的母亲在哪里?快制止他!"在后台,钢琴大师听到前台的声音,立即知道发生了什么事。他赶忙抓起外衣,跑到前台,一言不发地站到男孩身后,伸出双手,即兴地弹出配合《筷子》的一些和谐的音符。两人同时弹奏时,大师在男孩耳边低声说:"继续弹,不要停止。继续弹……不要停止……不要停。" 观众立刻平息了下来,大家感觉到与大师相比,思想境界的差距如此之大。

> **提示**
>
> 习惯于能真诚地欣赏他人的优点,不为外界的评论所左右,这才更能体现你的思想境界。

我认为

(2) 习惯于培养人际关系

关系已成为个人成长、团队成事的重要条件与资源。关系如同网络,架构起人与人、群体与群体、企业与客户、企业与企业之间的互动。为了企业的发展,任何一个管理者都缺少不了"关系管理"。培养人际关系需要有效的沟通,其中,管理者与被管理者之间的有效沟通尤其重要。有人认为,比较完美的企业管理者习惯于用70%的时间与他人沟通,30%的时间处理相关事务。

在法国所看到的人际关系

有人曾在报上发表对到法国以后所经历的一些事情的感想:

第一天上街的时候,站在十字路口,地图还没打开,就有人上来问:"需要帮助吗?"刚把地图拿出来看了几秒钟,就有人过来问:"你迷路了吗?"我的一位朋友甚至只是在路边发呆了3分钟,就先后有3辆车停下来询问是否需要帮助。

乘公车,上车时,司机会说:"早上好!"下车时,乘客会对司机说:"谢谢!"刚开始,我还不习惯,现在很自然了。地铁里的门要用手推开,第一个人都会为身后的人把门撑着,然后第二个人再接过来继续为后面的人撑着……车厢里有一种折椅,位子不够时可以打开坐下,很方便也很舒服。有一次车上人多,坐在我旁边的一个看书的女孩站了起来,折椅便自动合上去,空间开阔了。当时我好奇她站起来干什么,后来我看见旁边贴着一张纸条——人多时收起以方便他人。自己小小地动一下,却让所有人得到了快乐。

> **提示**
>
> 人际关系的培养,并不需要刻意去做,而是需要把它融入生活,自然地表现于生活的每一个细节。这是最高的境界。

我认为

(3) 习惯于留意机会并抓住机会

每个人都被机会包围着，但是机会只有在被寻找时才会被看见，只有在被关注时才有意义。所以，要养成留意机会的习惯。时刻留意着机会的来临，机会就不容易被错过。这就要养成对机会抓住不放的习惯。对机会抓住不放并不容易做到，像狗熊掰棒子，掰一个丢一个的人到处都是。另外，机会不是现成的东西。高价值的机会需要人们去创造，养成创造机会的习惯就显得更加弥足珍贵了。

区　　别

Ａ，合资公司的白领。他觉得自己满腔抱负，却没有得到上级的赏识。他经常想，如果有一天能见到老总，有机会展示一下自己的才干就好了。

Ａ的同事Ｂ，也有同样的想法。但他采取了行动：打听老总上下班的时间，算好他大概会在何时进电梯，自己就在这个时候去乘电梯，以期能遇到老总，有机会打个招呼。

他们的同事Ｃ更进一步。他详细地了解了老总的奋斗历程，弄清老总毕业的学校、人际风格、关心的问题，精心设计了几句简单却有分量的开场白，在算好的时间去乘坐电梯，跟老总打过几次招呼。终于，有一天，他跟老总长谈了一次，不久就争取到了更好的职位。

> 🔍 提示
>
> 愚者错失机会，智者善抓机会，成功者创造机会。机会只给准备好的人，这"准备"二字，并非说说而已。

我认为＿＿＿＿＿＿＿＿＿＿＿＿＿＿＿＿＿＿＿＿＿＿＿＿＿＿＿＿＿＿＿＿＿

(4) 习惯于经营未来

成功的企业管理者都懂得，未来是属于那些今天就已经为之做好准备的人。他们用20%的时间去处理眼前大量紧要的事情，这只是为了眼前的生计，而把80%的时间留给那些虽少但很重要的事情，这是为了未来。

仿佛那裁缝店就是她自己的

许多年前，一个小姑娘应聘到位于美国纽约第五大街的一家女装裁缝店打杂。她每天开始工作之前，都要对着那面试衣镜，很开心、很温柔、很自信地微笑。她虽然经济拮据，只能穿粗布衣裳，但她想象自己是身穿漂亮衣服的夫人。由于她待人接物落落大方、彬彬有礼，深受女士们喜爱。虽然只是一名打杂女工，但她想象自己是老板，工作积极投入、尽心尽责，仿佛那裁缝店就是她自己的，因而深受老板信赖。

不久，许多客户开始在女老板面前说："这位小姑娘是你店中最有头脑、最有气质的员工。"女老板也说："她确实很杰出。"又过了不久，女老板就把裁缝店交给小姑娘管理了。光阴荏苒，小姑娘最终成了"著名设计师安妮特夫人"。

> **提示**
>
> 成功是可以模仿出来的。如果你想成为成功人士，不妨现在就假设自己已经成功，然后像成功人士那样做人、学习、工作。最后，你将成为一名真正的成功人士。

我认为

(5) 习惯于持久、终身的学习

学无止境，这是一个人人皆知的道理。但是，要把它转化为习惯却绝非易事。学习应该持久，这首先是因为环境变化大、知识更新快；其次，在于学习能够陶冶情操。对于管理者来说，没有雅致的风范和高尚的情操，很难把一个团队引导到一个好的境地。养成终身学习的习惯，有利于管理者始终处在上升的通道。

功夫外的功夫

一个声名远播的老裁缝收了一个徒弟。徒弟聪明好学，一点便通。半年后，徒弟以为已深得老裁缝的技艺，便试探着问："师傅，我是否可以满师了？"老裁缝盯着徒弟，意味深长地说："还缺点功夫外的功夫。"徒弟不懂。

一天，一个客人拿了上好的白色丝绸请老裁缝做衣衫。老裁缝让徒弟来做，徒弟做好后将白衫挂在通风当阳的屋内。几天后，客人取衫时，发现白衫出现了黄色的斑痕，便大发雷霆，说弄脏了他的衣料。徒弟说是衣料低劣。双方争执不休，找老裁缝评理。"谁都没有错！"老裁缝微笑着说。"这是什么话？"客人不满了。"这是风痕。丝绸因阳光照射而失色。徒弟，你用5倍清水调稀双氧水，把衣服浸一下，过水两三次便可。"老裁缝说。徒弟一试，衣衫果然焕然一新。

徒弟大悟：这就是功夫外的功夫啊。

(资料来源：黄杰.功夫外的功夫.上海教育，2006(2))

> **提示**
>
> 学无止境。学历代表过去，只有学力才能代表将来。尊重有经验的人，才能少走弯路。衡量企业成功的尺度是创新，而创新能力来源于不断地学习，不学习不读书就没有新思想，也就不会有新策略和正确的决策。一个好的团队，也应该是学习型的团队。

我认为

四、知识拓展

习惯养成过程中的要求和原则如下。

1．以兴趣调动训练的积极性

要养成好习惯，就要把不经常出现的行为训练成经常出现的行为，这是一个十分艰苦甚至是痛苦的过程，需要经过许多次枯燥而单调的练习。特别是针对已经形成的不良习惯，矫正起来颇有些"难于上青天"的味道，不少人因此半途而废，功亏一篑。但是，如果把"苦练"与"趣练"相结合，采取一些有趣的形式，如通过游戏、活动、竞赛、绘画等途径，不断变换形式来进行训练，往往能够达到事半功倍的效果。

2．训练必须严而又严

不同的行为习惯有不同的标准，确定标准之后，就要严格遵守，不能放松。严格的训练要避免情绪化，没有相当的磨炼，很难养成好的习惯。自我训练需要一个过程，因为好的习惯往往需要较长的时间来巩固，不可能一蹴而就。要充分考虑到训练的艰巨性，训练是一个痛苦的过程，一旦决定，就要对自己严格要求。

3．训练必须持之以恒

习惯培养是一个持之以恒的过程。如果不坚持，今天训练，明天放假，行为就难以变成自动化的习惯。培养习惯是个长期工程，一个好习惯的养成，往往需要漫长的时间。由于人的行为往往具有惯性，在一段时间的训练之后，如果稍加放松，就会出现反复。所以，在进行训练时，一定要反复抓，不能放松，即使在某种行为上已经表现得很好，也要反复抓。同时，对于出现的反复现象，不要气馁，这是正常的，也是通过我们的努力可以解决的。

思考和训练

在你的日常行为中，哪些是好习惯，哪些是坏习惯？把这些习惯罗列出来。如果你想不出来，也可以找身边的朋友帮你找一找。把坏习惯一点一点地改掉，好习惯则保持和发扬。

星期一

1．你给"习惯"下的定义是什么，了解习惯的含义有何重要意义？＿＿＿＿＿＿

2．"播下一个行动，收获一种习惯；播下一种习惯，收获一种性格；播下一种性格，收获一种命运"的观点对你做人、做事有何启迪？＿＿＿＿＿＿

3．对你熟悉的一个人进行优点分析，并当面讲出他的5个优点，具体内容为：＿＿＿

星期二

1. 写出几个能够有助于你交际的好习惯。你已经养成这些习惯了吗？如果没有，你打算怎样去培养？_____
_____

2. 给自己订一个可执行的计划，看看自己在如下内容上是如何保持足够的执行力的：
学习上_____
工作上_____

3. 说说自己典型的优点或缺点，以及这些优缺点给自己带来了什么？_____
_____

星期三

1. 举出你的一个亲人在日常生活中的两个好习惯和两个坏习惯，并说明它们对他的影响：_____
_____

2. 你有什么值得夸耀的东西？请谈谈它们来自于什么：_____
_____

3. 举几个你认为管理者所应该具备的好习惯，并说明其作用：_____
_____

星期四

1. 说说你的好朋友A的两个好习惯和一个坏习惯，并说说它们对你的影响：_____
_____

2. 从竖鸡蛋这个实验的过程中，你学到了什么？它与管理能力有何联系？_____
_____

3. 甲，外企老板。他很想争取企业利润的最大化，在员工利益问题上却斤斤计较，企业内部人心涣散。乙，同样是外企老板。但他在争取企业最大经济效益的同时以人为本，员工积极性高，有一支强有力的内部团队。很快，乙公司并吞了甲公司。请试对此案例进行解析：_____
_____
_____
_____

星期五

1. 坚持早上起来对着镜子说"我很棒"，你估计一个月后自己会有什么变化？_____
_____

2. 作为团队管理者，哪些习惯是必须具备的？列举出这些习惯：_____

3. 请想象成为一名高级白领应该具有的做人、学习、工作等方面的各种好习惯：_____

星期六

1. 让你的朋友来指出你不好的习惯，你决定如何面对这些习惯？_____

2. 如果你现在是一个优秀的团队管理者，你将如何在制度上有所作为。请举例说明：_____

3. 如何使你某个正在培养的习惯能持之以恒？_____

星期日

1. 每个人都有一定的惰性，你的惰性主要表现在哪些方面？_____

2. 如何克服自己的惰性？_____

3. 制订一个一周的早读计划：_____

项目二
团队管理能力的训练

模块一 团队目标管理

一、教学目标

终极目标： 认识团队力量，做好团队目标管理工作。
促成目标： 1. 充分了解团队的概念及形成；
2. 在团队活动中能够运用目标管理的方法。

二、能力训练

活动一 寻佳人

人数：20人左右一组。
道具：纸、笔、透明胶带。
活动目的：在寻觅的过程中发现共同的目标。只有相互配合，才能找到最佳拍档。
活动程序：1. 男女双方人数一样，一般20人较为恰当。先在纸上写着诸如"罗密欧""朱丽叶""梁山伯""祝英台"等佳偶的名字。每张纸上只写一个人名。
2. 将写有男性名字的纸贴在男性的背后，写有女性名字的纸贴在女性背后。同时，参赛者不可看到自己背后所贴的名字。
3. 所有出场者尽力去了解他人背后的名字，然后推想自己背后的名字。倘若读出了所有人员背后的名字，就不难推出自己背后的名字了。
4. 联想出自己背后的名字后，尽快与搭档的对象凑成一组。
5. 最后完成的为负方。

🔍 **提示**
这是一个增进交流的活动，还对人们在人际活动中的反应速度和判断能力有一定的训练效果。

你有好拍档吗？如何寻找自己的拍档？

活动二　　　　　　　　故事接力赛

人数：不限，10人左右一组。

道具：录音工具。

活动目的：展现团队能力、维系团队的共同目标。

活动程序：1. 每小组人数一样，能力差距不宜过大。
　　　　　2. 老师出一故事的题目，并设定时间。
　　　　　3. 每人编5句话，一个接一个讲，最后成为一个完整的故事。
　　　　　4. 以故事精彩、情节完整、衔接合理、时间恰当者胜。

提示

这个游戏是一个在维系共同目标的前提下，通过相互照顾、相互配合来获得胜利的过程，它对人们的反应速度和判断能力有一定的训练效果。

你的故事接力团队如何？下次该如何改进？

活动三　　　　　　　　建　　塔

时间：15分钟。

人数：4～5人一组

道具：每组吸管20支、胶带一卷、剪刀一把。

活动目的：激发团队的创新意识和团队成员的参与意识，以及团队活动中的工作分配与责任承担。

活动程序：1. 发给每个小组材料，并说明每组要在15分钟之内用这些材料建一座你认为最好看的至少50厘米高的塔。
　　　　　2. 做完之后，每组把塔摆在大家面前，进行评比，要求外形美观、结构合理、创意第一。

提示

应该训练从团队活动中发现创意、改变自己、提高自己。

工作过程中，你所在小组中的每个人是否都有参与？当别人参与程度不够的时候你有什么感受？你的塔的创意是怎样得来的？你对小组的合作有什么看法？

项目二　团队管理能力的训练

三、理论知识

你今天为别的小朋友做了什么

孩子从幼儿园回家后,有些家长会问:"你今天为别的小朋友做了什么?""你为老师做了什么?"这种提问,有利于从小培养孩子的合作意识、团队精神。而大多数家长则会问:"你今天喝了牛奶没有?""你今天在幼儿园乖吗?"这些问题所强调的内容与合作无关。

> **提示**
> 团队意识来源于为别人做了什么,应当从小培养。

你在昨天为他人做了什么?

1. 团队的概念和角色

团队,在英文中叫做Team,是由一群有着共同目标、有着分工而又相互协同的人群形成的战斗团体。团队不同于群体。群体,在英文中叫做Group,可能只是一群乌合之众,并不具备高度的战斗力。一般来说,羊群是群体,狼群是团队。

一个完整的团队应该配备怎样的角色,学者们各有各的观点。但是,队长、评论员、执行人、外联负责人、协调人、出主意者、督察等角色,都是人们经常见到的团队中的活跃分子。

团队的各个角色、任务及特点大致可从表2-1中窥见一斑。值得一提的是,团队中存在着上述各个角色,但通常不是一个人担当一个角色。在大多数的团队中,最常见的情况是,其核心人员一个人担当两个角色甚至更多,而有些角色却由好几个人共同担当。

表2-1 团队中的各个角色及其特点

队员角色、主要任务	特　　点
队长: 发现新成员并提高团队合作精神	对团队中每个成员的才能和个性有着敏锐的判断力 善于克服弱点 一流的联系人 善于鼓舞士气、激发工作热情
评论员: 使团队保持长久高效率工作的监护人和分析家	要求最好的答案 分析方案、找出团队弱点的专家 坚持错误必须改正,而且铁面无私 提出建设性意见与建议,指出改正错误的可行性方法
执行人: 保证团队行动的推进和圆满完成	思维条理清楚 预见可能发生的拖延情况,并及时作出预防 具有"可以完成"这种心理,且愿意努力完成 能够重整旗鼓、克服失败

(续表)

队员角色、主要任务	特　　点
外联负责人： 负责团队的所有对外联系事务	具有外交才能，善于判断他人的需求 具有可靠、权威的气质 对团队工作有一个整体了解 处理机密事务时小心谨慎
协调人： 将所有队员的工作融合到整个计划中	清楚困难任务之间的联系 了解事情的轻重缓急 能够在极短时间内掌握事情的大概 擅长保持队员之间的联系 能熟练处理可能发生的麻烦
出主意者： 维持和鼓励团队的创新能力	热情、有活力，对新主意有强烈的兴趣 欢迎并尊重他人的新主意 将问题看作成功革新的机会，而非灾难 永不放弃任何有希望的意见
督察： 保证团队工作高质量地完成	严格要求团队遵循严格的标准 对他人的表现明察秋毫 发现问题绝不拖延，立即提出 是非分明

2. 团队形成的3个条件

在旧的观念中，组织以职务为中心，以职务功能划分部门，各部门相互独立，缺乏横向联系。而新观念则主张将部门和部门之间的断层联系起来，反对部门内部的职务中心论，强调成员的合作性。

作为团队，必须满足下面3个条件：其一，自主性。成员能自主运作，不用逢事就向管理者请示。成员向管理者寻求帮助的次数越多，组织的自主性越差。其二，思考性。管理者下达意见、给出主张，是管理者在动脑筋，而被管理者则没有思考性。员工普遍具有独立的思考性，是团队形成的必要条件。管理者过多地独自决策，容易抹杀公司员工的思考性。其三，合作性。俗话说："众人拾柴火焰高。"成员要善于和周围的人合作。

抢救哪一件

巴黎一家现代杂志刊登了这样一个有趣的竞答题目："如果有一天卢浮宫突然起了大火，而当时的条件只允许从宫内众多艺术珍品中抢救出一件，请问你会选择哪一件？"

在数以万计的读者来信中，一位年轻画家的答案被认为是最好的——选择离门最近的那一件。

这是一个令人拍案叫绝的答案，因为卢浮宫内的收藏品每一件都是举世无双的瑰宝，所以与其浪费时间选择，不如抓紧时间抢救一件算一件。

> **提示**
>
> 成功的最佳目标不是最有价值的那个，而是最可能实现的那个。目标越大，成功的可能性就越小，而挫折感则会很大。放弃那些大而美丽的目标，重点放在通过努力可及的目标上。

我的看法是

3. 形成团队意识

为了团队目标的达成，成功的团队首先应当形成5种思想意识，即目标意识、集体意识、服务意识、竞争意识和危机意识。

(1) 目标意识

强调目标到人，团队中每个人必须有明确的目标；强调个人目标与团队目标相结合，除完成项目任务外，每个人还必须有明确的自身发展目标，并将自己的发展目标和团队大目标有效地结合起来；强调各成员的责任心，按要求达到目标需要每个团队成员的高度责任心作保障。

(2) 集体意识

要求形成集体成功观，将个人的成功融入集体的成功之中。只有团队成功，才谈得上个人的成功，而团队的失败会使所有人付出的努力付诸东流。此外，还要求形成有效的沟通文化，使团队中所有成员可以及时有效地沟通，相互理解。当团队中出现意见分歧时，分歧双方的基本态度应该是说服对方而非强制对方。裁决两种不同意见的唯一标准，是看哪一种意见更有利于推动团队活动的正常进行。

(3) 服务意识

服务有面向客户的服务和面向团队内部的服务。团队成员应追求客户满意这一目标，而非技术高难、业界一流等指标，团队成员面向客户的态度可以决定团队目标的成败；团队成员还需具有面向团队内部的服务，只有具有完备的服务意识，才有精诚团结的可能。

(4) 竞争意识

引入竞争机制，形成人人都努力向前的团队氛围，使贡献大、责任大的成员得到丰厚的报酬，形成良好的导向。

(5) 危机意识

看到人与人之间的差距，意识到环境的压力，感受到行业、市场的危机。居安思危，让团队和个人始终保持着这种危机感，团队成员要清醒地认识到：竞争对手正在虎视眈眈地盯着我们，等着我们犯错误。只有在这种状态下，团队才能维系其团结，长久地立于不败之地。

谁来决定参赛资格

一次，我与两位同事去附近的社区球场打球。没过一会儿，4个年龄都在十七八岁上下的美国小伙子过来，想和我们一起打球。我们当即回答说可以，但问题是我方3个人，他们却有4个人。当我提出人数问题后，他们4个人甚至连相互看一眼都没有，便走到罚球区，一个接一个地拿起球就投篮。我和同事一时丈二和尚摸不着头脑。这时，他们4个人第一轮投篮投进的两位站到了一边，另外两位继续投篮。最后，没能投进的那位小伙子咧咧嘴摇摇头，默默地走到场外。我恍然大悟，他们原来是以定点投篮来决定谁有资格参加比赛。

🔍 提示

当体现公平的活动规则成为人们自觉遵守的行为规范时，效率也就随之而来。团队意识形成于活动规则建立之时。

我认为 _____

4. 团队目标管理

团队不是人的简单组合。管理大师杜拉克曾说过："组织(团队)的目的，在于促使平凡的人可以作出不平凡的事。"团队目标管理就是强调团队的整体利益、目标和凝聚力，通过团队中的每一个成员围绕着共同的目标挖掘自己的最大潜能，而管理者的任务则是为员工创造积极、高效的工作环境，并帮助他们获得成功。

分析团队目标，人们经常拿大雁作比喻。大雁是一种天生的合作者。当我们看见成群的大雁排成"人"字、步调一致地飞行时，不禁为它们的智慧而惊叹。科学家发现，大雁以这种形式飞行，单位时间内要比单独飞行多飞12%的距离。因为为首的大雁在前面开路，能帮助两边的大雁形成局部的真空，从而减少飞行过程中的空气阻力。更可贵的是，在飞行过程中，领头雁并非一成不变，而是定期变换。

目标管理体系的4个构成阶段是计划(目标分解和确定)、执行(目标实施)、检查和总结提高(包括形成考核结果、实施奖惩、总结经验)。传统的管理目标一般由最高管理者设定，然后分解成子目标落实到组织的各个层面上。这是由上级给下级规定目标的单向过程。在很大程度上，这样设定的目标是非操作性的，因为下级只是被动地接受目标。如果缺乏沟通，在每个层面上，管理者都会加上自己的理解，甚至用偏见对目标加以解释，这将造成目标在自上而下的分解过程中丧失其清晰性与一致性。这种管理与大雁的团队合作达成长途迁徙目标的做法相去甚远。从团队目标管理来看，它一定是以团队形成的3个条件(即自主性、思考性和合作性)为前提，在这3个前提下形成自己的特色。

5. 团队目标的设置

团队目标的设置是团队目标管理的关键，团队目标错误，则管理的结果一定会南辕北辙。为此，团队目标的设置一定是一个谨慎的过程，是一个形成合力的过程，是一个合乎规律的过程。

猎狗与斑马

在非洲大草原上，3只瘦弱的猎狗正与一匹高大的斑马进行一场生死搏斗。

乍看起来，3只弱小的猎狗不是大斑马的对手。实际情况是，一只猎狗咬住斑马的尾巴，任凭斑马的尾巴如何甩动，也死死咬住不放；一只猎狗咬住斑马的耳朵，任凭斑马如何摇头，也决不松口；一只稍显强壮的猎狗咬住斑马的一条腿，任凭斑马如何踢弹，一点也不敢懈怠。

不一会儿，在3只猎狗的齐心攻击下，"庞然大物"斑马终于体力不支，瘫倒在地。

提示

只要措施得力，老鼠可以斗得过大象。在组织内部，管理者一个很重要的职能就是科学分工，根据实际动态对人员进行最佳配置。只有每个员工都明确自己的岗位职责，各司其职，才不会产生推诿、扯皮等不良现象。相反，如果队伍中有人滥竽充数，给企业带来的不仅仅是工资的损失，还可能是公司工作效率整体下降，甚至在激烈的竞争中像斑马一样颓然倒下。

我认为

(1) 准备阶段

在每一期末，团队成员必须做好本期工作总结，关键是找出本期工作中存在的问题，总结出所取得的成就，初步计划下期的工作内容及工作重点。同时，团队主管就整个团队的业绩达成情况做类似的报告，并且对出现的情况加以分析说明。

总结之后，团队主管与其他有关管理者一起协商，选择和确定自己团队的业绩目标。管理层在制定目标时，根据所掌握的信息，并考虑其他因素，如以往数据、行业趋势、竞争、特殊事件等内外部环境因素，用科学的方法和工具进行分析，最后制定期望水平适度的、可行性较高的团队目标。

(2) 目标的初步分解

目标的分解过程遵循参与决策的方式，"由上而下"和"由下而上"相结合，通过共同参与决定具体目标，并对如何实现目标达成一致。假设团队的本期目标比上期增加了20%，在团队会议上，每个团队成员首先将自己的上期目标乘以120%作为基准目标，然后适当增加或减少业绩量来确定自己的目标。在目标分解的过程中，有时主管事先不公布目标，而运用投标的方式自定目标，这时得到的个人目标总和往往比指定的团队目标要高。参与决策的主要优点是能够诱导个人设立更困难的目标，其目的就是使个人发挥出潜能。共同参与将对绩效产生积极的影响。

(3) 建立与之适应的团队文化

建立与团队目标相适应的团队文化，可以起到提高成员满意度和鼓舞士气的作用。

从文化制度上来保证目标是最有效的措施。这主要有以下几种形式：首先，力争在团队内部形成一种敢于挑战、勇于拼搏、追求卓越、积极向上的文化氛围。比如，企业及时评出"金牌业务员""优秀员工"并张榜公布和宣传，同时给予必要的物质奖励。第二，形成互帮互助的工作氛围，及时评出"最热心"的成员，给予一定的精神和物质奖励。这类活动有利于团队形成强大的凝聚力。第三，进行必要的负强化工作。比如，采用末位淘汰制，硬性淘汰那些态度消极、能力差或不适合业务岗位的员工。但末位淘汰制是把"双刃剑"，如果过激，会挫伤员工的积极性，降低职业满意度。所以，有必要重新培训末位员工，帮助其早日找到适合自己的位置，以体现企业"人性化"的管理理念。

(4) 目标的深度分解

团队成员结合自己的目标，透彻理解团队整体的竞争策略，找出自己的思路与团队整体思路之间存在的差异与分歧，分析原因，对自己的目标作进一步的细分、安排与落实。

(5) 拟订工作计划

召开确定工作计划的团队会议，每人就自己的计划与其他队员进行研讨，反复修正计划，增加计划的可操作性与执行力，充分考虑执行阶段的监督与控制。通过强化沟通和反复论证，团队成员一起拟订出既能从全局上把握团队整体的发展方向，又能深入实践操作的目标一致且清晰度高的工作计划。

6. 团队目标的实施与控制

由于每个人有了具体的、定量的明确目标，在目标实施过程中就会自觉地、努力地去实现这些目标，并对照目标进行自我检查、自我控制和自我管理。这样，能充分调动各部门及每一个人的主观能动性和工作热情，充分挖掘其潜力。

为实现有效控制，必须建立科学的控制系统。团队与个人的自我控制、自我管理的能力应当努力提高，并与相互控制、相互管理结合起来，以保证目标执行的万无一失。

合力与分力的效果

一天，梭子鱼、虾和天鹅这3个好朋友发现了一辆装有许多好吃东西的车子。于是他们就想把车子从路上拖下来。3个家伙一齐拖，铆足了劲，可就算他们使出了浑身的力气，小车还是在老地方，一步也不动。原来，天鹅使劲往天上提，虾一步步向后倒拖，梭子鱼又朝着池塘拉去。究竟谁对谁错？反正，他们都使劲了。

(资料来源：[俄罗斯]克雷洛夫·克雷洛夫著.寓言.北京：希望出版社，2009)

提示

团队成员的才能各有不同，但都有为团队奉献的精神。如果没能将他们的才能用到一处，使其力量形成合力，那么，最后是无法达到预期效果的。

我认为

(1) 自我控制与自我管理

目标管理的最大优点是使得我们能用自我控制的管理来代替由别人统治的管理,并使得员工能在某种程度上控制自己的成就。自我控制意味着更强的激励:一种要做到最好而不是敷衍了事的愿望。它意味着更高的成就目标和更广阔的眼界。

(2) 监督与咨询

孙子兵法云:"将能而君不御者,胜。"在目标的实施阶段,主管的监督控制要坚持"重结果更甚于手段"的原则,充分授权,并明确其责任,不再对成员的实践操作指指点点,给他们更大的施展空间;在企业中,管理者要抓住关键的销量与重点产品的业绩进度,以及计划工作的执行进度,以它们为预警指标。对那些偏离计划的员工,要及时进行沟通和调查,找出问题、提供咨询、寻找对策,视情况作出必要的调整;对表现优秀的员工,则采取"无为而治"的态度。

(3) 反馈与指导

在实践操作中,往往有"将在外,君命有所不受"的情况,但团队成员应有意识地在每次任务完成之后,及时将信息反馈给主管领导,以使其及时了解团队成员的动向。反馈和指导有正式和非正式之分。正式的反馈包括定期召开小组会,共同讨论成员工作和完成任务的情况,当出现问题时,根据成员的要求进行专门性的研讨,以及定期的书面报告往来。非正式的反馈和指导则不受时间、场合的限制。在实际工作中,反馈和指导能培养和提高员工的能力。实践与研究表明,及时的、具有建设性的反馈和指导往往是帮助员工完成任务的最有效方式。这是因为,大部分的评价者或管理者曾经是这一行业最出色的人员,也是整个目标项目的规划者之一,对外界环境的变化掌握得更为全面。阶段性的评价反馈,可帮助员工了解什么是好的,以及需要作出哪些改进。另外,平等、开放、活跃的反馈性讨论,也有助于激发知识型员工的内在潜力和灵感。

(4) 信息管理

信息是管理的最基本要素。在目标管理体系中,信息管理扮演着举足轻重的角色:确定目标,需要获取大量的信息;目标执行,需要加工、处理信息;实施目标的过程,也是信息传递与转换的过程,等等。信息是目标管理得以正常运转的纽带,信息传递直接影响管理者与团队成员之间沟通的有效性、及时性和准确性。团队成员需要了解管理层的态度和组织对他们的真实期望,需要了解实际目标与组织所要求目标的符合程度。这些都需要加强信息的采集、沟通和加工。

7. 团队目标的激励与考核

达到目标,仅靠主管的监督是不够的,还需要建立健全的目标考核体系来对业务行为进行引导、约束和激励。有的组织对业务的绩效考核目标过于单一,导致个人目标与组织发展方向极不协调。组织需要采取多元的目标体系,以引导和约束个人的行为动机与组织的发展方向在空间上与时间上的协调一致,并通过激励来引导个人行为。

对目标考核,就是把实现的成果同原来制定的目标相比较。检查目标实施的进度、质量、均衡、落实情况，还有目标对策(措施)的落实情况，及时发现问题，解决问题，按照目标管理要求进行最终评价与奖励等。

四、知识拓展

团队与群体的区别

为了进一步了解团队的特点，有必要了解团队与群体的区别。唯有如此，才能强化团队成员的向心力，才能让团队成员明确自己肩上的担子和使命，才能对自己提出超乎普通群众的严格要求。

团队与群体并不是一回事，其差别如表2-2所示。

表2-2 团队与群体的区别

对象要素	群体	团队
管理意志	向下管理，各自接受上级的管理意志并进行贯彻执行	接受上级的管理意志，构建团队内部的管理意志并进行贯彻执行
目标	各自具有目标，也有共同目标	强调共同目标，也不排除具有各自的目标
责任	各自承担责任，或者责任个体化	共同承担责任，也不排除个体承担责任
人性假设	经济人或社会人假设	管理—被管理人假设
角色	关联性为上下关系，各自独立，角色单一而肯定	更强调平行关系，角色具有互补和组合的特点，同时具有变换性，一个人具有多重角色
规范和任务	群体规范与任务无关	团队规范以任务为导向
协同或行为特征	成员不一定参与需共同努力的集体工作，不存在积极的协同特征	具有积极参与和协同特征
技能	随机获得，师徒传授，各自掌握	技能具有互补性，技能共享，共同训练
信息	各自收集需要的信息	分头收集信息并共享信息
绩效和评估	绩效以个人贡献为主，强调个人的努力与完成任务的程度	以整个团队的绩效为主，强调团队的贡献

团队是怎样组建的

在一次中、美、日三国青年参加的活动比赛中，每队各出16名男队员，1名女队员，共设3个比赛项目。

第一个项目是走原木。每队16名男队员站在一根原木上，然后，本队的女队员从原木的一端走到另一端，以最快者为胜，所有队员都不允许从原木上掉下来。

美国队率先表演，男队员整齐排列在原木上，女队员和第一名男队员默契地抱在一起保持平衡，然后再小心谨慎地转到第二个男队员的怀里。结果这些男队员就像传篮球一样，顺利地把女队员从原木的一端传到了另一端，惹得在场的观众哈哈大笑。

随后是日本队出场，男队员躬着腰双手扶住原木，用脊梁连成一条路，女队员爬上男队员的脊背，晃晃悠悠走到了另一端。日本队的表演，引来了观众的一片感叹之声。

最后出场的是中国队，男队员们两人一组，面对面，手拉手，脚对脚站在原木上，身体向两侧倾斜，把中间空当让出来，8对男队员在原木上组成了一条通道，女队员迅速从通道的一端跑到了另一端，中国队的出色表演，赢得了在场观众的热烈掌声。

第一项比赛结束，中国队以最快的速度赢得第一名，日本队第二名，美国队第三名。裁判给予中国队最佳技巧奖，给予日本队最佳协作奖，美国队获得最佳娱乐奖。

裁判宣布第二个比赛项目是过河。树林中有一条水齐腰深，且水流湍急的小河，男队员要想尽一切办法让女队员走过河去，而女队员的脚不能湿，也不能抬着女队员过河。可以使用的工具是绳子、斧头、锯，还有手臂长短的木板。

裁判的哨音一响，3国的队员迅速行动起来。日本队16名男队员一起跑下河，排成一队，把短木板反搭在他们的肩头，让女队员从其肩膀上的木板走过河去。

美国队拿起斧头和锯子，要把河边一棵树锯倒，让女队员从独木桥上过河。

中国队则派出两名队员，拿着绳子的一端，飞快游过河去，把绳子系在河两边的树上，架起空中绳索。

中国队男队员把绳索系好之后，迅速在河里站成一排给女队员搭成人桥，女队员稳稳抓住绳索，从男队员的肩膀上顺利地走到河对岸。日本姑娘由于没有扶手保持平衡，两次从男队员的肩膀上掉下来坠入水中。不过最终，他们还是到达了对岸，美国小伙子用锋利的斧头和锯子很快就把树砍倒了，美国姑娘轻松自如地从独木桥上过了河。

这项比赛，中国队获得了第一名，并获得最佳创新奖。

第三项比赛比较复杂。女队员各自拿一只漏桶，里面要求装2000克水，跑100米，看看谁跑得最快，且余下的水最多。男队员可以用身体和衣物帮助女队员不让水漏掉，除此之外，不允许用其他办法堵漏桶。

中国队男队员脱掉鞋，把2000克水分装在鞋里，迅速抵达了终点，赢得了在场观众的一片掌声。但是，水却被鞋消化了300克。

日本队把水含在嘴里，跟随在中国队的后面，那扭捏的姿态和欲吞不能欲吐不行的神态，让观众们忍俊不禁，他们到达终点后水却多出了400克。

最让观众笑破肚皮的是美国队。他们14个人站成两排，肩膀对肩膀形成一副担架，让女队员平躺在这副担架上；然后把漏桶放在女队员的肚皮上，让肚皮堵住桶底儿；再由两名队员把水倒进桶里，并负责稳固；然后他们优哉游哉地向目的地进发，乐得全场观众前仰后合。自然，美国队是最后一个到达终点的，但是他们的水却几乎没有变化。

这回美国队赢得了最佳活动奖和最佳节约奖，中国队获得最快速度奖，日本队只得到了最佳忍耐奖。

> **提示**
> 团队组建因团队目标而定，因团队成员的文化特点而定。

我认为

思考和训练

1. 每一个团队都有自己的管理风格，你所在团队的风格是怎么样的？
2. 你所在团队有何优缺点？如果你是团队的管理者，会怎么做？请用文字写下来。

每日练习

星期一

1. 为什么说团队意识来源于为别人做了什么？

2. 针对自己所在组织的一个目标，分析确保该目标实现的思路：

3. 你所在的学校将要举办"迎新晚会"，你认为以下各部门的任务是什么？

组织部

宣传部

文艺部

实践部

项目二　团队管理能力的训练

星期二

1. 昨天你为他人做了什么？_____

_____

2. 作为一个组织的成员，请你为该组织提个建设性的建议并说明理由：_____

_____

星期三

1. 你最近为你的班级做了哪些事？_____

2. 你所在的学校将要举办"迎新晚会"，假设你是宣传部部长，该如何理解以下团队中人员的工作和责任？

宣传部副部长_____

_____

宣传部部长助理_____

_____

宣传部干事_____

_____

各班级宣传委员_____

_____

星期四

1. 你最近为你的朋友做了哪些事？_____

_____

2. 作为班级成员，请你为班级提个建设性的建议并说明理由：_____

_____

3. 分析自己所在社团的一个目标，谈谈确保该目标实现的思路：_____

_____

星期五

1. 假如你是一个寝室长，怎样使你的室友组成为一个团体？

2. 请想象一下，当你作为一个无名英雄帮助了一个困难同学后的快乐心情：

3. 你所在的学校将要举办"迎新晚会"，假设你是实践部部长，该如何理解以下团队中人员的工作和责任？

实践部副部长

实践部部长助理

实践部干事

各班级组织委员

星期六

1. 总结一下这一周你为他人做了什么：

2. 你所在团队的风格是怎样的，这种风格是如何形成的，表现在哪些方面？

星期日

1. 假如你是一个小组长，怎样把你的组友组成一个团队？

2. 作为一个组织的成员，请你为该组织领导人提个有利于团队关系强化的建设性建议：

3. 你所在的团队有何优缺点？如果你是团队的管理者，该怎么做？请举一个具体的事件作阐述：

模块二 领导与执行

一、教学目标

终极目标： 在担当管理者时能正确行使领导权力，具有执行能力。

促成目标： 1. 确立领导者与执行者的角色定位；
2. 明确领导与执行的内在关系。

二、能力训练

活动一　　　　　　　　建绳房

时间：30分钟。

场地：空旷些的平地。

人数：15人。

道具：眼罩15个、绳子3条。

活动目的：锻炼团队中管理者的能力，增强成员间的沟通能力。

活动程序：1. 培训师先把15人分为3组，第一组取长20米的绳子，第二组取长18米的绳子，第三组取长12米的绳子。

2. 所有组员带上眼罩，培训师要求第一组建一个三角形，第二组建一个正方形，第三组建一个圆形。

3. 以用时最少、形态最整者为赢。

> **提示**
> 在看不见的情况下如何形成团队？如何产生管理者？如何执行管理者的管理意志？这些对每一个组、每一个人都是不小的考验。

赢、输的原因是什么？_____

_____

如何产生管理者和执行力？_____

_____

活动二　　　　　　　寻　猎

时间：由参加的人数、所列的项目及范围决定。
场地：最好在野外。
人数：5～7人为一组，组数无限制。
道具：给每一组发一个"寻猎"项目列表，"猎物"若干。
活动目的：加深团队成员之间的接触，训练如何成为管理者，激发团队成员的智慧。
活动程序：1. 根据列于表中的"寻猎"项目藏匿好"猎物"。
　　　　　2. 将"寻猎"列表交给各小组，利用其智慧尽可能多地获得表中所列内容，获胜的小组将得到奖励。
　　　　　3. 设置时间限制，如1小时。
　　　　　4. 比较各队的得分情况。

提示
探索、发现是团队最频繁的活动之一，而管理者和执行力是其核心。

你是怎么分析获胜原因的？

有人管理你的小组吗？是谁？为什么他能成为管理者？

活动三　　　　　　打造领袖

地点：教室。
时间：30分钟。
人数：集体参与。
道具：一些不同类型的在历史上深受公众瞩目的领袖人物的画像，纸与笔。
活动目的：训练对各种领导风格特征的识别，帮助学员确定自己将来的领导风格。
活动程序是：1. 让学员看看自己最接近的领袖人物是哪位。
　　　　　　2. 说一下他们选择这位领袖人物的理由。
　　　　　　3. 主持人作必要的评价。

提示
领袖人物是一个文化圣像。虽然并不是我们每个人都能成为这样的领导者；但是，体会接近者的风格有利于调整自己的领导行为。

通过与上述领袖人物的比较，你有什么感觉？

项目二　团队管理能力的训练

三、理论知识

"总统欲"的马蝇叮着蔡思先生

《纽约时报》的主编亨利·雷蒙顿拜访林肯的时候，特地提醒他：财政部长蔡思正在狂热地谋求总统职位。林肯以他一贯的幽默口吻对亨利说："你不是在农村长大的吗？那你一定知道什么是马蝇了。有一次，我和我兄弟在农场里耕地。我赶马，他扶犁，偏偏那匹马很懒，老是磨洋工。但是，这一次它却跑得飞快，到了地头，我们才发现，原来有一只很大的马蝇叮在它的身上。我把马蝇打落了。我的兄弟问我为什么要打掉它，我告诉他，不忍心让马被咬。我的兄弟说：'哎呀，就是因为有那家伙，马才跑得那么快的呀。'"然后，林肯意味深长地对亨利说："现在正好有一只名叫'总统欲'的马蝇叮着蔡思先生，只要它能使蔡思不停地跑，我还不想打落它。"

提示

林肯的胸襟和用人能力，使他成为美国历史上最伟大的总统之一。林肯的方法是让蔡思保持着他的总统欲，因为只有这样，蔡思才能保持足够的执行力。

我认为

1. 领导与领导力

领导是管理者指挥、带领和激励下属努力实现组织目标的行为。居于领导地位、执行领导行为者，被称之为领导者(有时简称领导)。所谓领导力，就是能成功地带领下属有效率地奔向目标的能力。

亚科卡的年薪

亚科卡就任美国克莱斯勒公司经理时，公司正处于一盘散沙的状态。在公司最困难的日子里，亚科卡主动把自己的年薪由100万美元降到1000美元。亚科卡超乎寻常的牺牲精神在员工面前闪闪发光。榜样的力量是无穷的，很多员工因此感动得流泪，大家都像亚科卡一样，不计报酬，自觉地为公司勤奋工作。不到半年，克莱斯勒公司就成为拥有亿万资产的跨国公司。

(资料来源：[美]李·亚科卡著.拯救沉船——李·亚科卡自传.吴仁勇，谢琬若译.北京：华夏出版社，1999)

提示

行为有时比语言更重要。领导的力量，往往不是由语言，而是由行动体现出来的。企业处在困境中，老板尤其要身先士卒。老板挺住了，下属也就挺住了。只有这样，公司才能走出困境。如果老板自己先乱了阵脚，手足无措，下属能不打退堂鼓吗？

我认为

(1) 管理职能和领导职能

管理人员有3种不同的职能：第一是保全组织；第二是在组织发展偏离预想轨道时进行调控；第三是规划组织未来的发展。履行这些职能，有赖于领导的个人素质。管理职能和领导职能并不相同。管理职能在于调控企业应该做的事情，而领导职能则在于激励企业去做应该做的工作。一般而言，这两种职能互相联系和渗透，甚至连管理者(领导人)自己也很难认识到其间的区别。良好的管理者能够为组织制定切实可行的目标，而高超的领导则会迅速地让组织认同这一目标，并激励组织去努力实现。

(2) 当个好领导，形成领导力

好的领导要具有以下3种能力：带领的能力、照顾的能力、提出方向的能力。在这多变的时代，能给予部属明确的方向并能稳当安排与决策的人，才是受人期待的管理者。职场里真正受人敬重的领导，并不是一天到晚与员工嘻嘻哈哈、没架子的那种，而是带有领袖气质的领导人。他们平时与员工或许有一些距离感，但不至于到疏远或摆架子的地步。他们对局势的判断相当准确，下达命令也让人折服。

2. 领导者的种类

领导者可分为两种：一种是"符号型"的管理者。这种人因为头衔高、办公室大，而自以为拥有权威。他们动辄训斥、命令，部属或许表面听话，事实上却不见得会按照吩咐去做。另一种则是真正的领导者。他未必头衔高，也不一定有自己的办公室，处事也不见得强势，但以沟通与效率来完成领导者工作。他的指令会让下属听得进去，心悦诚服地完成工作目标。

3. 领导者行使权力的模式

领导者行使权力的模式有以下3种：一是压低权力型的领导者。这种通常都是菜鸟主管，也许刚晋升主管，或者属于老是不习惯自己领导者身份的人。压低权力型的领导者希望能赢得别人的友谊、能让人喜欢，因而经常不自觉地放软身段，希望能给予部属平易近人的感觉。压低权力型的领导者有很大的危机，他的话会逐渐失去应有的力量，甚至因为太害怕得罪人，而减缓决策的速度与力度，最后成为员工心目中优柔寡断、没有肩膀的没用主管。二是放大权力型的领导者。这种人会夸大自己的权力，态度强悍。和压低权力型的领导者相反，其典型的行为是责骂人毫不留情，而且相当自我本位，好像全世界只有他是对的。三是尊重权力型的领导者。这种上司通常使用"我们"作为沟通模式，能妥善协调上下关系，以期顺利完成工作目标。他愿意鼓励部属提出想法，照顾员工并适时提出奖励。尊重权力型的领导者通常拥有真正的自信，所以能广纳雅言。同时，这种上司自我督促的自觉性非常强，能减少自我中心的行为及判断。

快乐4句话

一位年轻的政治家去拜访年长的智者。

年轻人问："我怎样才能变成一个让自己快乐，也能给别人带来快乐的人呢？"

智者笑着说："我送给你4句话吧。第一句是，把自己当成别人。"

年轻人说:"是不是说,在我感到痛苦忧伤的时候,就把自己当成别人,这样痛苦自然就减轻了;当我欣喜若狂之时,把自己当成别人,那样狂喜也会变得平和一些?"智者微微点头。

智者接着说:"第二句话是,把别人当成自己。"年轻人想了一下说:"这样就可以真正同情别人的不幸,理解别人的需要,并给予适当的帮助。"智者两眼发光。

智者继续说:"第三句话是,把别人当成别人。"年轻人沉思了一会儿说:"这句话是不是说,要充分尊重每个人的独立性,在任何情形下都不能侵犯他人的核心领地。"智者哈哈大笑:"很好,很好!"

智者说:"第四句话是,把自己当成自己。"年轻人默默地思索着,回答说:"这句话的意思应该是人应该提升自己的价值、爱惜自己的生命,并且人贵有自知之明。此外,我应该用一生的时间和经历去实现它。"

智者:"孺子可教。"

(资料来源:雅琴编著.小故事大道理.北京:海潮出版社,2004)

🔍 **提示**

一生的快乐,需要用一生来感悟。我们人生中的许多道理也是需要用一生的时间去体会、感悟。

我的看法是 _____

4. 执行力与执行的3个关键

执行力,对个人而言,就是把想干的事干成功的能力;对于企业来说,则是将长期战略一步步落到实处的能力。

把想干的事干成功,对于企业来说有3个关键:其一,好的机制是执行成功的一半。现代企业管理机制的搭建十分重要,所以作为团队的管理者,为了使执行工作能达到好的效果,应该致力于管理机制的建立和不断优化。在执行一项任务前,首先应该确定:谁来执行?怎么执行?谁向谁汇报?汇报频率是多少?执行目标是什么?如何考核?等等。其二,监督与考核是有效执行的前提。为了更好地贯彻"红绿灯机制",十字路口就必须安装录像探头和交警值班,对违规现象进行处罚。有了监督和考核,交通违规现象就会减少,而一旦缺乏监督和考核,即使有红绿灯,也不一定管用。企业管理和交通管理有共通之处。一个企业一旦没有了考核机制,出错率就会越来越高,优秀的人和事就会越来越少,最终导致企业的衰败。其三,执行有赖于企业科技化水平的提高。现代企业的管理,随着智能化办公系统、客户关系管理系统、企业资源计划系统等科技化、信息化手段的应用,企业执行的难度减小,执行的规范化、精细化程度提高。

每个读过《致加西亚的信》的企业都希望自己的员工像罗文一样,将使命执行到底。培养员工不折不扣的执行精神,是很好的事情。不过,根据80/20原则,一个企业的优秀员工(那种像罗文一样具有执行力的员工)不可能比例过高,大部分还是普通的员工。

那么，作为管理者，更重要的任务应该是让这些普通员工很好地执行任务，实现企业的目标。假设能通过科技化的手段将罗文送信过程中的重重困难减掉，那这项重任将是很多员工都能胜任的。所以，作为团队的管理者，在培养成员执行力的同时，还要想方设法地引入科技化的手段，简化流程，使执行简单化，从而使普通员工也能完美执行。

5. 造成执行力不高的原因

造成执行力不高的原因，一是管理者没有持续跟进。大的方面是，对政策的执行不能始终如一地坚持，常常虎头蛇尾；小的方面是，有布置而没有检查，或检查工作时前紧后松，跟进不力。二是制度出台时不够严谨。有些方案没有经过充分的论证就出台了，缺少针对性和可行性，或者过于烦琐而不利于执行，结果导致政策变换比较频繁，连续性不够。三是在执行的过程中，业务流程过于烦琐，形式的东西过多。当组织成功发展时，常常更加注重形式、更加官僚化、离客户更远。四是在执行过程中缺少良好的方法。如沟通协调不好、成员创造性解决问题的能力还有待提高、没有积累、培训的有效性不足等。五是缺少科学的监督考核机制。六是组织的执行文化还没有完全形成。

青蛙选择的国王

从前，有一群青蛙决定请求众神之王朱庇特给他们派一个国王。朱庇特感到很有趣。"给你们，"他说着把一根原木"扑通"一声扔到青蛙住的湖里，"这就是你们的国王。"青蛙吓得潜入水中，尽可能往泥里钻。过了一会儿，一只比较胆大的青蛙小心翼翼地游到水面上，看看新国王。"他好像很安静，"青蛙说，"他也许睡着了。"木头在平静的湖面上一动不动，更多的青蛙一个又一个浮上来看。他们越游越近，最后跳到木头上去，完全把刚才的害怕给忘记了。从此，小青蛙把木头当跳水板；老青蛙蹲在木头上晒太阳；母青蛙在木头上做跳跃运动。有一天，一只老青蛙说："这个国王很迟钝，只知道躺在那儿，让我们随便活动，我们应该找一个能让我们守秩序的国王。"

于是，青蛙再次到朱庇特那儿去。"难道您不能给我们一个好一点的国王吗？"他们请求道，"派一个比上次更有活动能力的来吧！"朱庇特的情绪正不好。"愚蠢的小动物，"朱庇特想道，"这一回我就把你们应得的东西给你们。"这次给的是鹳。鹳给青蛙们留下了深刻的印象，他们带着钦佩的神情挤在它的周围。不过，他们还没有准备好欢迎词，鹳就把长嘴伸进水里吞食它看得见的青蛙了。"这根本不是我们原来的意思。"青蛙喘着气又钻到水里去。但是，这一回朱庇特不听他们的话了。"我给你们的就是你们要求的，不要多抱怨。"他说。

(资料来源：杨保军主编.影响世界的100个经营寓言.广州：广东经济出版社，2004)

> **提示**
> 世上总是有一些人忙着选择管理者，其实他们通常是最没有执行力的，有的只是抱怨。

项目二 团队管理能力的训练

我认为_____

6. 如何提高执行力

其一，设立清晰的目标和实现目标的进度表。这个目标一定要可衡量、可检查，不能模棱两可。再者，目标一旦确定，一定要层层分解落实。

其二，找到合适的人，发挥其潜能。执行的首要问题实际上是人的问题，因为最终是人在执行组织的策略，并反射组织的文化。柯林斯在《从优秀到卓越》中特别提到要找"训练有素"的人，要将合适的人请上车，不合适的人请下车。

行为介绍信

一位先生要雇一名勤杂工到他的办公室做事，很多人闻讯前来应招，但这位先生却只挑中了一个男孩。

"我想知道，"他的一位朋友问道，"你为何喜欢那个男孩，他既没带一封介绍信，也没有任何的推荐。"

"你错了，"这位先生说，"他带来许多介绍信。他在门口蹭掉脚下带的土，进门后随手关上了门，说明他做事小心仔细。当看到那位残废老人时，他立即起身让座，表明他心地善良、体贴他人。进了办公室他先脱去帽子，回答我提出的问题干脆果断，证明他既懂礼貌又有教养。"

"其他所有人都从我故意放在地板上的那本书上迈过去，而这个男孩却俯身拾起那本书，并放回桌子上。当我和他交谈时，我发现他衣着整洁，头发梳得整整齐齐，指甲修得干干净净。难道你不认为这些小节是极好的介绍信吗？"

(资料来源：钱丽，钱诗金编著.你准备好了吗：职场必读的26个字母.北京：中国物资出版社，2006)

🔍 **提示**

有时，太多的言语介绍并不能体现出你的素养，相反，你的行动有时却是自身所具有的涵养的最有力证明。

我的看法是_____

其三，修改和完善规章制度，搭建好组织结构。组织达到一定规模，只能通过规则来约束。规则是组织执行力的保障。制度的制定与执行、检查与处理四者之间的互动，将带给组织良性的发展。

其四，倡导"真诚、沟通"的工作方式，发挥合力。有人进行过调查：组织内存在的问题有70%是由于沟通不力造成的，这70%的问题完全可以由沟通得到解决。我们每个人都应该从自己做起，看到别人的优点，接纳或善意提醒别人的不足，相互尊重、相互激励。

其五，关注细节，接长短板。制定战略时，更多的是发挥"最长的指头"的优势。而在具体的执行过程中，要切实解决好"木桶效应"问题。执行力在很大程度上就是认真、再认真，从细节上予以改正、提高。

其六，建立有效的绩效激励体系和灵活的团队。为更好地提高执行力，建立灵活的团队并辅以有效的绩效激励体系是必要的。

最后，营造执行文化。营造执行文化要讲求速度，崇尚行动的雷厉风行，不拘泥于小节，允许小的失误；强调团队协作，各司其职，分工合作，推崇直接沟通；强调责任导向，提倡"管理者问责"，出了问题要找出其原因并分清主要责任；建立绩效导向，拒绝无所作为，关注结果，赏罚分明；继承传统文化精髓，只有在继承基础上的革新才会事半功倍；形成用人文化，人才引进要严把关，力争将不认同企业文化的人挡在门外；营造爱心文化，相互尊重，相互鼓励，乐于分享，共同成长。

致加西亚的信

故事中的英雄，那个送信的人，也就是安德鲁·罗文，是美国陆军一个年轻的中尉。当时正值美西战争(1898年4月至12月美国与西班牙之间发生的争夺殖民地的战争)爆发。时任美国总统麦金莱(美国第25任总统)急需一名合适的特使去完成一项重要的任务，军事情报局推荐了安德鲁·罗文。

他们把罗文找来，交给他一封写给加西亚的信。关于罗文如何拿了信，把它装进一个油纸袋里，封好，吊在胸口，3个星期之后，徒步走过一个危机四伏的国家，把那封信交给加西亚——这些细节都不是我想说明的。我要强调的是：美国总统把一封写给加西亚的信交给罗文，而罗文接过信之后，并没有问："他在什么地方？"

在孤身一人没有任何护卫的情况下，罗文立刻出发了。一直到他秘密登陆古巴岛，古巴的爱国者们才给他派了几名当地的向导。那次冒险经历，用他自己谦虚的话来说，仅仅受到了几名敌人的包围，然后设法从中逃出来并把信送给了加西亚将军——一个掌握着决定性力量的人。

(资料来源：[美]阿尔伯特·哈伯德著.致加西亚的信.赵立光，艾柯译.黑龙江：哈尔滨出版社，2004)

> 🔍 **提示**
>
> 执行力是完成工作的基本。

我需要学罗文完成任务过程中的 _____

_____

如今像罗文这样的人少之又少，为什么呢？真正的原因并不是大家不想做事情，不想把事情做好，而是思想上存有"瓶颈"。主管给他的任务有一个，他的问题却有十几个。如"我忙，没空""人少，没办法做到""能做到这样已经不错了，不要太理想化了""我的下属理念太差，我也没办法""让某某做可能会更好"等。他提出这些问题不外乎有以下几种目的：摆困难，让管理者降低要求；摆完困难，让管理者觉得让别人做会更好，那么他就可以偷闲了；有言在先，万一事情没办妥，不能完全怪他，管理者会体谅他的；希望管理者帮他解决困难。

或许这时候有人会问：难道上司下达任务的时候，我们只能说"没问题"，其他什么都不能问吗？当然不是！假如主管让你到A城送材料，而你不知如何到达A城，顺便问一下主管A城在哪里，如何搭车，省得到处找到处问，如此可以提高工作效率，何乐而不为呢？可是如果连主管也不知道呢？一切都得自己解决！如果你不能帮助主管解决一些难题的话，那要你又有何用？

我们一直都在推崇罗文——将信送给加西亚的人，却忽略了两个重要人物：派罗文去送信的人——美国前总统麦金莱和推荐罗文的人——前情报局长阿瑟·瓦格纳上校。千里马不多，伯乐更少。如果没有阿瑟·瓦格纳和麦金莱的慧眼识英才，也不可能有罗文去送信。这个事例引导我们要了解每个主管、每个员工的优势，让每个人去做最适合的、能发挥最大才能的工作。

四、知识拓展

形成管理执行力的素质因素

形成管理执行力的素质因素主要有：其一，追求团队成功的强烈意识。对管理者而言，团队的成功才是真正意义上的成功。其二，善用明确指令的基本素质。指令是否明确，是管理者最重要的功夫之一。想当然地认为下属已经理解，后果是严重的。其三，身体力行关注细节的良好习惯。管理一定不能将管理的问题形而上学。过程、细节一定要关注、要督促、要指导。其四，坚韧而丰富的情感因素。"有性格"的人，总是坚决拥护某种事物——一种价值、一个理想、一项事业。认准的事，无论遇到多大的困难，都要忍受压力、进行自我调节、自我激励。其五，熟练掌握节奏的高超技巧，必要时善于转大弯。执行力要求行动迅捷、简洁明快，因为形势瞬息万变，速度常常决定成败。但是，该快的时候要"动如脱兔"，该慢的时候还是要"静若处子"。

一位出租车司机的职业水准

台湾有这样一位出租车司机，平均每个月都比其他出租车司机多赚几万元台币。他每天的行车路线都是根据季节、天气、星期详细计划好的。周一至周五早晨，他先到民生东路附近，那里是中上等的住宅区，搭出租车上班的人相对比较多。9:00左右，他跑各大饭店，这个时间，出差的人要出去办事了，游玩的人要出去游玩了，而这些人均来自外地，对环境一片陌生，出租车是最好的选择。午饭前，他跑公司的大写字楼，这个时间会有不少人外出吃饭，因中午休息时间较短，大多数人为了快捷方便，愿意选择搭出租车。午饭后，他跑餐厅较集中的街区，因为吃完饭的人要返回公司上班。下午3:00左右，他则选择银行附近。取钱的人因带了比平时多的钱大多不会去挤公共汽车而会选择较安全的出租车，所以载客的比率相对较高。下午5:00，市区开始塞车了，他便去机场、火车站或郊区。晚饭后，他去生意红火的大酒楼，接送那些吃完饭的人。稍事休息一下，他再去休闲娱乐场所门口……

(资料来源：钱黄萍.一位出租车司机的职业水准.视野.2004(9))

提示

职业水准应该是80%的精湛技艺、15%特立独行的认知与坚持，以及5%的灵光闪烁，缺一不可。这需要对工作的尊重与投入。真正的职业水准，不仅要可行，而且要尽力而行，并产生最大的效益与回报。

我认为

思考和训练

案例　联合邮包服务公司(UPS)的工作效率

联合邮包服务公司(UPS)雇用了15万名员工，平均每天将900万个包裹送到美国各地和约180个国家。为了实现他们的宗旨——"在邮运业中办理最快捷的运送"，UPS的管理者系统地培训员工，以使他们高效率地工作。现以送货司机的工作为例，介绍一下他们的管理风格。

UPS的工业工程师们对每一个司机的行驶路线都进行了时间研究，并对每种送货、暂停和取货活动都设立了标准，还记录了红灯、通行、按门铃、穿过院子、上楼梯、中间休息喝咖啡，甚至上厕所的时间。他们将这些数据输入计算机中，从而给出每个司机每天工作的详细时间标准。

为了完成每天取送130件包裹的目标，司机们必须严格遵循工程师们设定的程序。当他们接近发送站时，松开安全带、按喇叭、关发动机、拉起紧急制动、把变速器推到一挡为送货完毕的启动离开作好准备，这一系列动作严丝合缝。然后，司机从驾驶室出溜到地面上，右臂夹着文件夹，左手拿着包裹，右手拿着车钥匙。他们看一眼包裹上的地址，把它记在脑子里，以每秒3英尺的速度快步走到顾客的门前，先敲一下门以免浪费时间找门铃。送货完毕后，再在回卡车的路途中完成登录工作。

这种刻板的时间表是不是看起来有点烦琐？也许是。它真能带来高效率吗？毫无疑问！UPS是世界上效率最高的公司之一。我们做个对比，联邦捷运公司平均每人每天取送80件包裹，而UPS是130件！在提高效率方面的不懈努力，对UPS的净利润产生了积极的影响。

请思考以下问题：1. 为什么UPS公司的这些程序今天仍然有效？
　　　　　　　　2. 如果你是司机，会按照工程师的要求做吗？

每日练习

星期一

1. 在你的思维中，领导是什么？领导者应该具备哪些基本能力？_____

2. 如果你所在的公司现处在经济困难中，作为下属，你该如何替领导分忧？_____

3. 分析自己在服从领导意愿上的优点和缺点：_____

星期二

1. 给自己订一个可执行的计划，看看自己在如下内容上是如何保持足够执行力的？
学习上_____
工作上_____
生活上_____

2. 你周围有没有一个执行力较强的人？他习惯于这样做事：_____

3. 为了让上司看到你高效的执行效率，你在思想上和行动上应该有些什么打算？_____

星期三

1. 凭你现在的综合素质，如果要去管理一个工厂，你可能是压低权力型领导还是放大权力型领导，或尊重权力型领导，为什么？_____

2. 社会上存在着很多没有执行力的被管理者，其更多的是抱怨，你是如何看待他们的？_____

3. 给自己设定一个任务，在一周时间内完成：_____

星期四

1. 当一个好的领导，应在以下能力上有所作为，具体说：
带领能力上_____

照顾能力上_____

提出方向能力上_____

2. 假如你是企业负责人，若企业因短期内资金支付发生困难而无法发工资，你将如何面对员工？

3. 如果你是一个管理者，该如何了解每个员工的优势，让每个人去做最能发挥其才能的工作？

星期五

1. 作为一名经理助理，你发现最近你的上司情绪有些不对，该怎样替你的上司分忧？

2. 假如主管让你去A城送材料，而你不知道如何到达A城，这时你会：

3. 从自己的特点出发，分析自己怎样才能早日成为一个优秀的领导？

星期六

1. 你的上级出差了，让你在这段时间内暂代他的位置，你将如何调整自己的角色，如何面对你的新下属？

2. 你是一家工厂的车间主任，临时有一批货要赶，但员工都已下班，此时你将如何动员员工回厂赶货？

3. 分析自己目前的状态，离一个优秀的领导还有多远：

星期日

1. 请你表述一下执行力在日常生活中的影响：
对于管理者

对于被管理者

2. 有些人能成为管理者，有些人却成不了管理者。你认为这其中最主要的区别是什么？

3. 给自己设定一个目标，思考完成它的途径：

模块三 内部沟通与激励

一、教学目标

终极目标：把握内部有效沟通能力及完善激励体系能力。

促成目标：1. 了解内部沟通及激励体系；

2. 从管理者角度掌握内部沟通能力。

二、能力训练

活动一　他是谁

时间：10~20分钟。

人数：不限，3~7人一组。

教具：一叠空白卡片。

活动目的：学员分享彼此的知识和信息，强化沟通能力。

活动程序：1. 事先准备4~5个与此次培训主题相关的问题。如果主题是在线学习，培训师可以准备以下5个问题：①你来这儿学习最主要的理由是什么？②对这次课程你最大的担心是什么？③你目前对互联网了解多少？④你用什么型号的电脑？⑤你认为网页是什么？

2. 每人取出一张卡片，写上对某一个问题的回答，并标上题号。将卡片写有答案的一面朝下，放在桌子中间。

3. 让一个学员将所有卡片打乱，然后分发给每个人，还是正面朝下，一次发一张。

4. 宣布活动时间为10分钟，开始计时。

5. 由第一位学员抽取一张卡片，大声念卡片上的内容。如有需要，可再念一遍。但不能将卡片给任何人看，以防从笔迹中辨认出作者。

6. 除了朗读者，所有学员都需猜一猜作者是谁，并把自己猜测的名字写下来(卡片真正的作者也可以写下自己的名字)。

7. 完成后，大家公布自己的答案。此时，真正的作者可以揭晓谜底。凡猜对者需讲出原因，讲得在理者可得一分，然后将卡片正面朝上放在桌子中间。

8. 下一位再选择一张卡片，进行同样的过程。

9. 如果只剩下最后一个针对某一问题的答案，朗读者只需将答案读一遍，然后将卡片放在桌子中间即可(此次没有必要再猜，因为可通过排除法猜出作者)。

10. 宣布猜对最多者获胜。

> **提示**
>
> 分享是最好的沟通。

你能做类似的活动设计吗？请试试，并让大家一起玩玩_____

_____

活动二　　　　　　　　狗 仔 队

时间：30分钟。

人数：不限，两人一组。

道具：笔记本、笔。

活动目的：提高学员的沟通能力，使学员学会如何寻找问题的关键，并有效地解决问题。

活动程序：1. 将所有学员进行分组，每组两人。

2. 在小组里确定一人为A，一人为B。

3. 选A的人代表八卦杂志的记者，俗称"狗仔队"；选B的是被采访的明星。A可以问B任何问题，B可以选择不回答，但必须说真话。时间3分钟，可以用笔记。

4. 3分钟后角色互换。

> **提示**
>
> 本活动训练与陌生人进行交往的能力。谈话的内容可分为4个层次：最外层的谈话是对客观环境的交谈，第二层是关于谈话者自身的一些话题，第三层会触及个人隐私，最内层则是个人内心的真实世界。不同层次的话题适合不同的场合和谈话对象。层次越高，双方的沟通越通畅，相互信任也就越能体现出来。

在活动过程中，我的感觉是_____

_____

活动三　　　　　撕　　纸

时间：15分钟。

道具：准备总人数两倍的A4纸。

活动目的：体验双向沟通的效果，训练人们对双向性选择的习惯。

操作程序：1. 给每位学员发一张纸。

2. 主持人发出单项指令：大家闭上眼睛，全过程不许问问题，把纸对折，再对折，再对折，把右上角撕下来，转180度，把左上角也撕下来，争开眼睛并把纸打开。此时会发现纸被撕的形状各不相同。

3. 再请一位学员上来，重复上述指令，唯一不同的是这次学员们可以问问题。结果大家一样。

4. 进行讨论，探讨出现这一现象的根源。

提示

沟通是意义转换的过程，任何沟通的形式及方法都不是绝对的，它依赖于沟通者双方彼此的了解、沟通环境的限制等。

你认为出现不同结果的原因何在＿＿＿＿＿＿＿＿＿＿＿＿＿＿＿＿

三、理论知识

你让对方记住的是什么

新加坡著名作家尤今曾有过这样的一次经历：

当记者时，笔是随身工具，一日不可缺少。一次，托一位同事为我买圆珠笔，再三再四地嘱附他："不要黑色的，记住，我不喜欢黑色，暗暗沉沉，肃肃杀杀。千万不要忘记呀，12支，全不要黑色。"次日，同事把那一打笔交给我。天哪，我差点昏过去：12支，全是黑色的！责他、怪他，他振振有词地反驳："你一再强调黑的，黑的，忙了一天，昏沉沉地走进商场时，脑子里只有印象最深的两个词：12支，黑色。于是就一心一意地只找黑的买。"言之成理，我哑口无言。当时，我如果言简意赅地说："请为我买12支笔，全要蓝色。"相信同事就不会买错了。

从此以后，尤今无论说话、撰文，总是直入核心，直切要害，不去兜无谓的圈子。没有赘肉似的语言，精确、精致，绝不会误事。

提示

有效简洁的沟通，更容易达到想要的效果。

我认为

1. 对沟通的认知

(1) 沟通的定义

我们从出生到成长，无时无刻不在和别人进行着沟通。所谓沟通，就是为了设定的目标，把信息、思想和情感在个人或群体间传递，并达成共同协议的过程。事实上，每个人对沟通的理解是不一样的。对沟通的不同理解造成了沟通的困难和障碍，最终导致沟通的失败。不能进行有效沟通，是人与人之间交往的最大障碍，是造成工作效率低下的重要原因之一。

(2) 沟通的3大要素

在沟通的定义里，包含着沟通的3大要素：其一，沟通一定要有一个明确的目标。如果没有目标，只能算是自言自语，或自说自话、瞎聊天。其二，沟通要达成共同的协议。沟通结束以后，一定要形成一个双方或者多方都承认的协议，只有形成了协议才算完成了沟通。在实际的工作过程中，常常见到大家在一起好像沟通过了，但是最后却没有形成一个明确的协议，有时甚至还吵得面红耳赤。这说明双方之间存在沟通障碍，沟通尚未完成。应该知道，在和别人沟通结束的时候，一定要用这样的话来总结："非常感谢你，通过刚才的交流，我们现在达成了这样的协议。你看是这样的一个协议吗？"这是沟通技巧的一个非常重要体现。其三，沟通结束时有人来做总结。这是一个良好的沟通习惯。沟通的内容不仅仅是信息，还包括更加重要的思想和情感。表示具体情况的信息通常是非常容易沟通的，而思想和情感往往不太容易沟通。工作的过程中所形成的矛盾，大多是由思想和情感无法得到很好沟通所引起的。

流浪汉的劝说

25层大厦的顶楼，有个西装革履的年轻人准备跳楼。

心理学家被请来了，胸有成竹地往楼顶走去，两个小时后，又从楼顶下来了，显得十分疲倦。他对大家说，心理调解失败了。他停了一下又说，心理调解并不是百分之百有效，失败也是正常的……

这时，一个60多岁的干瘦的老头儿往楼顶走去。他的目光有些呆滞，穿着一身破旧的衣服，头发乱七八糟，估计有很长时间没有洗澡了。大家一下子就看出了这个人是干什么的——流浪汉或拾荒者。警察问他："你要干什么？"流浪汉小声地说："我上去劝劝他。"人群中爆发出一阵哄笑。流浪汉显得有些尴尬，嘴唇抖动着，仿佛要说什么，又不知该怎么说，略一停顿，突然转身往楼顶走去。

过了片刻，年轻人下楼了，一句话没说就低着头离去了。人们围住流浪汉问："你是怎么说服那个年轻人的？"流浪汉拍拍身上的灰尘，不好意思地说："我叫他把那身好衣服脱下来给我，弄脏了可惜，我好换点钱填饱肚子。这小子就瞪了我一眼，什么也没说就走了。"

> **提示**
> 事实上并不都是讲大道理才能说服他人，有时展现一些事实(如比对方境遇要差得多的人都在珍惜生命)将会更具效果。

我也曾有＿＿＿＿＿＿＿＿＿＿＿＿

2. 沟通方式

沟通方式多种多样，常见的有以下几种。

面对面交流是最常见的沟通交流方式，上下级之间布置、报告工作，同事之间沟通协调问题，都采用此方式。

(1) 电话

上下级之间、同事之间借助电话这一传播工具进行的有声的交流。

(2) 命令

上级管理者给下级员工布置工作、安排任务都可以称作"命令"。命令分为口头命令与书面命令两种。有的企业创造了"总经理任务通知书"，也是一种很好的书面命令，事实上它已具有文件的性质。

(3) 文件

公司下发有关文件，是典型的下行沟通。对于与员工利益密切相关的或者需要员工共同遵守的文件，必须与员工进行彻底沟通。公司的文件一般情况下是下发到各个部门，各部门必须认真组织学习，并对学习效果进行测评，以确保文件内容沟通、执行到位。

(4) 会议

这种沟通方式根据需要，可分为董事会、经理层会议、部门会议、全体员工大会等；根据开会周期，可分为日例会、周例会、月例会等；还有各种各样的专项会议，如财务会议、表彰会议、安全会议等。无论何种会议，都要求讲究会议效率。开会要有结果，不能议而不决。随后还要抓好执行、跟踪、检查、评估、反馈等环节。

(5) 业务报告

报告分为口头报告和书面报告两种。类似于报告的沟通方式还有请示、向上一级主管提出意见或建议等。无论是口头的还是书面形成文字的都是上行沟通，一般需要批复或口头上给予反馈，从而形成上下信息交流上的互动。

(6) 内部报刊

有条件的企业可以通过办内部报刊来增进企业与员工之间的沟通。

(7) 广播

广播这是一种看似比较随意的沟通与交流方式，当然也可以包含严肃的内容，但大多数情况下显得很轻松。

(8) 宣传栏

这一传播媒介无论对大中小型企业，都很适用。宣传栏可大可小，内容可长可短，方便快捷。

(9) 活动

企业通过举办各种活动，如演讲比赛、活动、联欢会、宴会、专题培训等，能有效地促进公司与员工及同事之间的沟通。

(10) 意见箱

这也是一种上行沟通的方式，企业员工对公司有什么意见和建议都可以通过这种方式与企业及管理者进行沟通。作为企业要对此给予高度重视，对员工的意见或建议及时反馈。

(11) 内部局域网

随着网络技术的发展，很多企业都建立了自己的内部局域网，根据不同的职位设置了信息阅读权限，同时建立了"员工论坛""学习园地"等栏目。通过这一媒体，员工与公司进行互动交流，效果非一般媒体所能比。

上述沟通基本上是语言沟通，其实，非语言沟通也应引起我们的重视，比如面对面交流中的双方的穿着、举止以及相关礼仪也非常重要，会直接影响沟通效果。员工对办公环境、办公气氛的感受，其实也是一种沟通。对无声沟通的重视，有时会起到"此时无声胜有声"的效果。

引人向上的力量

电视新闻中出现一条重达8600公斤的大鲸鱼跃出水面6.6米，为观众表演各种各样的动作的画面。记者问鲸鱼训练师，这个奇迹是怎样创造出来的。训练师向记者披露了其中的奥秘：在开始时，他们先把绳子放在水下，想办法使鲸鱼从绳子上方通过，通过了就给予奖励。当鲸鱼从绳子上方通过的次数逐渐多于从下方经过的次数时，再把绳子提高，只不过提高的速度必须很慢，避免让鲸鱼因过多的失败而沮丧。一条8600公斤的巨鲸，竟能跃出水面6.6米，靠的就是训练师不断地鼓励和赞赏。

(资料来源：林润翰.一只鲸鱼的奇迹.中学语文园地(初中版).2002(22))

提示

人也一样，鼓励和赞赏才是真正引人向上的力量。

我也曾有 _____

_____

3. 激励体系的含义

所谓激励，就是管理者遵循人的行为规律，根据激励理论，运用物质和精神等手段，采取多种有效的方式方法，最大限度地激发下属的积极性、主动性和创造性，以保证组织目标的实现。激励是用人艺术的一个重要组成部分，也是管理者的一项主要职能。

美国心理学家马斯洛于1943年提出的需求层次理论，可以说是众多激励理论的基础。马斯洛提出的需求层次理论包括两个方面：首先，他把人类多种多样的需求按照上下间的依存程度，概括为生理需求、安全需求、社交需求、尊重需求和自我实现需求等5个层次，从而构成了人类的需求体系。其次，马斯洛认为，人的需求结构，不仅有层次性，还具有递升性、主导性、差异性和例外性。

众所周知，人的本性之一，就是有一种满足自己需求的欲望。一旦需求有了明确的目标，就会立即转化为动机，从而激发人们去行动。所以，需求是人的行为之源，是人的积极性的基础和原动力，也是激励的依据。在实施激励政策时，管理者应有效地利用马斯洛的需求层次理论。

4. 实施有效激励的手段、方法和技巧

(1) 有效激励的手段

① 目标激励

目标激励，即通过奋斗获得成就与结果。目标分层次，有大、小、远、近的区别。

② 物质激励

物质激励，即通过满足个人利益的需求来激发人们的积极性与创造性。

③ 任务激励

任务激励，即让个人肩负起与其才能相适应的重任，由社会提供个人获得成就和发展的机会，激发其献身精神，满足其事业心与成就感。

④ 荣誉激励

人们总是希望得到社会或集体的尊重。对于那些为社会或团体作出突出贡献的人给予一定的荣誉，既能使荣誉获得者经常以此鞭策自己，又可以为他人树立榜样和奋斗目标。

⑤ 信任激励

同事之间，特别是上下级之间相互信任是一种巨大的精神力量。这种力量不仅可以使人们结成一个坚强的战斗集体，而且能激发每个人的积极性和主动性。

⑥ 强化激励

正强化，就是对良好行为给予肯定；负强化，则是对不良行为给予否定与惩罚，使其减弱、消退。批评、惩处、罚款等属于负强化。对人的行为进行强化激励时，一是要坚持正强化与负强化相结合，以正强化为主；二是要坚持精神强化与物质强化相结合，以精神强化为主。

⑦ 情感激励

情感是影响人们行为的最直接的因素之一。通过建立良好的情感关系，激发团队成员的士气，从而达到提高功效的目的。

⑧ 数据激励

数据容易让人产生鲜明的印象，激发出由心而生的感想。数据激励就是把员工的行为结果用数字对比的形式反映出来，习惯叫"数字上墙"，以激励上进、鞭策后进。

除上述所提到的手段外，在具体管理中还可以创造出其他各种各样的激励方法。

Z先生的明星激励法

A公司是一家处于西部地区的中外合资网站，成立于20世纪90年代末期，其时正值网络行业的高速发展期。在当时，这家网站的规模属于中下水平，资金实力较其他网站明显偏弱，不可能为所需人才付出发达地区同等水平的薪酬；同时，由于处于内陆地区，地域较为偏僻和闭塞，工作与生活条件远不及沿海发达地区。以上两方面原因，导致该网站在人才竞争领域明显处于劣势。

2000年，网站引进了Z先生，他为激励员工独创了"明星激励法"，情况就发生了变化。这一激励法是这样的：一方面，为调动众编辑的创造力和工作激情，同时使其得到有效的业务锻炼，Z先生为每个编辑"量身定做"，选择一个或几个业界有名的"明星"，通过各种方式介绍他或他们的声誉、生活方式等信息，使编辑产生向往心理。然后，Z先生和编辑一起研究"明星"的成长历程，分析"明星"的工作风格，并创造条件让编辑认识这些"明星"。由此，员工明白：这些"明星"并不是天生的，都是从普通的编辑、记者锻炼成长起来的。只要自己努力，也一定能够成为业界"名人"。另一方面，在公司的制度、工作安排上，为编辑创造成名的条件，例如设立以编辑名字命名的栏目，安排他们在各种场合"出头露面"等。

这种"明星激励法"并未增加企业的任何成本，只是给员工制定了具体的、具有美好前景而又切实可行的奋斗目标，但其激励作用却十分显著。短短的半年时间，该网站众编辑在敬业精神、工作态度、工作能力等方面明显提高，网站内容质量大大提升，访问量快速增加。到2001年，该网站以超过竞争对手总和的市场占有率成为业界唯一的领袖。这是一则花费小、效果佳的激励方式，堪称行业激励的典范。

> **提示**
> 激励方法多种多样，要因地制宜地使用。

我所知道的方法有 _____

(2) 有效激励的技巧

① 公平激励技巧

设置透明、公平的运作平台是最重要的激励技巧。公正既是人们内心对社会运行规则的善良愿望，又是善良者对自己所设定的行为准则。对于企业员工来说，一般都有3大动机或愿望：获得一定的经济收入、一定的发展空间、和谐舒畅的工作环境。人们的这3种愿望因人而有所不同。有些人更需要钱，他们把薪水看得重些；有些人急于发展，他们更重视学习和发展的机会；有些人把心情舒畅看得更为重要，他们认为心情舒畅是一切的基础。重视公正的人就是第三种人，在其需求层次中，尊重层次的需求更为突出。

宝元通的考核和分配

新中国成立前,宝元通百货公司完全由考核结果来决定提升与受奖。考核的内容包括"意志、才能、工作、行动"4个方面,半年评比一次。评比主要依据组长和专职人员在日记中专设的"人事"一栏,该栏记录着售货员每天在这4方面的表现。经过这样的考核,职工就有可能由每月0.5元的工资一步步往上提升,一直到宝元通"九等三十六级"的顶峰。主任级以上职员,就是通过这样的考核逐步提拔起来的。这一做法给人一种印象:凡是能力较强而又积极工作的,在宝元通必有出头之日;凡是考核成绩不好的,绝无侥幸提升的可能;表现极差者甚至有被辞退或者开除的危险。实行这一考核方法,使人感到公平合理,大家都有机会,于是,在具体分配宝元通每年总盈余的31.5%(分配给全体职工)时才没有遇到多大的困难。

提示

充分利用激励制度能极大地调动员工的积极性,保证各项工作的顺利进行。要保证激励制度的顺利执行,就应当像宝元通一样,不唯上、不唯亲、不唯己,公平相待。

我认为

② 注重现实表现激励技巧

现实表现最具有当时性,最具有评价诉求。所以,激励必须以现实表现作为最主要的考量,或者说,现实表现是最重要的激励诱因。

注重现实表现进行激励,最重要的特点乃是割断历史、就事论事,不让组织成员躺在功劳簿上吃老本。这样,后进入的组织成员就不会因为没有旧功绩而产生不平。对于在历史上有过贡献的组织成员也有好处,即能激发他们重新焕发新的激情,再立新功。所以,注重现实表现成为最常用的激励技巧。

梅考克的负激励

西洛斯·梅考克是美国国际农机公司创始人,也是世界第一部收割机的发明者。有一次,一个老工人违反了工作制度,酗酒闹事。按照公司的有关规定,他应受到开除的处理。梅考克在管理人员作出的决定上签署了赞同意见。决定一发布,那个老工人立刻火冒三丈,他委屈地说:"当年公司债务累累时,我与你患难与共,3个月不拿工资也毫无怨言。如今犯了这点错,就开除老子,真是一点情分也不讲!"梅考克平静地对他说:"你知不知道,这是公司,是有规定的地方。这不是你我两个人的私事,我只能按规定办事,一次也不能例外。"

提示

梅考克采用的是负激励。在实施激励方法时,应该像梅考克一样,注重激励对象的现实表现,将现实表现同过去的情况分开来看。当奖则奖,该罚就罚。

我认为

③适时激励技巧

作为领导，不能随意假设所有成员的主动性都不会衰退，积极性永远不会改变。恰恰相反，员工的积极性和主动性需要好好养护。有积极性和主动性的员工通常也关注着领导的态度，期盼着所做的工作能及时得到回报。所以，激励一定要及时，只有及时进行激励，才能使成果稳定在最佳形态。

在企业管理中，经常有这样的情况：由于一个员工做了好事未能及时得到激励，则落后的员工就会对做好事不以为然，先进就会被打击，因此，正气就难以抬头。即使以后补给了奖励，也往往因怀疑情结已生，或不满话语已说出口，奖励的效果也可能无法尽如人意。

一只香蕉的奖励

美国一家名为福克斯波罗的公司，专门生产精密仪器设备等高技术产品。创业初期，在技术改造上碰到了难题。正当公司总裁为此苦思冥想时，一位科学家闯进办公室来阐述他的解决办法。总裁听罢，觉得其构思确实非同一般，便想立即给予嘉奖。他在抽屉中翻找了好一阵，最后拿着一件东西躬身递给科学家说："这个给你。"这东西非金非银，仅仅是一只香蕉而已，但这是他当时所能找到的唯一奖品了。科学家也很感动，因为这表示他所取得的成果已经得到了管理者的承认。从此以后，该公司授予攻克重大技术难题的技术人员一只金制香蕉形别针。

提示

行为肯定性激励需要"赏不逾时"的及时性。这样做至少有两个好处：一是当事人的行为受到肯定后，有利于他继续重复所希望出现的行为；二是令其他人认识到，只要按照制度要求去做就可以立刻受奖，制度和管理者是可信赖的。

我认为　　　　　　　　　　　　　　　　　　　　　　　　　　　　　　　　　

四、知识拓展

建立企业的有效激励制度，能够提高企业的工作效率。

1. 激励制度属于纪律激励

纪律是员工的标杆，是企业的法官。在制定纪律时要符合企业的风格，具备可行性。纪律激励一定要符合以下4个原则：一是符合企业的现实情况，不好高骛远。特别是要符合员工素质这一现实情况，如果素质上不去，再完美的纪律激励也是空谈，做与没做一个样子。二是符合人性化。在企业里提倡主人翁精神。员工是企业最大的财富，没有员工就无所谓企业。员工是企业最重要的资本，一定要在制定纪律时保持人性化，不要我行我素。三是符合民主化。既然是纪律，一定是要成员遵守的。如果能让员工自己来制定、监督和整改，则效果最理想。四是需要高层以身作则。如果企业高层认为纪律是管员工的，不是管干部的，那就永远也不可能建立企业的规范化管理。

2. 激励制度要适时

适时激励强调及时给出物质奖励和精神奖励。物质奖励要落实下去，企业要有自己的信誉度，这样对外对内都能起到好的影响作用。精神奖励要有经常性，如果员工做得好，一定要及时表扬。

 思考和训练

1. 想一想，在你的生活和工作中，常用什么方式和别人沟通？
2. 如果你是企业负责人，当企业短期内资金支付发生困难时，你有什么办法激励你的员工与你共渡难关？

每日练习

星期一

1. 以你自己的体会，给"激励"下个定义：_____

2. 去与一个你不认识的人谈上5句话，内容是：_____

3. 在日常生活中，你常用什么方式和熟人沟通？_____

星期二

1. 如果你希望别人喜欢你，理解你，看见你的时候脸上露出微笑，那么你平时应该如何跟人交往？_____

2. 谈谈你是(或应该)这样走向快乐与充实的：_____

3. 在日常生活中，你常用什么方式和陌生人沟通？_____

星期三

1. 你的下属因执行不利，给公司造成巨大损失，你会对下属说：_____

2. 你常用什么方式和老师沟通？请对此进行评价：

星期四

1. 你要组织一次到同行单位参观的活动，该先对自己团队的成员讲什么？

2. 你和甲是关系不和的同事，但因为工作你需要甲的帮助，你将讲些什么？

3. 如果你是企业领导，碰到公司的业务员正与客户谈工作，客户与你打了招呼，你该讲些什么？

星期五

1. 请给你所在的组织提出3条有利于组织发展的建设性意见，并作简单说明：

2. 你常用什么方式和上司沟通？请对它们进行评价：

星期六

1. 你将拜访一个多年未见面的老领导，准备首先讲的内容是：

2. 如果你初到公司做一名经理，请策划一下，以便尽快了解老板的工作兴趣：

星期日

1. 如果你初到公司做一名经理，请策划一下，以便尽快了解你主要下属的个人特点：

2. 去与一个你不认识的人谈上10句话，内容是当今社会的经济问题：

3. 与过分自信的人，该如何交换意见？

4. 与过分自卑的人，该如何交换意见？

5. 与自认有果断力的人，该如何交换意见？

6. 与喜欢自夸的人，该如何交换意见？

模块四 绩效评估

一、教学目标

终极目标： 进行初步的绩效评估与团队维护工作。

促成目标： 1. 了解绩效管理与绩效评估工作；
     2. 掌握绩效评估的一些基本能力。

二、能力训练

活动一　　全体离地

场地：空地。

道具：粗竹竿，绳子。

活动目的：训练在接到任务后如何计划、分派工作、沟通及合作，并训练和考验动手能力。

活动程序：1. 培训师发给每组9根粗竹竿和9条绳子。
    2. 小组成员必须在尽可能短的时间内建起一个架构，并可使全体组员在架构上同时离地1分钟。
    3. 以速度快慢为胜负标准。

> 🔍 提示
>
> 工作和这个活动一样，不但要求团队意见的集中，而且要求动手配合。

我的反应是

在与他人协调的过程中，我扮演的角色是

活动二　　穿衣服

时间：20分钟。

人数：2人以上。

道具：西服一件。

活动目的：训练有效沟通的技巧。

活动程序：1. 挑选两名志愿者A和B，A扮演老师，B扮演学生。A在最短时间内教会B怎么穿西服，B假装既不知道西服是什么，又不知道应该怎么穿。

2. B要充分表现出学习能力较弱。例如，A让他抓住领口，他可以抓住口袋；让他把左胳膊伸进左袖子里面，他可以伸进右袖子里面。

3. 其他学员辅助A帮助B穿衣服，但只能口头辅助。

4. 推荐给A一种卓有成效的办法，即示范给B看怎么穿。

5. 给A的培训能力打分，无效的培训行为扣一分，有效的培训行为加一分，得分多者为赢。

提示

解决问题的思路要突破限制，要敢于尝试、大胆想象，并善于实践各学员的建议，排除不可行的方案。

对于A来说，为什么在活动的一开始总是会很恼火？

怎样才能使A与B之间获得更好的沟通？

三、理论知识

闲置的破坏力

哲学家乌纳穆诺曾讲述过西班牙塞戈维亚的引水渠故事。这条人工水道修建于公元109年的罗马时代。1800多年以来，山里面的凉水经由该水道流到这座干燥炎热的城市。世世代代的塞戈维亚人的生活用水都依赖这座引水渠。然而，到最近的一代人，有人提出建议："塞戈维亚的引水渠是一项宏伟的工程、一个伟大的奇迹，应该把它保护起来，留给我们的子孙后代。况且，这条引水渠已经用了这么多年，也该让它歇息了。"于是，人们动手铺设了一条新的铁皮水管，代替了原先引水入城的古水渠。然而，现代化的水管铺好不久，这座古老的引水渠就发生了质变。经过日光的暴晒之后，那些千年古砖和石块开始开裂，干涸的引水渠很快就坍塌了。一条历经千年水流不息的引水渠最终就被闲置葬送掉了。

(资料来源：王永生.闲置的破坏力.小作家选刊，2006(4))

> 🔍 **提示**
> 发挥设备应有的效率才是对它最好的保护,闲置只能造成报废。物是如此,人难道不是这样吗?这就叫"用进废退"。

我认为＿＿＿＿＿＿＿＿＿＿＿＿＿＿＿＿＿＿＿＿＿＿＿＿＿＿＿＿＿＿＿＿

1. 什么是绩效管理

在新的环境下,许多人都意识到了绩效的重要性,人人都在谈论绩效,但每个人对于绩效都有自己的理解。

> 绩效可以分为:
> ▶ 组织绩效。即集体绩效,等于是最终成果。
> ▶ 个人绩效。按照规则办事,考察工作的过程。

(1) 绩效等于结果

绩效可以是最终的成果。对于企业来说,绩效可以作为衡量企业是否赢利以及赢利多少的标准。如果亏损,理所当然就没有绩效可言。对于员工个人来说,如果他的工作是独立完成的,其绩效可以表现为其个人的工作成果。值得注意的是,在更多情况下,员工的工作只是集体工作的一部分,员工个人的绩效往往只能从员工工作过程中的积极性、主动性和具体能力等方面去评价,而不能一味地要求员工拿出明确的结果。

绩效被视为最终的成果

公司大厅,业绩公告栏前。
业务员甲说:"老张,你这个月又是销售第一,要请客喽!"
老张说:"没问题!"

> 🔍 **提示**
> 销售额对于公司来说是个结果,老张的绩效相对于其他人而言,最为突出,通常公司奖励他的奖金也最高。

(2) 绩效等于能力

当结果尚未出现而绩效需要及时评价时,过程中的表现成为评价的依据。工作过程中的表现,最重要的就是员工实际的工作能力,能力强者将发挥他的影响力,最终推动组织目标的实现。所以,在老板们的心目中,绩效经常是员工的实际工作能力,同样按规则办事,能力强的人可以收到更好的效果。

老板期待着高级员工的组织能力

办公室门上挂牌——信息一部。

经理甲(抱着一大堆东西,慌里慌张地走过来,碰到老板):"老板!"

老板:"怎么,又要加班?"

经理甲:"没办法,这些东西都要得急!"

老板:"你干嘛不让你的手下帮你做?"

经理甲:"唉,教他们做至少也得费半天的时间,更何况做出的东西我也不放心,还是自己做吧!"

老板经过另一间办公室,门上挂牌——信息二部。办公室内人声鼎沸。

女员工甲:"经理,去哪里犒劳大家?"

女员工乙:"我提议去吃海鲜!"

男员工(故意打量):"你怎么就知道吃,也该注意自己的体形了。经理,我提议,咱们去酒吧,好好喝个痛快。"

女员工乙:"你还不是除了吃就是喝!"

经理乙(做手势示意安静):"这一阶段大家一直都很努力,老板对我们的表现也很满意。今天就由你们做主,大家好好乐乐,只要是健康娱乐就行。"

老板笑笑,十分满意地点头走开。

> **提示**
>
> 同样是经理,一位是累得分不开身,团队如同虚设;而另一位却是从容有余,团队非常有活力和干劲儿。对老板来讲,绩效等于员工的能力。

我的思考是

(3) 绩效等于态度

工作是否用心,直接影响着工作的结果。员工要有强烈的工作积极性和主动性,在适当的情况下还要有勇于创新的精神和观念,这样才能把工作做好。所以,绩效等于态度。

(4) 绩效等于勤奋

命运总是眷顾勤奋的人,有一分耕耘,必然就有一分收获。所以,久而久之,人们慢慢地产生了一种心理定式,即绩效产于勤奋,勤奋的人才可能有绩效。但是,在现实社会中,手脚勤奋的人容易被人看到,从而容易成为公众的"勤奋榜样",而用脑勤奋者却往往难以被他人所认可。殊不知,先进的工具经常由打算在手脚上"偷懒"的人所创造。所以,我们需要勤奋,但如果说绩效等于人们看到的勤奋,则有失偏颇。

(5) 绩效等于是否有人脉

善于处理人际关系的员工,绩效往往也不错。与同事关系处理得好,工作协调得好,就容易出成果;与客户关系处理得好,自然也容易获得客户的订单,为公司取得良好的经济效益。

有时绩效会被当作是否有人脉

老板："怎么，没办成？"

甲："我……"

老板："唉！"

乙："老板，这事儿，还非得小张出马不可。他的关系网可不一般，这事，还得他办。"

老板："真的？你去把他叫来。"

小张（几日后进门，把文件拍在老板桌上）："老板，都完成了。怎么奖励我？"

老板（惊喜地看文件上的大红印）："小张，你的关系网真是非同一般啊！这次功不可没，我不会亏待你的。"（拍对方肩膀）

> **提示**
> 同一件事，有的人因为拥有良好的人际关系而能做成功，有的人则不行。从这点上说，绩效就等同于是否有人脉。

我所知道的人际交往的原则是＿＿＿＿＿＿＿＿＿＿＿＿＿＿＿＿＿＿＿＿
＿＿＿＿＿＿＿＿＿＿＿＿＿＿＿＿＿＿＿＿＿＿＿＿＿＿＿＿＿＿＿＿＿

　　绩效管理是团队维护中的一项重要工作，是指员工和管理者就绩效问题所进行的双向沟通的一个过程。在这个过程中，管理者帮助员工订立绩效发展目标，通过过程的沟通，对员工的绩效能力进行辅导，帮助员工不断地实现绩效目标。在此基础上，作为一段时间绩效的总结，管理者通过科学的手段和工具对员工的绩效进行考核，确立员工的绩效等级，并找出员工绩效不足的原因，进而制订相应的改进计划，使员工朝更高的绩效目标迈进。

　　总之，绩效管理是管理者和员工对话的过程，目的是帮助员工提高绩效能力，使员工的努力与公司的远景规划协调一致，实现员工和企业的同步发展。

2. 绩效管理体系的流程

　　一个完善的绩效管理体系一般具备下列5个流程：设定绩效管理的目标；持续不断地沟通；记录员工的绩效表现，形成管理文档；绩效考核；绩效管理体系的诊断和提高。

　　可以看出，绩效考核只是绩效管理的一个中间环节，而非全部。绩效考核是对员工一段时间的工作、绩效目标等进行考核，是前段时间的工作总结。考核结果为相关人事决策（晋升、解雇、加薪、奖金）、绩效管理体系的完善和提高等提供依据。

如何看待黄刚的业绩

你是公司销售部经理。黄刚是你部门负责东北地区的销售员，3年前由一个小公司加入你们部门。前两年黄刚均未完成销售任务，只是把精力用于发展客户关系上，但对客户的业务需求了解很肤浅，对产品的了解也很有限。你给黄刚的业绩评定连续两年都是及格。

今年，东北地区突然决定开展项目A，你和技术部经理立即组织力量投标，经过几轮奋战，最终拿到了合同。作为销售员的黄刚，在项目开展期间工作很努力，以建立各种关系为重点，成为项目组的骨干。由于项目A的成功，黄刚的销售业绩达到了130%。但与此同时，你注意到黄刚在与技术工程师合作时，关系处理得非常紧张。工程师们抱怨黄刚不能准确提供用户需求，没有计划，也不与大家沟通，造成几次方案重新设计。大家都不愿与他合作。另外，黄刚没有事先预报项目A，目前订货、交货期都有问题。

综合以上考虑，你计划给黄刚什么样的业绩考核成绩？

> 🔍 提示
>
> 把握绩效考核的难度是很高的，一不小心就会挫伤员工的积极性。本故事中简单地给黄刚评一个等级的方法是值得商榷的。

你认为考核的关键点是什么？_____

你希望达到的目的是什么？_____

3. 绩效考核的目的

绩效考核的目的主要包括：为员工的晋升、降职、调职和离职提供依据；对员工和团队为组织所作贡献进行评估；为员工的薪酬决策提供依据；对招聘选择和工作分配的决策进行评价；了解员工和团队的培训与教育的需要；对员工培训和员工职业生涯规划效果进行评估；为工作计划、预算评估和人力资源规划提供信息。

4. 绩效考核的类型

绩效考核的类型主要包括：一是效果主导型。考核的内容以考核结果为主，重点在结果而不是行为。由于它考核的是工作业绩而不是工作效率，所以标准容易制定，并且容易操作。但是，它具有短期性和表现性等缺点，对具体生产操作的员工较适合，但对事务性人员不适合。二是品质主导型。考核的内容以考核员工在工作中表现出来的品质为主。由于其考核需要忠诚、可靠、主动、自信、有创新精神、有协助精神等，所以很难具体掌握。这种类型操作性与效度较差。适合于对员工工作潜力、工作精神及沟通能力的考核。三是行为主导型。考核的内容以考核员工的工作行为为主，重在工作过程。考核的标准容易确定，操作性强，适合于管理性、事务性工作的考核。

5. 绩效考核应遵循的原则

(1) 与管理理念一致原则

考核内容实际上就是指员工工作行为、态度、业绩等方面的要求和目标。它是员工行为的导向。考核内容是企业组织文化和管理理念的具体化和形象化，在考核内容中必须明确企业鼓励什么、反对什么，以给员工正确的指引。

(2) 有所侧重原则

考核内容不可能涵盖岗位的所有工作内容。为了提高考核效率，降低考核成本，并且让员工清楚工作的关键点，考核内容应该选择岗位工作的主要内容进行，不要面面俱到。

(3) 摈弃无关原则

绩效考核是对员工的工作考核，对不影响工作的其他任何事情都不要进行考核。譬如员工的生活习惯、行为举止等内容不宜作为考核内容，否则会影响相关工作的考核成绩。

6. 绩效考核的方法

(1) 等级评价法

等级评价法是绩效考核中常用的一种方法。根据工作分析，将被考核岗位的工作内容划分为相互独立的几个模块，在每个模块中用明确的语言来描述完成该模块所需达到的工作标准。将标准分为多个等级选项，如"优、良、合格、不合格"，考核人根据被考核人的实际工作表现，对每个模块的完成情况进行评估。总成绩便为该员工的考核成绩。

(2) 目标考核法

目标考核法是根据被考核人完成工作目标的情况来进行考核的一种绩效考核方法。在开始工作之前，考核人和被考核人应该对需要完成的工作内容、时间期限、考核的标准达成一致。在时间期限结束时，考核人根据被考核人的工作状况及原先制定的考核标准来进行考核。目标考核法适合于企业中实行目标管理的项目。

(3) 序列比较法

序列比较法是对相同职务员工进行考核的一种方法。在考核之前，首先要确定考核的模块，可以不确定要达到的工作标准。将相同职务的所有员工在同一考核模块中进行比较，根据他们的工作状况排列顺序，工作较好的排名在前，工作较差的排名在后。最后，将每位员工几个模块的排序数字相加，就是该员工的考核结果。总数越小，绩效考核成绩越好。

(4) 相对比较法

与序列比较法相仿，相对比较法也是对相同职务员工进行考核的一种方法。不同的是，它是对员工进行两两比较，任何两位员工都要进行一次比较。两名员工比较之后，工作较好的员工记"1"，工作较差的员工记"0"。所有的员工相互比较完毕后，将每个人的成绩相加，总数越大，绩效考核的成绩越好。与序列比较法相比，相对比较法每次比较的员工不宜过多，范围在5~10人即可。

(5) 小组评价法

小组评价法是指由两名以上熟悉该员工工作的经理组成评价小组进行绩效考核的方法。小组评价法的优点是操作简单，省时省力；缺点是容易使评价标准模糊，主观性强。为了提高小组评价的可靠性，在进行小组评价之前，应该向员工公布考核的内容、依据和标准。在评价结束后，要向员工讲明评价的结果。小组评价法最好和员工个人评价相结合。当小组评价和个人评价结果差距较大时，为了防止出现考核偏差，评价小组成员应该首先了解员工的具体工作表现和工作业绩，然后再作出评价决定。

(6) 重要事件法

考核人在平时要注意收集被考核人的"重要事件"，这里的"重要事件"是指被考核人的优秀表现和不良表现，并对这些表现形成书面记录。普通的工作行为不必进行记录。根据这些书面记录进行整理和分析，最终形成考核结果。该考核方法一般不单独使用。

(7) 评语法

评语法是指由考核人撰写一段评语来对被考核人进行评价的一种方法。评语的内容包括被考核人的工作业绩、工作表现、优缺点和需努力的方向。评语法在我国应用得非常广泛。由于该考核方法主观性强，所以最好不要单独使用。

(8) 强制比例法

强制比例法可以有效地避免由于考核人的个人因素而产生的考核误差。根据正态分布原理，优秀员工和不合格员工的比例应该基本相同，大部分员工属于工作表现一般的员工。所以，在考核分布中，可以强制规定优秀员工的人数和不合格员工的人数。比如，优秀员工和不合格员工的比例均占20%，其他60%属于普通员工。强制比例法适合在相同职务员工较多的情况下使用。

(9) 情境模拟法

情境模拟法是一种模拟工作的考核方法。它要求员工在评价小组面前完成类似于实际工作中可能遇到的问题，评价小组根据完成情况对被考核人的工作能力进行考核。它是针对工作潜力的一种考核方法。

(10) 综合法

综合法，顾名思义就是将各类绩效考核的方法进行综合运用，以提高绩效考核结果的客观性和可信度。

员工考绩表，可参考表2-3。

表2-3　员工考绩表

姓名		单位		职务		考核期间				
考核项目		考核细项 (本栏目由受考人之上一级主管评定)			考评人	考核等级				得分
						A 很满意	B 满意	C 尚可	D 不满意	
第一项服务成绩	工作知识	对于工作，他是否提出过有效的改善建议？ □是　□否			班　　长					
		遭遇工作上的困难，他是否总能提出解决办法？ □是　□否			组股长					
		以他所具备的知识和技术，是否足以做好目前的工作？ □是　□否			科　　长					
		他所具备的知识和技术，在同单位中是否属于中等以上？ □是　□否			经　　理					

(续表)

姓名		单位		职务		考核期间				
考核项目		考核细项（本栏目由受考人之上一级主管评定）		考评人	考核等级				得分
					A 很满意	B 满意	C 尚可	D 不满意	

考核项目		考核细项			考评人	A 很满意	B 满意	C 尚可	D 不满意	得分
（干部5项共　　分　一般员工共　　分）	工作量	他对自己的工作时间是否支配很得当？ □是 □否			班　长					
		交给他的工作是否经常能在限期内完成？□是 □否			组股长					
		他是否有多余的时间去协助其他同仁的工作？ □是 □否			科　长					
		他的工作效率在同单位中是否在中等以上？ □是 □否			经　理					
	工作品质	他做的工作是否不要你操心？ □是 □否			班　长					
		他做的工作是否好到足以指导别人？ □是 □否			组股长					
		他对主管的要求和工作的要求是否都能遵守？ □是 □否			科　长					
		他的工作品质在同单位中是否属于中等以上？ □是 □否			经　理					
	工作态度	他做事是否能自动自发？ □是 □否			班　长					
		他是否愿意担负责任？ □是 □否			组股长					
		他是否自动协助或关心他人？ □是 □否			科　长					
		他对主管交办的事项是否都很乐意去做？ □是 □否			经　理					
	工作能力	他是否有潜力把工作做得更好？ □是 □否			班　长					
		他是否学习得很快？ □是 □否			组股长					
		他是否有能力判断出一件工作做得好还是坏？ □是 □否			科　长					
		他做事是否有条理？ □是 □否			经　理					
干部加考项目分	管理者能力	他管理该单位是否很少有问题发生？ □是 □否			班　长					
		他对于下属的工作是否分配得当？ □是 □否			组股长					
		他对于下属的训练指导工作是否做得很好？ □是 □否			科　长					
		他的管理能力是否很好？ □是 □否			经　理					
第二项 10分	出勤	1.事假＿＿小时，事假每8小时扣0.5分，所余未满8小时者不扣，故共扣＿＿分 2.病假＿＿小时，病假每8小时扣0.2分，所余未满8小时者不扣，故共扣＿＿分 3.丧、娩、工伤假＿＿小时，每8小时扣0.1分，所余未满8小时者不扣，故共扣＿＿分								
第三项 10分	年资	到职日期＿＿＿＿年＿＿月＿＿日(服兵役＿＿年)，至本考核期间服务年资为＿＿年(所余未满1年之年资不计)。得分计算方式：①服务未满1年者(即年资为0年者)，一律以1.5分计算。②服务满1年但不足2年者，可得2.5分。③年资大于1年者，每增加1年加1.5分，最高得10分，例如3年年资得5.5分，10年年资得10分								
奖惩		本考核期间所记奖惩为	加分：大功1次9分，小功1次3分，嘉奖1次1分 减分：大过1次9分，小过1次3分，告诫1次1分							
考核人签章		经理		科长		组股长		班长		总分

填表说明：1.一般员工之考核第一项占70分。

    A. 14分 B. 11分   C. 8分   D. 5分

2. ①干部之考核第一项之前5项占50分。

A. 10分　B. 8分　　　C. 6分　　　D. 4分

②干部加考项目占20分。

A. 20分　B. 16分　　C. 12分　　D. 8分

3. 出勤栏、奖惩栏根据实际记录填写。

4. "考核等级"栏请用"√"表示评定的等级。

5. 每个考核项目有4个考核细项，考核细项由受考人上一级主管评定，上一级主管之"考核等级"与其评定的"考核细项"之关系建议如下：考核细项有4个"是"，则评为A等；3个"是"，则评为B等；2个"是"，则评为C等；一个"是"或均为"否"，则评为D等。上一级主管也可将上项关系稍作改变，至于上一级主管以上之考核人，可不受考核细项之评分限制。

7. 绩效考核的有效实施

员工对于绩效考核会有各种各样的担心和焦虑："干吗弄得这么紧张？像考试一样。其实考核不考核，我都会努力工作的。""也不知道管理者按照什么标准打分，我能得高分吗？""今年做的工作跟去年没什么区别，年复一年、日复一日的，干吗又要考核了？""最近业务进展得不太顺利，这下可惨了！年终奖要泡汤了。""我和老板关系一般，他能给我个好分数吗？""管理者总是说要末位淘汰，我真担心自己会被淘汰。""唉！还不知道这次涨工资有没有我的份呢。""和大家一比较，我的销售业绩排在最后，多没面子啊！""我觉得自己干得不错，可谁知道管理者会不会偏心呢？平时默默地干了好多事，管理者都没看见，可有些人经常会在管理者面前表现自己。"

一个组织绩效管理是否成功，很大程度上取决于该组织实现绩效管理的过程。我们可以一个企业为例进行分析。一个成熟的绩效管理体系，包括以下8个步骤。

(1) 实施前准备

一个成熟的绩效管理实施，首先离不开大量的准备工作，包括实施前的培训，实施前管理层对绩效管理的重新认识，还包括与绩效管理相关的其他人力资源管理环节的准备，例如公司是否建立了完善的组织结构，是否具有完善的流程体系，是否确定了各部门的职责，是否建立了岗位责任体系等。

(2) 战略规划

绩效管理体系最终要为公司战略层服务，个人目标和部门目标的确定离不开公司层面的战略目标。因此，必须确定公司层面的战略规划，才可以实现目标的"自上而下"的分解过程。

(3) 部门计划预算

在公司战略规划明晰的基础上，销售部、生产部、采购部等业务部门和行政部、财务部、人力资源部等支持性部门必须做好部门的计划预算。部门的计划预算仅仅有制订的过程还远远不够，各部门制订计划时要首先参照公司级战略规划，同时必须得到公司管理层组建的相关组织的严格审核与确认。

(4) 绩效计划

企业级战略规划和部门计划预算确定后，企业接下来需要与公司高管协商确定高管的关键业绩指标，确定部门财务类关键业绩指标和非财务类关键业绩指标，以及各指标的定义和权重计算方法。同时，需要沟通、制订实现关键业绩指标要求的行动计划。

(5) 绩效控制

在绩效计划执行的过程中，考核者需要及时帮助被考核者了解工作进展，确定哪些工作需要改善、哪些需要学习，必要时可通过指导来完成特定的工作任务。同时，在执行周期中，被考核者没能达到预期的绩效标准时，考核者可借助内部咨询来帮助被考核者克服工作过程中遇到的障碍。另外，如果考核周期较长，考核者需要对被考核者进行阶段性的回顾，以便及时发现绩效计划执行过程中存在的问题。

(6) 绩效考核

企业执行绩效考核时，需确定的关键因素包括：考核频率、考核对象、考核维度、考核方法、考核流程等。企业不同类型的员工在这几个关键因素上会存在差异。例如，就考核频率而言，其选择在很大程度上取决于考核指标执行效果所需的时间。因此，对于企业的高管，考核周期可能为半年或一年；对于企业的中层，考核周期可能为一个季度；而对于企业的一般管理人员、一线员工等可能采取月度考核。

(7) 绩效沟通

很多企业把绩效考核的初步结果直接用作绩效工资发放的依据。这样执行的结果会引起两个方面的问题：被考核者并不信服考核结果；被考核者很难真正了解自己所存在的不足，到了下一个考核周期，依然不能实现绩效改善。因此，企业需要针对绩效考核的结果，与被考核者进行深入的沟通，帮助他们理解考核结果，并辅助下一周期绩效改善计划的制订。

(8) 考核结果的运用

很多企业只是将双方所认可的考核结果用于发放奖金，而并没有采取其他与绩效考核结果挂钩的激励措施，这样往往会导致高绩效员工的不满，甚至流失。例如，随着企业招聘高学历员工数量的增加，对于该群体员工的激励，仅仅从物质激励入手还远远不够，还必须采取一些精神激励措施，如晋升、培训、绩效改善等。

8. 绩效考核中的误差及调整

(1) 对考核指标理解误差

对考核指标理解误差是指由于考核人对考核指标的理解的差异而造成的误差。同样是"优、良、合格、不合格"的标准，不同的考核人对这些标准的理解会有偏差。同样一个员工，对于某项相同的工作，考核人甲可能会评定为"良"，考核人乙可能会评定为"合格"。避免这种误差的措施通常有以下3种：一是修改考核内容。考核内容要更加明晰，能够量化的要尽可能量化，以便考核人能够更加准确地进行考核。二是避免让不同的考核人对相同职务的员工进行考核。同一名考核人考核相同职务的员工，考核结果便具有可比性。三是避免对不同职务的员工考核结果进行比较。考核不同职务的被考核人，其考核内容不同，其考核结果之间没有可比性。

(2) 光环效应误差

当一个人有显著的优点时，人们会误以为他在其他方面也有同样的优点，这就是光环效应。考核也是如此。比如，被考核人工作非常积极主动，考核人可能会误以为他的工作业绩也非常优秀，从而给被考核人较高的评价。在进行考核时，被考核人应该将所有考核人的同一项考核内容同时考核，而不要以人为单位进行考核，这样可以有效地防止出现光环效应。

(3) 趋中误差

考核人倾向于将被考核人的考核结果放置在中间位置，这样会产生趋中误差。这主要是由于考核人害怕承担责任或对被考核人不熟悉造成的。在考核前，对考核人员进行必要的绩效考核培训，消除考核人的后顾之忧，同时避免对被考核人不熟悉的考核人进行考核，可以有效地防止趋中误差。

(4) 近期误差

由于人们对最近发生的事情记忆深刻，而对以前发生的事情印象浅显，所以容易产生近期误差。考核人往往会用被考核人近一个月的表现来评判其一个季度的表现，从而产生误差。消除近期误差的最好方法是考核人每月进行一次当月考核记录，在每季度进行正式的考核时，参考月度考核记录来得出正确的考核结果。

(5) 个人偏见误差

考核人喜欢或不喜欢(熟悉或不熟悉)被考核人，都会对被考核人的考核结果产生影响。考核人往往会给自己喜欢(或熟悉)的人较高的评价，而给自己不喜欢(或不熟悉)的人较低的评价，这就是个人偏见误差。采取小组评价或员工互评的方法可以有效地防止出现个人偏见误差。

(6) 压力误差

当考核人了解到本次考核的结果会与被考核人的薪酬或职务变更有直接的关系，或者惧怕在考核沟通时受到被考核人的责难时，考核人会因压力产生判断误差。鉴于上述压力，考核人可能会作出偏高的考核。解决压力误差，一方面要注意对考核结果的用途加以保密，一方面在考核培训时让考核人掌握考核沟通的技巧。如果考核人不适合进行考核沟通，就要考虑换人。

(7) 完美主义误差

考核人如果是一位完美主义者，往往会放大被考核人的缺点，从而给被考核人进行较低的评价，造成完美主义误差。解决该误差，首先要向考核人讲明考核的原则和操作方法，还可以增加员工自评，与考核人考核进行比较。如果差异过大，应该对该项考核进行认真分析，看看是否出现了完美主义错误。

(8) 自我比较误差

考核人不自觉地将被考核人与自己进行比较，以自己作为衡量被考核人的标准，就会产生自我比较误差。解决办法是将考核内容和考核标准细化与明确，并要求考核人严格按照考核要求进行考核。

(9) 盲点误差

考核人由于自己有某种缺点，而无法看出被考核人也有同样的缺点，这就造成了盲点误差。盲点误差的解决方法和自我比较误差的解决方法相同，重在与考核要求进行比照。

四、知识拓展

平和的心是金

2003年，埃及最高文物委员会宣布，通过对吉萨附近600处墓葬的发掘考证，金字塔是由当地具有自由身份的农民和手工业者建造的，而非希罗多德在《历史》中所记载的，由30万奴隶所建造。而第一个作出这种判断的，是瑞士钟表匠塔·布克。1560年他在埃及的金字塔游历时预言，金字塔的建造者不会是奴隶，应该是一批欢快的自由人！

布克原是法国的一名天主教信徒。1536年，因反对罗马教廷的刻板教规而被捕入狱。由于他是钟表匠，入狱后被安排制作钟表。在那个失去自由的地方，他发现无论狱方采取什么样的高压手段，都不能使他们制作出日误差低于1/10秒的钟表。而在入狱前的情形却不是这样的，那时，他们在自己的作坊里，能保证自己的钟表误差低于1/100秒。为什么会出现这种情况呢？起初，布克把它归结为制造的环境。后来，他们越狱逃往日内瓦，才发现真正影响钟表准确度的不是环境，而是制作钟表时的心情。

正是基于对钟表制作的认识，布克得出金字塔的建设者是自由人的结论。埃及国家博物馆馆长多玛斯在布克的文字中发现了这么两段话：一个钟表匠在不满和愤懑中，要想圆满完成制作钟表的1200道工序，是不可能的；在对抗和憎恨中，要精确地磨锉出一块钟表所需要的254个零件，更是比登天还难。金字塔这么大的工程，建造得那么精细，各个环节衔接得那么天衣无缝，建造者必定是一批怀有虔诚之心的自由人。很难想象，有对抗思想的奴隶能让金字塔的巨石之间连一个刀片都插不进去。

(资料来源：刘燕敏.平和的心是金.文化娱乐，2005(6))

> 🔍 **提示**
>
> 在过分指导和严格监管的地方，别指望有奇迹发生，因为人的效率，唯有在身心和谐的情况下，才能发挥到最佳水平。

我认为_____

思考和训练

1. 请结合实际谈谈绩效管理体系有哪些流程？
2. 案例分析。

你是公司行政部的经理，年初刚刚上任。刘红是你上任前半年调到你的部门的，目前负责A项目的行政支持和服务。你的前任告诉你，刘红是公司最早的员工之一，人缘极好，大家都喜欢她。刘红上年度的业绩判定是良好。

你接手的这几个月中,发现刘红的确人很好。她为人热心,积极组织各种员工活动,如郊游、慰问希望小学等。她几乎认识公司的每一个人,有时别人办不了的事情她都能办。你同时也发现刘红的专业技能很差,外语和计算机都远不能达到她现在的工作要求,甚至她的有些报告需要别人帮忙来做。她对业务的了解也非常肤浅,基本不能向你汇报项目的具体进展状况。最重要的是她好像并未意识到这些问题,仍花费大量时间在其他事情上。

你决定就她的业务表现与她谈谈,她5分钟后会到你的办公室。

思考题:(1) 你要与她讨论的关键点是什么?
(2) 你希望达到的目的是什么?

每日练习

星期一

1. 给自己所在的组织设立一个具体的绩效管理目标,其主要内容是:＿＿＿＿＿

2. 你的下属交际能力很强,专业技能很差,你决定就他的业务表现与他谈谈。你将与他讨论的关键点是:＿＿＿＿＿

你希望达到:＿＿＿＿＿

3. 列举自己的一个不足,说说它对你学习或工作的影响,如何调整?

星期二

1. 如果你是一位店长,你对店员的考核有什么思路?＿＿＿＿＿

2. 某公司经理事事亲力亲为,而另一个经理却能充分利用团队展开工作,试从绩效管理的角度分析他们的结果:＿＿＿＿＿

3. 绩效考核方法多种多样,我所知道的方法有:＿＿＿＿＿

星期三

1. 找出一个组织较长时期都没解决的问题,设想一个有利于改变它的绩效考核指标:＿＿＿＿＿

2.我所认为的绩效管理体系应具备以下几个流程？_____

3.如果你是一个厂长，你对企业中层管理干部的考核有什么思路？_____

星期四

1.如何提升组织效率？举一个例子作简要说明：_____

2.人的效率在什么时候能够发挥出较好的水平？举一例作简要说明：_____

星期五

1.假设你是某企业公关经理，你会用哪种绩效考核方法来考核你的下属，其意义在于：_____

2.如何减小绩效考核中的误差，使其更公正化、透明化？_____

3.如何使你所在组织的工作效率提升？请举一例并作简要说明：_____

星期六

1.人的效率在什么时候能够发挥出较好的水平？举一例作简要说明：_____

2.如果你是公司经理，请想象你是如何调整公司员工的绩效考核误差的？_____

3.给自己所在的组织寻找一个具体的能提高效率的管理目标，其主要内容：_____

星期日

1.如何提升组织效率？举一个例子作简要说明：_____

2.在你最近所作的一个计划总结中，其中包含着哪些绩效管理内容，完成情况如何？_____

3.设想组织一个活动，由你来分析评价最重要的绩效指标，你可能会提出：_____

项目三 社会关系管理能力的训练

模块一 社会资源管理

一、教学目标

终极目标： 掌握对社会资源的有效识别及利用的能力。

促成目标： 1. 理解社会资源对管理者的重要性；

2. 学会对社会资源的有效管理。

二、能力训练

活动一　　如何利用资源自救

人数： 不限，6人一组。

活动背景： 私人飞机坠落在荒岛上，只有6人存活。逃生工具只有一只仅能容纳1人的橡皮气球吊篮，没有水和食物。

活动目的： 训练利用他人资源的重要手段——聆听。

活动程序： 1. 角色分配：孕妇，怀胎8月；发明家，正在研究新能源(可再生、无污染汽车)；医学家，多年研究爱滋病的治疗方案，已取得突破性进展；宇航员，即将远征火星，寻找适合人类居住的新星球；生态学家，负责热带雨林抢救工作；流浪汉。

2. 针对由谁乘坐气球先行离岛、请求救援的问题，各自陈述理由。在申述自己的理由前先复述前一人的理由。大家根据复述别人逃生理由的完整性与陈述自身理由的充分性，决定先行离岛的人。理由不充分者输。

🔍**提示**

认真聆听别人的话，记住别人的想法，在此基础上充分陈述自己的理由，这样才能强化说服力。由此可见，利用他人的资源非常重要。

如果你是上述6个人中的1个，先行离岛的理由是＿＿＿＿＿＿＿＿＿＿

活动二　　发掘资源

由一个人出题——设定一个特定条件(如野外生存、特殊的企业场景等)，去达到某一个目的(如逃出困境)，要求其他人发掘、整理可被利用的资源有哪些。以发掘整理的数量多、质量优者胜。

提示

所谓管理，就是在对资源利用上胜人一筹的活动。

该活动最难的地方是哪里？下次你会怎样改进？_____

在活动过程中，你感觉团队的合作精神怎样？是否有信任感？_____

活动三　　品牌的影响力

地点：教室。
时间：10分钟。
物品：洗发水、洗衣粉、牙膏、鞋子、饮料、化妆品等。
人数：全部人员分为若干小组，选出组长。
活动目的：通过了解跨国公司在全球的影响力，认识资源的相互影响作用。
活动程序：组长抽签选中一样物品，所在组组员尽量举出自己熟悉的品牌名(例如：洗发水有飘柔、海飞丝、潘婷、沙宣、拉芳、碧爽、飘影、雨洁、索夫特、棕榄、采乐、雅倩、好迪、柏丽丝、帝花之秀、丹芭碧卡诗、百年润发、清逸、亮装、脱普、海鸥、天后、丽丹等)。在规定时间内，品牌数量举例越多的队伍胜出。

提示

利用好品牌资源是社会资源管理中非常重要的一项内容。品牌是顾客对企业或者产品的认可，利用好品牌资源，就是企业对社会资源中顾客资源的良好经营，是企业经营管理的要点。

品牌对我的影响是_____

项目三　社会关系管理能力的训练

三、理论知识

一张令人汗颜的罚单

到达港口城市汉堡，公司派驻地的同事为我们接风洗尘。走进餐馆，我们一行人穿过桌多人少的中餐馆大厅，心里直疑惑：一对用餐情侣的桌子上，只摆着一个碟子，里面只放着两种菜，两罐啤酒。另外一桌是几位白人老太太在用餐，每道菜上桌后，服务生很快给她们分掉，然后就吃光。我们不再过多注意她们，而是盼着自己的菜快点上来。驻地的同事看到大家饥饿的样子，就多点了些菜。餐馆客人不多，上菜很快，我们的桌子很快被碟碗堆满。这一餐很快就结束了。但有三分之一没有吃掉，剩在桌面上。

出门没走几步，餐馆里有人在叫我们："是否谁的东西落下了？"我们很好奇，回过头去看。原来是那几个白人老太太，在和饭店老板叽哩呱啦说着什么，好像是针对我们的。看到我们都过来了，老太太改说英文，我们都听懂了，她们说我们剩的菜太多，太浪费了。"我们花钱吃饭买单，剩多少，关你老太太什么事？"同事阿桂当时站出来说。听到阿桂这么说，老太太们更生气了，为首的老太太马上掏出手机，拨打着什么电话。一会儿，一个穿制服的人开车来了，自称是社会保障机构的工作人员。问清情况后，这位工作人员居然拿出罚单，开出50马克的罚款。这下我们都不吭气了，阿桂的脸不知道扭到哪里去了。驻地的同事只好拿出50马克，并一再说："对不起！"工作人员收下马克，郑重地对我们说："需要吃多少，就点多少！钱是你们的，但资源是全社会的。世界上有很多人还缺少资源，你们不能够也没有理由浪费！"我们脸都红了。但我们心里都认同这句话。

那天，驻地的同事把罚单复印后，给每人一张作纪念。我们都愿意接受并决定保存着。阿桂说，回去后，他会再复印一些送给别人，自己的一张就贴在家里的墙壁上，以便时常提醒自己——钱是您的，但资源是大家的！

(资料来源：吴铭.一张令人汗颜的罚单.上海教育，2006(2))

> **提示**
> 什么是资源的社会性？这个故事对此注解得非常到位。

你知道的其他类似的例子是＿＿＿＿＿＿＿＿＿＿＿＿＿＿＿＿＿＿

1. 社会资源的含义

社会资源有两方面的含义：一是整个社会所拥有的资源，包括自然资源、物质资源、财力资源、人力资源及图书资料、电子计算机系统中的硬件和软件等。这些资源是人类社会生存和发展的物质基础，是实现社会生产的必要的物质条件。二是非物质的文化和社会资源，包括人口、工艺、文化、社会组织、风俗信仰以及处理问题的能力等。

近代社会学中，可能影响个人发展的各种社会关系也被视为一种社会资源。因此，所谓社会资源，是指为了因应需要、满足要求，所有能提供而足以转化为具体服务内涵的客体。社会资源的拥有量，是衡量一个国家科学技术水平、经济发展状况和社会进步的重要标志。

2. 对社会资源的识别

从上面的定义可以知道，社会资源具有非常多的形式。若想利用好社会资源，首先要学会识别社会资源。

(1) 名人资源

名人资源是社会上有名人物对当事人存在的利用价值。从资源价值的特点来说，来源价值总是被优先认识和表现的。于是，名人资源中的明星资源成为最抢眼的资源。明星资源是公众最熟悉的社会资源，是现今企业使用率最高的一种社会资源。明星资源使用成本虽然很高，但是它的产出更大。明星以他的社会认可广度在面上传达着产品的经济信息，以他的社会认可深度(忠诚度)在人们心中根植着产品的经济信息。于是，利用明星资源者往往一本万利。

可口可乐的名人代言

2005年6月11日下午，红得发紫的三人组合S.H.E现身上海新国际博览中心，参加可口可乐"要爽由自己，冰火暴风城"嘉年华，与近万名热爱可口可乐的年轻一族共聚一堂。在现场，她们的激情表演受到观众的热烈追捧，同时她们也启动了可口可乐最新推出的iCoke主题电视广告，演绎可口可乐"要爽由自己"的品牌宣言。

S.H.E表示，出演广告中数码虚拟的S.H.E，对她们三人是非常新奇的体验，而广告所倡导的"坚持自己"的观点、做自己想做的事情，也非常符合她们的个性。可口可乐正是看准了S.H.E鲜明的个性和气质，邀请其为iCoke主题广告代言，鼓励年轻人"要爽由自己"，勇于追逐自己的梦想，追求张扬个性和精彩人生。

作为可口可乐今年最大规模的市场活动，iCoke形象代言人S.H.E自然扮演着十分重要的角色。iCoke的广告片中，S.H.E被要求"越葱火，就越热卖"。超人气偶像组合S.H.E，超豪华嘉年华阵容，加上现场盛况空前的演出和精彩互动，让现场所有e时代新新一族充分体验了可口可乐"要爽由自己、冰火暴风城"嘉年华带来的夏日"冰爽"和"火辣"激情。

> **提示**
>
> 名人资源可以是明星资源，也可以是公众关注人物资源。不要简单地认为只要有名，就能引起人们的关注，就可能有机会。重要的是，名人的风格与企业的诉求应当相匹配。

我知道的其他类似的例子是＿＿＿＿＿＿＿＿＿＿＿＿＿＿＿＿＿＿＿＿

项目三 社会关系管理能力的训练

(2) 事件资源

事件资源是指发生的现实事件或人为制造的引人注意的事件对主体存在的利用价值。在经济界与此有关的最引人注目的就是事件营销。所谓事件营销，就是指企业对事件资源从营销角度的利用，即通过策划、组织和利用具有名人效应、新闻价值以及社会影响的人物或事件，吸引媒体、社会团体和消费者的兴趣与关注，以求提高企业或产品的知名度、美誉度，树立良好品牌形象，并最终促成产品销售的手段和方式。利用人们对事件本身的关注，企业至少可以从中获得非常高的知名度。

蒙牛的事件营销

"超级女声"的收视率直逼央视一套，总决赛时15秒的贴片广告，报价居然比央视还高。赞助"超级女声"的蒙牛酸酸乳，其销售额也由2004年6月的7亿上升到2005年8月的25亿，同比增长2.7倍，20%的销售终端甚至出现供不应求的现象。而赞助费用、电视广告、网络宣传、户外广告、促销推广费等所有费用大约只占销售额的6%。蒙牛的这一事件营销无疑是非常成功的。

提示

事件营销是品牌塑造的直接载体。要充分利用好这个载体，就要实现事件营销与品牌两者之间的共鸣与共振。事件资源可以制造出来，但是用好它却需认真分析该资源的使用条件。

我知道的其他类似的例子是_____

和硬广告不同，事件营销的本质是公关。如果运用得当，企业可以花较少的钱取得较好的宣传效果。蒙牛事件营销的成功，有两个关键之处。首先，在事件的选择上，蒙牛紧紧抓住"公益""公众"这两个关键词。蒙牛所选择的事件都是正面事件，是国家政治经济生活中的大事。就"超级女声"来说，尽管公益概念不足，但其在公众方面的影响足够大，与公众特别贴近。蒙牛酸酸乳的目标消费人群年龄介于15～25岁之间，而"超级女声"的主要参与人群也是在这个年龄段，两者在目标受众上是非常吻合的。其次，在策略的执行和后期的跟进上，蒙牛有科学的机制和流程。决策层一旦敲定目标，企业所有相关资源都必须向这一目标集中。在与"超级女声"的合作中，蒙牛的努力是全方位的。电视广告、网络宣传、户外广告、促销活动等，都是及时跟进的。所以，蒙牛酸酸乳这次事件营销的成功，其实也是蒙牛整合营销传播的成功。

(3) 品牌资源

顾客是社会公众，品牌是顾客对企业或者产品的认可，利用好品牌资源就是企业对社会资源中顾客资源的良好经营，是企业经营管理的要点。众所周知，品牌对一个企业来讲是很重要的。但是，人们不太知道，从资源价值角度来分析，它属于来源价值，作为使用主体很难在短期内大幅度地通过提升品牌来拓展品牌资源的价值。品牌资源价值的低成本拓展，通常只能依赖于利用的深化。在这个问题上，宝洁公司的案例很有启发意义。

宝洁的品牌资源

始创于1837年的宝洁公司，已经成功地守业170多年了。全世界很少有公司能够像宝洁一样强化品牌资源，通过理解和把握消费者价值，在食品、纸品、药品、洗涤用品和护发产品以及化妆品等项目上开发出300多个品牌，并畅销于160多个国家和地区。

关于品牌，宝洁的原则是，如果某一个种类的市场还有空间，最好那些"其他品牌"也是宝洁公司的产品。因此宝洁的多品牌策略让它在各产业中拥有极高的市场占有率。举例来说，在美国市场上，宝洁有8种洗衣粉品牌、6种肥皂品牌、4种洗发精品牌和3种牙膏品牌，每种品牌的诉求都不一样。

宝洁推出"邦宝适"纸尿裤时，由于质量较高，定价比其他品牌高。宝洁原本希望高质量可以让人愿意用较高价钱购买，但结果却不是如此。宝洁知道自己必须降价来迎合消费者，于是，它采用这样的策略来达到降价的目标：设法提高生产效率，同时改变配销策略。一般尿片都放在药房里，"邦宝适"却减少利润，降价进入超市。由于它的销量大，超市愿意卖；又因为销量大，降低了单位生产成本，从而产生良好的循环，使"邦宝适"成为一个成功的产品。

> **提示**
> 品牌是顾客对企业或者产品的认可，利用好这一资源方法多样，但宝洁绝对是在这方面运作得非常成功的企业之一。

你知道的其他类似的例子是_____

_____

(4) 认可资源

在我们的组织管理活动中，为了让一部分人接受组织的活动规则，或者为了使这一部分人不违背组织的活动规则，常常通过对认可资源的控制来达成。"认可"，就是认同、许可。所谓认可资源，就是认同、许可对当事人所带来的价值。被社会认同、许可，通常是人们的一种本能需要(品牌、名人资源也涉及认可的内容，但同时具有交易目的性)。美国心理学家马斯洛在其著名的需求层次理论中提到的人们的第三层次需求——被爱需求(社会交际需求)指的就是这层意思。社会认同性的制约力量是很大的，谁掌握了社会认可资源，谁就掌握了相应的控制权。

上帝的惩罚

犹太教规定安息日不可以做事。某个安息日，一位酷爱高尔夫球的长老实在手痒难耐，偷偷去打球。球场上一个人都没有，他乐得手舞足蹈。天使看到后急忙去上帝那里告状，要上帝好好惩罚这位长老。上帝懒懒地说，知道了。球打了一会儿，成绩不错，长老十分高兴。天使又去打小报告。上帝神秘地笑笑。长老打完9个洞，几乎都是一击必中。天使忍无可忍，又去找上帝："这就是你所说的惩罚吗？"上帝笑了："你想想，他的快乐能和谁说？又能和谁去分享？"

> **提示**
> 无人分享快乐，这是上帝对该长老的致命惩罚！与你分享的人群，其实也是一种社会资源！

我认为

很多事情，在人们的内心中都期待着社会的认同和许可。没有社会的认同和许可，一切都是没有价值的。怎样发现、发掘、创造社会的认同和许可，已成为当今社会的热门话题。发掘、创造认可资源，已成为当今社会最大的经济创新。

社会资源内容丰富。除了上面所谈到的各种资源外，还有文化资源、技术资源、心理资源、管理中的意志资源等。

3. 社会资源的利用原则

(1) 开发与利用并举原则

社会资源内容丰富，不能只捡现成的用。对你现成的东西，对别人来说往往也得来容易，所以利用价值可能不高。强调开发与利用并举更具有挑战性，它能使自己的团队保持活力。

(2) 创造与发掘并重原则

社会资源不仅包含社会已有的内容，还包括需要人们去重新认识、组合和创造的内容。为此，创造与发掘并重成为社会资源利用的重要原则。对于社会资源，我们不仅要去发现它，还要去创造它。一边利用，一边创造，强化资源的再生性。

(3) 利用与保护兼顾原则

在社会资源的利用过程中，要强调利用和保护兼顾原则。并不是所有的社会资源都具有再生的特点，很多资源如果使用不当是很难被修复的。为此，边利用边维护，成为社会资源利用的基本原则。

(4) 节约与使用同选原则

社会资源不能只考虑使用，还要考虑节约。特别是对那些不易再生的资源，绝对不能有任何浪费的念头。

沃尔顿的节俭习性

沃尔玛公司的名称充分体现了沃尔顿的节俭习性。美国人习惯于用创业者的姓氏为公司命名，沃尔玛本应叫"沃尔顿玛特"(Walton-Mart，Mart的意思是"商场")，但是，沃尔顿在为公司定名时把制作霓虹灯、广告牌和电气照明的成本等全都计算了一遍，他认为省掉"ton"3个字母可以节约一笔钱，于是只保留了"Walmart"7个字母——它不仅是公司的名称，还是创业者节俭品德的象征。沃尔玛中国总店的管理者们对老沃尔顿的本意心领神会，他们没有把Walmart译成"沃尔玛特"，而是译成了"沃尔玛"。一字之省，足见精神。如果全世界4000多家沃尔玛连锁店全都节省一个字，那么整个沃尔玛公司在店名、广告、霓虹灯方面就会节约一笔不小的费用。

(资料来源：高占龙编著.节俭管理.北京：人民邮电出版社，2006)

> 沃尔顿的节俭习性反映了沃尔顿对资源的基本看法，也决定了沃尔玛的成功。

我认为 _____

(5) 主体与客体互惠原则

当一个主体在利用社会资源时，被利用的客体的利益是要得到保证的，这就是主体与客体互惠原则。我们平时所讲的双赢，就是这个道理。任何只对一方有利而不利于对方的事情都会产生不平衡。

(6) 个体与社会共益原则

社会资源的利用要从社会利益角度进行考虑，为此就要维持个体与社会共益原则。个体与社会共益原则对于企业来说尤其要重视，企业绝对不能只以赢利为目标，社会利益的缺失将带来无穷后患。

除了上面这些原则外，还应该看到，有些社会资源是需要经常使用的。只有通过使用，它才能增长和发展，才能被赋予生命。所以，社会资源的利用，本身不但能够创造新的价值，有时对原资源来说也是好事。要倡导对社会资源的积极、合理利用。

4. 社会资源的利用程序

社会资源利用的基本程序(如图3-1所示)是：第一阶段，资源渴求分析。这个阶段要求了解谁是真正的资源需求者，真正的需求资源是什么，渴求强度如何。第二阶段，资源定位。这个阶段要求对所需求的资源来源进行预估，分析可能的来源。第三阶段，资源搜索和发掘。这个阶段是具体的寻找资源的行为。第四阶段，资源整理。资源内容可能很多，需要花费大量的精力去处理、消化和吸收。第五阶段，资源使用。只有使用才能真正称得上是资源。使用有很多讲究，如节俭使用、循环使用等。

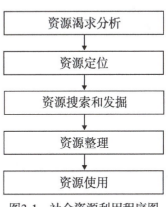

图3-1 社会资源利用程序图

鹰牌花旗参茶对消费习惯资源的巧妙利用

喝参茶的目的是为了醒神、抗疲劳、恢复体力。鹰牌花旗参的目标群体存在着上述需求，但大多数人会在特别辛苦时才饮用，平时大多选择咖啡或一般茶类饮品。鹰牌借助目标群体对参茶功能的已有认知，以及对其他类提神产品形成的消费习惯，推出了新的消费理念，将鹰牌花旗参打造成为"即冲即饮"的办公室日常饮品。在一般性提神产品所能提供给消费者的功能利益之上，又给予了更加丰富的功能利益,故而轻松且成功地取得了目标群体的快速认同。这不仅扩大了公众对产品的消费需求,还争抢了其他提神类产品的目标群体。

> **提示**
>
> 保健品行业为了给消费者提供购买理由,不得不花费大量资源培养消费者的认知,例如对亚健康状态的认知,对补钙、补维生素的认知等,但却经常为别人做嫁衣。它不仅受到药品的挤压,同时又被食品所代替,既浪费了资源又没得到很好的收益。这次,在众多物品都在借用保健品社会资源的时候,鹰牌巧妙地利用社会资源,如消费者的消费意识、消费习惯,节省了自己培养消费者认知的资源。

你知道的其他类似的例子是 _____

报纸资源的利用效果

在深圳平湖有一个物流中心,叫做华南城,投资26亿,是香港的一个老板打造的。这个老板想打造一个工业原材料物流中心,靠近京广铁路,货车一卸货就可以放到物流中心,这里到盐田港也很方便,到深圳机场也就十几公里,空运也很方便,是一个海陆空交通的枢纽。第一期工程盖好,推销并不是很好。尽管也投放了不少广告,做了一些宣传,但并没有达到理想的效果。后来,他找到了《南方都市报》深圳记者站,用了整整8个版面,以"华南城重构物流"为标题,介绍它的优越条件,还介绍了商铺的功能,海陆空立体物流。连续报道几天后,华南城名声大振,整个招商工作更是进展迅速。华南城的成功案例,也带动了深圳很多企业都来跟《南方都市报》合作。

> **提示**
>
> 报纸的宣传是一种比较传统的方法,对报纸等媒体资源的恰当使用,也能带来事半功倍的效果。

你知道的其他类似的例子是 _____

四、知识拓展

中国人经商的历史源远流长,其商业文化博大精深,在漫长的商业活动中逐渐培育出中国商人的经营谋略、经商要诀。

1. 利用地域的社会资源经商

经商如作战，商场如战场，经商者如指挥千军万马之将帅，有智谋的将帅往往会占据有利的地形，最终取得战争的胜利。春秋时期，大谋略家范蠡深谙此道。他以战略家的眼光，认为陶地为"天下之中，诸侯四通"，是理想的货物贸易之地。遂选陶地为营销点。果然，19年间，他三致千金，"陶朱公"的美称也由此而饮誉古今。

战国时期赵国的卓氏是另一个例子。秦国灭了赵国以后，实行了移民政策。当时许多人贿赂官吏，不愿搬迁，要求留在原地。唯独富商卓氏要求迁往较远的"纹山之下"，他看中那里土地肥沃、物产丰富、民风淳朴、居民热衷于买卖、商业易于发展的条件。几年后，卓氏成了远近闻名的富豪。

2. 利用社会活动中的时机、时差资源经商

商祖白圭认为，"时贱而买，虽贵已贱；时贵而卖，虽贱已贵"。这是强调商人要善于捕捉商机、把握时机，不失时机地买进卖出。商业的利润源于买卖的差价。买卖的时机一到，则"趋时若猛兽鸷鸟之发"，需当机立断。魏文侯时，国人注重农耕，而白圭却乐于观时机的变化。粮食丰收时他买进谷物，卖出蚕丝。待蚕丝上市时，他就大量收购蚕丝，售出粮食。他曾说："我做买卖，就像伊尹和姜太公那样有计谋，如孙膑和吴起那样善于判断，还能像商鞅执法那样说到做到。"这段话，把他掌握贱买贵卖时机的"时断"与"智断"阐述得淋漓尽致。白圭的经商原则和经验，被后世商人所称道。

还有一个故事：宋朝时，有一次临安城失火，"殃及池鱼"，一位裴姓商人的店铺也随之起火，但是他没有去救火，而是带上银两，网罗人力出城采购竹木砖瓦、芦苇椽桷等建筑材料。火灾过后，百废待兴，市场上建材缺货。此时，裴氏商人趁机大发其财，赚的钱数十倍于店铺所值之钱，同时也满足了市场和百姓的需要。

3. 利用社会文化资源经商

《燕京杂记》中载："京师市店，素讲局面，雕红刻翠，锦窗绣户。"有的店铺招牌高悬，入夜家家门口点起了五光十色的锦纱灯笼，把街面照得如同白昼。有的店铺摆挂商品宣传字画，张挂名人书画，附庸风雅，以此来升华店铺的品位，提高顾客的回头率。还有些茶肆、饭馆、酒店特意安排乐器演奏和评书为客人助兴。南宋京城杭州的面食店，只要顾客一进店坐下，伙计立刻前来问顾客所需，"尽合诸客呼索指挥，不致错误"。经营者们深深懂得豪华的装饰反映着一个店铺的实力，于是店堂设计画柱雕梁、金碧辉煌，极尽铺陈之能事，以迎合达官巨贾"以求高雅"的消费心理。服务上则进门笑脸相迎，出门点头送行。这些敬客如神的做法，加上高贵典雅的装饰，使众多顾客"如沐春风""一见钟情"，从而流连忘返，百顾不厌。

4. 利用社会人力资源经商

春秋战国时期，有一位齐国的商人叫刀闲。当时的商人一般都不愿雇用头脑灵活的

人做事，唯独刁氏专门用这种人，并给以丰厚的报酬和充分的信任，放手大胆地让他们去干，结果这些雇工干得十分卖力，也非常出色。

明代苏州有个叫孙春阳的杂货店，分为南北货房、海货房、腌腊房、酱货房、蜡烛房，"售者由柜上取下一票，自往各房发货，而管总者掌其纲。一日一小结，一年一大结。自明代至清乾隆年间二百多年，子孙尚食其利，无他姓顶代者"。像苏州这个店铺林立之地，孙春阳的杂货房生意竟然能兴盛两百多年，其成功之奥秘当得益于用人以诚、店规之严。

思考和训练

1. 分析你对身边社会资源的利用情况。
2. 绘制一张以你为中心的人际关系"网络图"，看一下你的人际关系网络有多大，有多少人际资源关系可以利用，并思考以后如何扩大这张人际关系"网络图"。
3. 社会资源如何使用才更有效？

每日练习

星期一

1. 对你的人际关系进行分类：＿＿＿＿＿＿＿＿＿＿＿＿＿＿＿＿
＿＿＿＿＿＿＿＿＿＿＿＿＿＿＿＿＿＿＿＿＿＿＿＿＿＿＿＿＿＿

2. 你可以用哪些资源来提高自己的自学能力？＿＿＿＿＿＿＿＿＿
＿＿＿＿＿＿＿＿＿＿＿＿＿＿＿＿＿＿＿＿＿＿＿＿＿＿＿＿＿＿

3. 如果你是企业老总，在扩大市场方面有哪些资源可以利用？＿＿
＿＿＿＿＿＿＿＿＿＿＿＿＿＿＿＿＿＿＿＿＿＿＿＿＿＿＿＿＿＿

星期二

1. 在你的社会关系中，你可以利用哪些资源为你最要好朋友的学习助力？＿＿
＿＿＿＿＿＿＿＿＿＿＿＿＿＿＿＿＿＿＿＿＿＿＿＿＿＿＿＿＿＿

2. 在与人交往中你通常会得到什么？它对你的最大帮助是：＿＿＿
＿＿＿＿＿＿＿＿＿＿＿＿＿＿＿＿＿＿＿＿＿＿＿＿＿＿＿＿＿＿

3. 谈谈近期参加的某项社会活动中所感受到的团队默契：

星期三

1. 你利用过哪些学习资源使自己的学习得到了提升？

2. 培养注意力，你有什么资源可用？

3. 我可以成为他人的有效资源，其原因在于：

星期四

1. 你有哪些资源可以为你的晋升提供帮助？

2. 如果你是某高档餐馆老板，你将怎样用最小的代价获得利润的最大化？

3. 假设你现在正在推销方便面，你将如何利用其他人帮助你把生意做大？

星期五

1. 日常生活中有很多可回收利用的资源，请对这些资源进行分类：

2. 你对资源广泛性的看法是：

3. 在追求个人利益的同时，要坚持个体与社会共利原则，否则社会利益的缺失会带来无穷的后患。结合实际举例说明：

星期六

1. 对于日常生活中可回收利用的资源你通常如何处理，以后呢？ _____
_____

2. 在上级面前，如何利用他人的资源来推销自己？ _____
_____

3. 你现在的环境中什么资源对你的工作最有价值？ _____
_____

星期日

1. 培养注意力，你有什么资源可用？ _____
_____

2. 回忆一个朋友曾遇到过的麻烦(如被他人误解的事例)，猜测他的解决过程：_____
_____

谈判艺术

模块二

一、教学目标

终极目标： 提高谈判素质，具备独立谈判的基本能力。

促成目标： 1. 了解谈判艺术的重要性；
2. 掌握谈判技巧。

二、能力训练

活动一　　推　掌

时间：5分钟。

活动目的：感受施力和受力，并联想它们与谈判的关系。

活动程序：1. 学员面对面站立。
2. 学员掌对掌向前推，尽可能地用力推对方。
3. 一方在不作任何提示的情况下受力。

> 🔍 **提示**
>
> 一方用力的行为一定是双方受力的过程。

当对方没有反抗而你仍然给对方压力时有什么感觉？

制造压力有时可能会起到相反的作用，你认同吗？

活动二　　交流各自喜欢的话题

时间：30分钟。

人数：不定，分若干组。

道具：空白的A4纸。

活动目的：训练学员能够讲述他人喜欢的话题。

活动程序：1. 每个学员在空白的A4纸上写下自己的名字，并简短地列举出几个
自己喜欢谈论的话题，如喜欢杭州的风景、喜欢慢跑等。

2. 学员结合成3~5人的小组，每人拿他人喜欢的话题用有激情的语气讲出不少于10个句子。

3. 每过几分钟，就请他们交换伙伴，以此来鼓励每个人结识更多的人，并谈论更多的话题。

提示

能更广泛地讲述他人喜欢的话题是谈判者的一项重要能力。只有掌握这一能力，才具备驾驭谈判的基本条件。

该活动最难的地方是哪里？你结识的新朋友是怎样的人？

在活动过程中，你是否感觉到对他人的信任感有所强化？

活动三　　　　　买　裤　子

时间：15分钟。

人数：2人。

道具：裤子若干条。

活动目的：训练学员探索商务谈判的技巧。

活动程序：两人情境模拟，分别扮演顾客小李和卖裤子的张老板。尽量围绕"杀价要狠、不要暴露自己的真实需要、反复挑选、尽量指出商品的缺陷"等商务谈判技巧进行，让学员们就谈判技巧作讨论。

提示

讨价还价技巧有很多，但只有乐意在实践中去探索更多谈判技巧的人才能成为专家。

谈判如何才能成为你引以骄傲的能力？

三、理论知识

橙子的利益与分割

有人把一个橙子给了两个孩子，这两个孩子便讨论起如何分这个橙子。两个人吵来吵去，最终达成了一致意见，即由一个孩子负责切橙子，而另一个孩子选橙子。结果，这两个孩子按照商定的办法，各自取一半橙子，高高兴兴地拿回家去了。

一个孩子把半个橙子拿到家，把皮剥掉扔进了垃圾桶，把果肉放到果汁机里榨果汁喝。另一个孩子回到家把果肉挖掉扔进了垃圾桶，把橙子皮留下来磨碎了，混在面粉里烤蛋糕吃。

> 提示
> 虽然两个孩子各自拿到了看似公平的一半，然而，他们各自得到的东西却未能物尽其用。

我的看法是

上面的故事带来了许多启示。首先，两个孩子事先并未做好沟通，也就是说，他们并没有申明各自的利益所在。没有事先申明价值，导致双方盲目追求形式上和立场上的公平，结果，双方各自的利益并未在谈判中达到最大化。试想，两个孩子充分交流各自所需，或许会有多个方案和情况出现。可能的一种情况，就是遵循上述情形，两个孩子想办法将皮和果肉分开，一个拿果肉去榨汁，另一个拿皮去做烤蛋糕。

然而，也可能经过沟通后是另外的情况，恰恰有一个孩子既想要皮做蛋糕，又想喝橙子汁。这时，如何创造价值就显得非常重要了。想要整个橙子的孩子提议可以将其他问题拿出来一块谈："如果把这个橙子全给我，你上次欠我的棒棒糖就不用还了。"其实，他的牙齿被蛀得一塌糊涂，父母上星期就不让他吃糖了。另一个孩子想了一想，很快就答应了。他刚刚从父母那儿要了5元钱，准备买糖还债。这次他可以用这5元钱去打游戏，才不在乎这酸溜溜的橙子汁呢。两个孩子的谈判思考过程，实际上就是不断沟通、创造价值的过程。双方都在寻求对自己最大利益的方案的同时，也满足了对方的最大利益的需求。

谈判的过程实际就是这样：好的谈判者并不是一味固守立场，追求寸步不让，而是与对方充分交流，从双方的最大利益出发，创造各种解决方案，用相对较小的让步来换得最大的利益，而对方也会遵循相同的原则来取得交换条件。在满足双方最大利益的基础上，如果还存在达成协议的障碍，那么就不妨站在对方的立场上，替对方着想，以扫清达成协议的一切障碍。

1. 谈判的含义

什么是谈判？学者们已经从理论角度给出了精确的定义。美国谈判学会长、著名律师杰勒德·I.尼尔伦伯格在《谈判艺术》一书中阐明："谈判的定义最为简单，而涉及的范围却最为广泛，每一个要求满足的愿望和每一项寻求满足的需求，至少都是诱发人们展开谈判过程的潜因。只要人们为了改变相互关系而交换观点，只要人们是为了取得一致而磋商协议，他们就是在进行谈判。谈判者或是为了自己，或是代表着有组织的团体。因此，可以把谈判看作人类行为的一个组成部分，人类的谈判史同人类的文明史一样长久。"谈判是一个双方求取共识、集结共同利益的互动过程。所以，谈判事实上是一种追求"双赢"的活动。

2. 谈判的目标

谈判的目标是指谈判人员为满足自身的需求而确定的指标或指标体系。它既是谈判的起点，也是谈判的归宿和核心问题。

谈判的目标通常有3个层次：一是必须达成的目标，即谈判者期待通过谈判所要达成的下限目标。它对一方的利益具有实质性作用，是谈判的底线，是不能妥协的，否则，谈判就失去了意义。二是可以接受的目标，即谈判一方根据主客观因素，考虑到各方面情况，经过认真分析后纳入谈判计划的有弹性的目标。这种目标能使谈判一方获得实际需要的利益，是一方希望达到的目标，谈判人员应努力争取实现。但它也具有一定的弹性，当争取该目标的谈判陷入僵局时也可以放弃。三是乐于达成的目标，即谈判者希望通过谈判达成的上限目标。它是对谈判一方最有利的理想目标，能在满足一方的必不可少的需求之外，获得额外的利益。这种目标带有很大的策略性，在谈判中实现难度相对较高，因为谈判是各方利益分配的过程，没有哪个谈判方甘愿将利益全部让给他人。虽然如此，也不应该忽略该目标的构建，理由有三：它的确有可能达成，特别是当对手较弱时更是如此；它可以作为谈判的筹码，用以换取对己方有利的其他条件，起到交易作用；它有迷惑对手的烟幕作用，对己方的其他谈判目标能起到保护作用。谈判各目标间的层次，如图3-2所示。

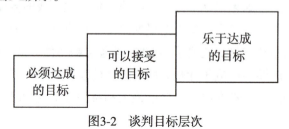

图3-2 谈判目标层次

3. 谈判的原则

必须遵循的谈判的通用原则有以下4个方面。

(1) 势在必得的气势

谈判就像一场没有硝烟的战争。面对战争，"狭路相逢勇者胜"。必胜的信念和坚定的自信心，是一些久经沙场的高手谈判成功的精神支柱。必胜的信念会使人在强大的谈判对手面前不卑不亢，在气势上居高临下，让对手摸不透底线，造成对手心神迷乱，而对方的心虚不仅会暴露他们的弱点，更会在较量中不自觉地处于被动。"必胜信念"并非狂妄自大，而应是符合职业道德的、具有高度理性的自信。这是每一个谈判人员取得成功的心理基础。

(2) 坚忍不拔的意志

任何谈判都不可能一帆风顺，再具实力的谈判高手也会有处于劣势的时候，而坚忍不拔是扭转局势所必备的心智状态。谈判通常是一种意志力的较量。对于谈判者来说，在不利的情况下，一定要想到："我现在虽然很难受，但对方一定比我更难受。"因为强势者有强势者的压力，通常自我期许过高，如不能在你这里轻易取胜就会有挫败感。所以，保持坚忍不拔的心态，先倒下的可能是对手。

先生，咖啡还是牛奶

某商场休息室里经营咖啡和牛奶。刚开始，服务员总是问顾客："先生，喝咖啡吗？"或者是："先生，喝牛奶吗？"一旦对方拒绝了，生意也就无法做成了，因此销售额平平。

后来，老板要求服务员换一种问法："先生，咖啡还是牛奶？"结果销售额大增。原因在于，第一种问法是封闭式问答，没有余地；而后一种是选择式、开放式问答，如同在第一次不成功的情况下发起第二次进攻，即诱导顾客进行第二次选择。

提示

谈判语言的使用背后经常蕴涵着意志力的较量。谈判经常反映着坚忍不拔的意志力。

我的看法是

(3) 沉着冷静的处事态度

谈判过程中，当对方直击自己劣势时，要适时缓解由此造成的心理压力，保持冷静，巧妙周旋，沉稳不露。同时，密切注意对手的举动，搜寻其弱点，掌握时机反击，方可反败为胜。

(4) 知己知彼

谈判是双方心理素质的较量，也是谈判技巧、专业知识与信息收集的较量。谈判过程充满了变数和陷阱。因此，唯有准备充分，方能心中有数、胜券在握。孙子兵法中说"知己知彼，百战不殆"，运用到谈判中也是很恰当的。因此，为了取得谈判的成功，战前的充分准备显得尤为重要。漫长的谈判需要更为漫长的准备工作，因此必须准确把握对手及其所代表利益集团的情况，最大限度地掌握有效资讯，仔细分析对方和己方的优点与劣势。

成功依赖于准备的充分

日商举办的农业加工机械展销会上，展出的是国内几家工厂急需的关键性设备。于是某公司代表与日方代表开始谈判。

按惯例，卖方首先报价：1000万日元。中方对这类产品的性能、成本及在国际市场上的销售行情了如指掌。马上判断出其价格的"水分"，表示生产厂家并非独你一家。中方主动提出休会，给对方一个台阶。当双方重新坐在谈判桌旁时，日方主动削价10%，中方根据该产品近期在其他国家的行情，认为750万日元较合适，但日商不同意，中方明确告知日方：自己还有其他一些合作伙伴。在我方坦诚、有理有据的说服下，双方最终握手成交。

提示

项目的促成往往需要有准备的谈判。

我的看法是＿＿＿＿＿＿＿＿＿＿＿＿＿＿＿＿＿＿＿＿＿＿＿＿＿＿＿＿＿＿＿＿＿＿
＿＿＿＿＿＿＿＿＿＿＿＿＿＿＿＿＿＿＿＿＿＿＿＿＿＿＿＿＿＿＿＿＿＿＿＿＿＿

4. 谈判前需进行调查研究

了解目标后就要进行调查研究，要了解自己、充分掌握对方、弄清所有相关的环境因素。

(1) 调查研究

调查研究的对象和范围包括整个市场行情、自身实力以及谈判对手的各种状况。在调查研究阶段所搜集的信息及对这些信息的分析必须是客观的，以摆正自己的位置，选择最佳的谈判对手，从而掌握最新的情况，制定最佳的谈判方案。

调查研究最重要的就是"知己知彼"，正确估计自身的实力，调整谈判人员的精神状态，对谈判对手进行研究。既不能高估自己，也不能低估自己。只有客观公正的估计，才能保证谈判成功。著名哲学家培根有过这样的精辟论述："与人谋事，则须知其习性，以引导之；明其目的，以劝导之；知其弱点，以威吓之；察其优势，以钳制之。与奸猾之人谋事，唯时刻不忘其所图，方能知其所言；说话宜少，且须出其最不当意之际。于一切艰难的谈判之中，不可存一蹴而就之想，唯徐而图之，以待瓜熟蒂落。"只有摸清对手的实际情况，才能对症下药，制定相应的策略，使自己处于谈判的主动地位。

(2) 弄清相关的环境因素

影响谈判的客观环境因素包括：政治经济状况、宗教信仰、法律制度、商业制度、商业习惯、社会习俗、财政金融情况、基础设施与后勤供应系统、气候因素等。明确影响谈判的因素，关键在于找出这些因素对某次谈判影响的程度大小，并分清主次关系。确定对谈判有影响的因素，须掌握大量的信息，而获得可靠信息的办法之一，是广泛搜集第一手资料，并独立地作出判断，剔除与谈判无关的因素。

黄金能卖多少钱

穷售货员费尔南多在星期五傍晚抵达一座小镇。他没钱买饭吃，更住不起旅馆，只好到犹太教会找执事，请他介绍一个能在安息日提供食宿的家庭。

执事打开记事簿，查了一下对他说："这个星期五，经过本镇的穷人特别多，每家都排了客人，唯有开金银珠宝店的西梅尔家例外。只是他一向不肯收留客人。""他会接纳我的。"费尔南多十分自信地说。他来到西梅尔家门前，西梅尔一开门,费尔南多就神秘兮兮地把他拉到一旁,从大衣口袋里取出一个拳头大小的沉甸甸的小包,小声问:"拳头大小的黄金能卖多少钱呢?"珠宝店老板眼睛一亮。可是这时已经到了安息日,按照犹太教的规定不能再谈生意了。老板舍不得让这送上门的大交易落入别人手中,便连忙要留费尔南多到他家住宿,到第二天日落后再谈。

于是,在整个安息日,费尔南多受到了盛情的款待。到星期六夜晚,可以做生意时,西梅尔满面笑容地催促费尔南多把"货"拿出来看看。"我哪有什么金子?"费尔南多故作惊讶地说,"我只不过想知道一下,拳头大小的黄金值多少钱而已!"

(资料来源:汪泳编著.犹太智慧枕边书.北京:九州出版社,2006)

> **提示**
>
> 把握好谈判环境及对手的心理,注意谈判对手心理的变化,方能在谈判中无往不胜。

我的看法是

5. 谈判队伍的规模

谈判队伍的合理规模不是绝对的,必须根据具体情况来确定。谈判队伍既可以是一个人,称之为单人谈判,也可以超过一人,称之为小组谈判。单人谈判和小组谈判各有优势与不足,如表3-1所示。

表 3-1 单人谈判和小组谈判的优缺点

谈判类别	优　　点	缺　　点
单人谈判	①避免对方攻击实力较弱的成员 ②避免多人参加谈判时内容不协调 ③谈判者可独自当机立断采取对策	①担负多方面工作,对付多方面问题,可能影响工作效果; ②单独决策,面临决策压力较大 ③无法在维持良好的谈判形象的同时扮演多种角色,谈判策略运用受限制
小组谈判	①集思广益,更多谋划 ②多人参与,有利于掌握谈判主动权 ③弱化对方进攻,减轻己方压力 ④有利于工作衔接	①队伍组建本身有难度 ②小组成员间不便协调

6. 谈判人员的选用

(1) 谈判人员应具备以下条件:第一,品质可靠。谈判者必须忠诚可靠,并能赢得客户的信任。第二,兼具独立工作能力与合作精神。谈判人员要依靠并发掘自身的潜力,独立工作,同时又不放弃合作精神。第三,具有相当的智力与谈话水平。谈判人员要有广泛的知识面、相当程度的记忆力、对公司和客户深入的了解,同时谈吐自如、举止适度。

(2) 谈判不宜选用下列谈判人员：遇事要挟的人、缺乏集体精神的人和身体条件不佳的人。

温暖的转折点

木村事务所想买近郊的一块地皮，可是，董事长与地主谈了很多次，那倔强的老妇人却丝毫不为所动。

一个下雪天，老妇人上街时顺路来到木村事务所。她本意是想见到木村后告诉他："死了买地这条心！"推开门，老妇人自觉穿着肮脏的木屐进去不合适，就在那儿呆呆伫立着。"欢迎光临！"这时一位年轻女职员出现在老妇人面前。她这时没有拖鞋可给老妇人换，就把自己穿的拖鞋脱下来，整齐地摆在老妇人脚前，笑着说："很抱歉，请穿这个好吗？"

女职员不在乎脚底的湿冷，对踌躇不前的老妇人说："别生气，请穿吧！我没什么关系。"为老妇人穿好拖鞋，女职员又问道："老太太，您要找谁呢？"

"谢谢，我要见木村先生。"老妇人说。

"他在楼上，我带您去见他。"女职员像女儿扶母亲那样扶老妇人上楼。

老妇人穿在脚底的拖鞋是温暖的，而更使她感到温暖的是这素不相识的女孩子温暖的心。突然间，老妇人恍然大悟："是啦，人不能只求自己的利益，也该为别人着想呢。"于是她改变了主意，决定把土地售与木村。

(资料来源：雅琴编著.小故事大道理.北京：海潮出版社，2004)

提示

有时一个小小的动作、一句温暖的话，会改变一桩事态的进程。每时每刻以善心对待别人，你定会获得意想不到的回报。

我的看法是

7. 制定谈判策略

制定谈判策略，就是要选择能够达到和实现己方谈判目标的基本途径和方法。制定谈判策略应考虑下列影响因素：双方实力的大小、对方主谈人员的性格特点、双方以往的关系、对方和己方的优势所在、交易本身的重要性、谈判时间限制、是否有建立持久友好关系的必要性等。

8. 谈判的结构设计——以商务谈判为例

为了在复杂的局面中保持头脑清醒，集中精力注意谈判内容，有效把握谈判进程，谈判人员必须清楚地了解谈判的结构。谈判结构是指谈判中所存在的某种客观规律和按规律而形成的方法格式。下面罗列一些商务谈判结构的具体形式，需要注意的是，这些形式并不是一成不变的，它应根据需要作出必要的调整。

(1) 谈判的阶段性结构

谈判的阶段性结构(如图3-3所示)包括：第一，摸底阶段。在谈判前须掌握双方有关情况，如各自的期望、彼此的观点、成交的可能性等。第二，报价阶段。谈判的一方或双方要进行递价或报盘。这主要体现在3个方面，即报价的先后、如何报价和怎样对待对方的报价。第三，磋商阶段。又叫讨价还价阶段。这是整个谈判过程的核心和最重要的环节。第四，成交阶段。谈判双方的期望相当接近时，会产生结束谈判的愿望。该阶段就是双方下决心按磋商达成的最终交易条件成交的阶段。这一阶段的主要目标有：力求尽快达成协议；尽量保证已取得的利益不丧失；争取最后的利益收获，为实现该目标须采取相应的策略。第五，认可阶段。对达成的协议形成书面文件，甚至给予法律上的认可。

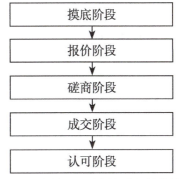

图3-3　谈判过程(谈判的阶段性结构)

(2) 谈判的交锋式结构

谈判的交锋式结构主要有：一是以我为主的谈判方式。双方在交锋过程中，先由我方对某项条款进行陈述，对方如有不同看法，可对此提出反驳和攻击。二是各说各的谈判方式。在双方交锋过程中，一方对某项条款作了陈述，另一方则提出和坚持自己的意见，然后双方在弄清彼此意图后再设法解决分歧。

(3) 谈判人员的精力结构

谈判人员的精力结构一般经历以下3个环节：开始阶段精力充沛；中间阶段波动式下降；最后时刻精力再度复苏。

(4) 谈判的横向与纵向结构

横向谈判的步骤是：把要磋商的条款统统列出来；粗略地磋商每项条款的各个方面；详细磋商每项条款的各个方面。纵向谈判的步骤是：从某一条款开始，明确条款的范围，并深入讨论这个条款；开始第二个条款，并深入磋商得出一致意见；接着是第三个条款，直至所有条款都依次磋商完毕。

两万次收获还是浪费

"我们浪费了太多的时间，"助手对爱迪生说，"我们已经试了两万次了，仍然没有找到可以做白炽灯丝的物质！"

"不！"爱迪生回答说，"我们已获知有两万种不能当白炽灯丝的东西。"

这种"获知"精神使爱迪生终于找到了钨丝，发明了电灯，改写了人类的光明史。

(资料来源：雅琴编著.小故事大道理.北京：海潮出版社，2004)

> **提示**
>
> 聪明的人会从失败中学到教训。失败者则是一再失败，却不能从其中获得任何经验。失败不该成为颓丧、失志的原因，应该让其成为创新的刺激。

我的看法是

四、知识拓展

1. 谈判发展史

谈判有4个历史发展阶段，每个阶段都有各自的特点，如表3-2所示。

表3-2　谈判发展的4个历史阶段

阶　段	名　称	特　点
第一阶段	零和谈判 (Zero and Sum)	不是你赢我输，就是我赢你输，谈判过程非常激烈
第二阶段	双赢谈判 (Win-Win)	对方的存在是自己存在的前提，不提倡一方赢了之后让对方陷入困境。双方采取既合作又竞争的方式，保证彼此都能生存
第三阶段	加值谈判 (Value-Added)	出发点是如何设法去满足对方的条件，设法与对方一起"做大"
第四阶段	竞合谈判 (Intergraded)	加值谈判加上双赢谈判

2. 遵循"双赢"法则

"双赢"是谈判取得成功所应遵循的重要法则。谈判决不能过于急功近利。许多谈判的结果不理想，就是因为谈判者过于固守自身利益而忽略或牺牲了对方的利益，未能理解"双赢"的含义，结果导致谈判失败。具体来说，主要有以下几点原因：第一，理解理论上所说的"双赢"容易，达到现实谈判中的双赢困难，原因就在于谈判双方均寻求利益的最大化。第二，谈判者错把"双赢"当作谈判技巧。"双赢"是谈判遵循的法则，是成功的谈判结果。不是谈判技巧决定双赢的结果，而是谈判者的观念决定双赢。谈判技巧是为人所用的，谈判者树立怎样的观念直接决定了他将采取怎样的谈判策略，并应用相关谈判技巧。第三，谈判者误认为"一方所得，即一方所失"。许多谈判者错误地认为，谈判具有"零和效应"，向对方作出让步就是自己的损失。

不能降价怎么办

买主收到一份报价单：14 750美元，提供10台计算机及相应的软件，还包括送货及安装软件。在研究了几份价格较低的相似的报价后，买主要求把价格降低到12 500美元。对卖主来说，底价是12 875美元，低于这个价就有损失。卖主想：我们能附加什么服务或什么设备，才能增加买主采购的价值呢？如果请买方的5名职员免费参加我们计算机培训课程，那对我们意味着什么呢？我们每周都举办这样的培训班，每个参加者的费用是187.50美元，不过，培训班总有一两个名额是空缺的。如果买方接受这种安排，我们的花费并不增加。这样双方的目的就一致起来。

（资料来源：[美]昂特著.谈判无输家.海口：海南出版社，2001）

 提示

这是《谈判无输家》的作者伊沃·昂特在书中讲的有关"双赢"的一个很典型的例子。它告诉我们，多从"双赢"的角度思考，是谈判成功的诀窍。

我的看法是

思考和训练

1. 搜寻或编制一个谈判案例。
2. 案例分析。

与超市买手谈判的实战技巧

每一个供货商要使产品进入超市，碰到的第一个问题就是跟买手谈判。许多供货商在谈判时，都感觉到自己总是一味地让步，因为买手会依仗超市的巨大影响力和供货商迫切进入超市的心理，不断地给供货商施加压力，迫使其再三让步。这种情况该如何应对？

首先，在进场谈判前，供货商要做大量的准备工作。精心的准备和计划，不但使谈判者能在"知己知彼"的基础上主导整个谈判的进程，而且可以大大减少预料之外的事情发生，从而有助于达成合理的协议。调查的内容包括：①费用情况。超市各种名目的费用很多，一般包括店庆费、节庆费、单品费、年结费、特价扣点费、终端堆码陈列费和场外促销费等。对各项费用的标准及其最低下限，供货商事先要作详细了解，做到心中有数。②结算方式。结算方式有账期、翻单结算、送二结一、抽单结算和铺底等。通常情况下，供货商应尽量缩短账期和减少铺底。③产品在超市的销售价格、销售情况和投入情况。进场前，供货商应对产品在超市的销售和投入情况进行详细的了解，以此来预测自身产品进场后的销量，增加谈判的筹码。当有同类产品被退场时，往往也是供货商产品进场的时机。④对超市的组织结构、买手采购权力的大小和谈判的程序，供货商都应有所了解。⑤供货商应了解超市感兴趣的促销宣传活动和其对新品的要求，以便在做促销宣传计划时，针对该超市做到"量身定做"。⑥了解超市谈判者的情况。这包括他的个人背景、爱好、工作任务以及目前上司和同事对他的评价等。有时候一个很不起眼的内部消息也会影响整个谈判进程。总之，谈判前要通过多种途径向其他供货商打听该超市的销售情况、买手的谈判策略等，如果能获悉其他供货商在谈判中有哪些经验和教训，往往会有意外的收获。

供货商与超市买手进行谈判一般分两个阶段，第一阶段是产品进场事宜，第二阶段是产品进场后的陈列、促销和货款结算等事宜。供货商在和超市买手谈产品进场事宜时，其具体的谈判内容主要包括以下几个方面：①采购产品，如质量、品种、规格和包装等；②采购数量，如采购总量和采购批量(单次采购的最高订量与最低订量)等；③送货，如交货时间、频率、地点、最高与最低送货量、验收方式以及送货产品的保质期等；④陈列，如陈列面积和陈列位置等；⑤促销，如促销保证、促销组织配合和导购员的进场事宜等；⑥价格及价格折扣优惠，如新产品价格折扣、付款折扣、促销折扣、单次订货数量折扣、累计进货数量折扣、年底返利、季节性折扣和提前付款折扣等；⑦付款条件，如付款期限、付款方式等；⑧售后服务，如包换、包退、包修和安装等；⑨各种费用，如进场费、新品费、店庆费、陈列费、节日费、促销费和广告等；⑩退货，如退货条件、时间、地点、方式、数量和费用分摊等；⑪保底销售量，如每月产品的最低销售量、末位淘汰的约定和处理办法等；⑫违约责任、合同变更与解除条件等采购合同的相关事宜。这些情况，供货商应提前了解清楚，做到心中有数。

在进场谈判前，供货商需准备好相关的谈判工具和资料，比如，企业营业执照复印件、企业简介、产品样品、价格表、卫生防疫检测报告、宣传单、售点广告、堆头陈列、促销活动的照片、针对超市撰写的市场推广方案、近期的大型促销活动方案、大众媒体广告投放计划、以前的报纸广告和市场概况分析报告等。这些书面资料可使买手全面了解供货商及其产品，有利于帮助买手树立产品畅销的信心。书面文字、销售数据和图片等生动的演示工具会令供货商的介绍更具说服力，同时也能够展示供货商的营销推广能力，这比口头的"自我赞美"更形象、更能打动买手。

在与买手具体的谈判过程中，有哪些谈判技巧呢？

首先，在谈判中，要让买手感觉供货商是诚心诚意的。供货商对没有把握的事不要轻易承诺，同时，要评估买手对各种情况的熟悉程度，提出的谈判条件要让买手感觉是真实的。比如，由于买手会要求市场最低供货价，而且谈判之前大卖场几乎都做过市场调查，对产品的供货价格都有大致的了解。供货商就需要估计其大致的价位，以此报出适当的供货价，让买手认为这个价位是市场最低供货价。如果报价过高，买手会认为供货商没有诚意。如果供货商在谈判过程中，遇到对谈判不利的情况时，比如言语不合、气氛紧张和条件不一致等，除了要适当调节气氛之外，最重要的是始终保持诚恳的态度。在谈判中，听往往比讲更重要，供货商在谈判时要仔细地倾听对方的意见，坚持多听少说。多听少说可以了解对方的动机，预测对方的行动意向，并以此来制定相应的对策。有的时候，买手的谈话可能很刺耳，即使这样，供货商也要坚持听下去，要从对方的谈话中找出破绽，逐步改变自己的被动局面，从而实现谈判的预定目标。

其次，谈判时供货商要多问假设性的问题。使用假设性问题提问，可以避免让买手觉得你在作具体的承诺。这类问题可以暗示你有进行某些事情的意向，但是却没有承诺要实际去做。通过使用假设性的问题，还可以帮助供货商用较为稳妥的方式来测试买手对这个方案的兴趣，然后根据买手的反应，作出相应的反应。比如："如果我请示公司答应你们把返利提高一个点，你是否能确保马上签合同呢？"有时买手不与供货商谈进场的问题，往往是为了获取更多的好处和利益，这也是买手的一种策略。对于小品牌来说，并不是完全没有进场的机会。对超市来说，大品牌撑门面，小品牌赚利润。对于利润高的小品牌，超市怎会不进呢？

第三，供货商谈判时不要操之过急，特别不要让买手知道你急于进超市。如果把真实想法暴露给买手，买手就会抓住这一点，态度变得很坚决，供货商就会处于极为被动的局面。谈判往往有一个漫长的过程，与买手谈判不要指望一次就谈妥。注意每次谈判所涉及的问题不要太多，但都要确定一些具体问题。

第四，供货商的报价要留有余地。供货商在报价时要留有足够的利润空间，为谈判留下回旋的余地。超市谈判强调最多的就是要求提供市场最低供货价，如果超市发现供货商的供货价比给其他超市的供货价高，就会要求无条件退场，所交的费用一分钱不退，而且有的买手要把这个条款写入合同中去。其实这只是超市谈判的策略而已。如果供货商果真把自己的底牌一开始就亮出来，买手仍会不断要求增加其他费用和返利，这时候供货商就会无路可退。所以，供货商并不见得要报市场最低价，而要根据市场的零售价，报一个合理的价格，让买手即使经过市场调查，也还是认为这可能是市场最低供货价。同时，供货商的态度要坚决，一旦承诺是市场最低供货价，就绝不能在供货价上轻易让步，因为越让步买手越觉得报价有水分。谈判是一个讨价还价的过程，那么，供货商在报价时，就要为讨价还价留下一些空间。在供货价的报价上，供货商既不能欺骗买手，但也不能一点技巧都不讲究，所以需要供货商有高超的谈判技巧，并把握好度。

另外，供货商要注意大卖场的交易条件不能和中小超市差别过大，如果大卖场得到的是低得多的供货价格，就会有足够的降价空间。一旦大卖场凭借这种优惠的供货价格把零售价降下来，整个市场价格体系就会扰乱，而中小超市的零售价格根本无法参与竞争，他们就会拒绝销售该产品。

最后，在谈判陷入僵局前，要适时叫停。如果在谈判中，因为某个环节双方僵持不下，比如进场费双方报价差距太大，任何一方都难以说服对方作出让步，谈判往往就在这个环节卡住，容易进入针锋相对的境地，从而无法顺利进行下去。这时，聪明的办法是供货商在双方对立起来陷入僵局之前，适时地叫停并重新约定下次谈判时间。这样不但可以避免出现僵持的局面，而且可以使双方保持冷静，有足够的时间来调整策略，平心静气地考虑对方的意见，从而达到顺利解决问题的目的。对于陷入僵局的谈判双方来讲，在再次谈判前的这一段时间是十分宝贵的。一方面要保持联络，强调双方已达成的一致，另一方面要调整各自的方案，再提供配套，让对方选择或者在次要问题上考虑适当的让步，以使后续谈判顺利进行。

问题：你对该案例有什么看法？

每日练习

星期一

1. 我所理解的"谈判"是：

2. 找一个自己喜欢的话题，并顺着话题和好友聊上20句：

3. 当在谈判中处于被动的时候，应该讲些什么来改变这种状态？

4. 编写一个简单的谈判对话，它们是：

星期二

1. 举一个争吵事件，说说争吵与谈判的区别：

2. 怎样的谈判才能反映坚强的意志力？

3. 谈判者的飘忽眼神经常反映着他们以下的心理特点：

星期三

1. 当他人不赞成你的看法时，你将用怎样的谈判方式去解决？ _____
_____

2. 我认为谈判的诀窍在于： _____
_____

3. 如果你是某房地产公司的代表，要和合作方洽谈一块地皮的买卖，让你在单人谈判和小组谈判两种形式中选择，你会选择哪一种？简述其理由： _____
_____

星期四

1. 当你竞聘人事部经理时，你推销自己的主要内容有哪些？说明理由： _____
_____

2. 试着围绕他人感兴趣的话题连续谈上10句话，它们是： _____
_____

3. 假如你是某谈判小组的队长，要使你的小组成员在商务谈判中配合默契，应该注意什么？谈谈理由： _____
_____

4. 谈判陷入僵局时，讲讲哪些话容易扭转局面，如： _____
_____

星期五

1. 谈判和争吵两者之间的相似点是： _____
_____

2. 在谈判中如何使自己保持耐心？ _____
_____

3. 谈判中急于求成的心态有什么坏处？ _____
_____

4. 举一个能体现谈判艺术的例子，你认为它好在：

星期六

1. 回想他人曾经反对你做的一件事，说说你最后是怎样说服了他们的？

2. 你在围绕他人感兴趣的话题进行交流时，遇到过什么问题？你是怎样解决的？

3. 你觉得在谈判过程中应先考虑对方利益还是己方利益，这样做的目的在于：

4. 在准备谈判对话的过程中，遇到的困难主要有哪些？怎样克服？

星期日

1. 围绕他人感兴趣的话题进行交流时，能让你快速进入话题的方法有：

2. 在谈判过程陷入僵局时，你会对以下层次的目标采取何种态度？
必须达成的目标上

可以接受的目标上

乐于达成的目标上

3. 谈谈最近的一次谈判，是否达到了预期的目标？有何体会？

社交活动

一、教学目标

终极目标： 提升社交活动能力，在管理工作中顺利地开展社交活动。

促成目标： 1. 理解社交活动的分类，养成喜欢"融入社会"的习惯；

2. 通过训练，顺利地进行正常的社交活动。

二、能力训练

活动一　相互认识一下

道具：空白的姓名标签。

活动目的：通过简单的练习，帮助学员更容易地与人交流和相互认识。

活动程序：在团体第一次集会时，学员每人领一个空白的姓名标签，填写下面两项内容并公标：1. 我的名字是＿＿＿。2. 我有一个关于＿＿＿的问题。两分钟的思考后，所有学员聚在一起，并尽可能多地回答："我可以回答一个关于＿＿＿的问题。"通过相互交流问题与分享答案，每个人与尽可能多的人打交道。

> **提示**
>
> 相互提问是加快人与人之间熟悉进程的一项非常有效的方法。在陌生人之间或筹建团队之初，这一方法尤其有效。

你认为你和你的团队成员已经认识了吗？＿＿＿＿＿＿＿＿＿＿＿＿＿＿＿

＿＿＿＿＿＿＿＿＿＿＿＿＿＿＿＿＿＿＿＿＿＿＿＿＿＿＿＿＿＿＿＿＿

活动二　初次见面

时间：20分钟。

道具：姓名牌。

活动目的：通过简单的练习，提升学员的社交能力。

活动程序：1. 每位成员在进入培训室之前，先在名册上核对一下自己的姓名，然后领一个别人的姓名牌。

2. 在3分钟之内找到手上姓名牌的主人，向对方作自我介绍。

> 🔍 **提示**
>
> 寻找人并大方地向对方作自我介绍，是社交能力的基本训练方法。

当你在寻找姓名牌的主人时，是不是也同时认识了很多其他人？＿＿＿＿＿

＿＿＿＿＿＿＿＿＿＿＿＿＿＿＿＿＿＿＿＿＿＿＿＿＿＿＿＿＿＿＿＿＿＿＿＿＿

通过这个活动，你是不是感觉到与大家的距离近了许多？＿＿＿＿＿＿＿

＿＿＿＿＿＿＿＿＿＿＿＿＿＿＿＿＿＿＿＿＿＿＿＿＿＿＿＿＿＿＿＿＿＿＿＿＿

活动三　婚宴上的宾客

时间：20分钟。

道具：婚礼请柬。

活动目的：通过简单的练习，提高学员的社交应变能力。

活动程序：1. 将婚礼请柬发给学员，确保每个角色都有人扮演。

2. 学员在卡片上写上自己的姓名和将要送给新郎、新娘的礼物，可以是最古怪的或者最俗气的，但一定要符合他所扮演的角色的身份。可以选择在婚礼的任何时候将礼物交给培训师指定的新郎、新娘。

3. 婚礼开始。学员可以随意走动、聊天，其间要想方设法按照请柬上的角色表达情感。

4. 10分钟后活动结束。学员分别描述其所扮演的角色和所送的礼物，以及所用的表达情感的方式。选出最具创意的学员。

> 🔍 **提示**
>
> 在日常生活中我们是怎样对待不同情感的，掩饰还是释放？哪一种更容易些？如果你选择释放，应该怎样表达？

我的反应是＿＿＿＿＿＿＿＿＿＿＿＿＿＿＿＿＿＿＿＿＿＿＿＿＿＿＿＿

处于不同的情感支配下的人是否会有不同的表现？＿＿＿＿＿＿＿＿＿

＿＿＿＿＿＿＿＿＿＿＿＿＿＿＿＿＿＿＿＿＿＿＿＿＿＿＿＿＿＿＿＿＿＿＿＿＿

三、理论知识

一个家教独特的父亲

刘墉是一位台湾地区的作家。在儿子刘轩小的时候，刘墉经常带他去看电影。让刘轩感到最发怵的是，在去电影院的路上，刘墉总爱让儿子问警察、路人、卖爆米花的"现在几点了"。每当听到老爸的"吩咐"，"我就紧张，舌头直打结"。刘轩不明白，父亲为什么总是忘带表，折腾他，捉弄他。刘墉笑笑说，我是要训练你放得开。如果口都开不了，怎么与人打交道，怎么能成功？儿子恍然大悟。此后，他逐步养成"融入社会"的习惯。

刘轩"讨厌"爸爸的另一件事是从小时候起，爸爸就爱与他"比"，比丢飞盘，比投球，比三级跳远。每次老爸都当仁不让，儿子十有九输。输了不许生气，不许撒娇，不许哭。还得立正向老爸敬礼，高喊："您是真功夫！"刘轩开始不了解父亲的醉翁之意，后来慢慢明白，他是希望儿子从小养成胜不骄、败不馁，永不服输的精神。

刘轩留学毕业后，以为在选择志愿、就业地点和婚恋情感诸方面，老爸会"横加干涉"。没想到，刘墉压根儿不问不管。"你翅膀硬了，可以放飞了。"刘轩感受到"天高任鸟飞，海阔凭鱼跃"的自由。他说："21年来，我讨厌他的严加管束。21年后，我感谢他的宽宏大量。我该起飞了，却莫名其妙地有点舍不得。"

> **提示**
> 社交活动的培养应从生活中的一点一滴开始。

我认为＿＿＿＿＿＿＿＿＿＿＿＿＿＿＿＿＿＿＿＿＿＿＿＿＿＿＿＿＿＿＿＿＿＿＿＿＿＿＿

1. 什么是社交

社会交往，又称社会互动，是人们通过各种方式而进行的人际、群际、区际及国际之间的相互沟通、相互作用和相互了解，从而在政治、经济、文化及心理等方面产生相互影响的过程。

宽容得福

一个老妇人在她金婚纪念日那天，向来宾道出了她保持婚姻幸福的秘诀。她说："从我结婚那天起，就列出丈夫的10条缺点，我向自己承诺，每当他犯了这10条错误中的任何一项时，我都愿意原谅他。"有人问她，10条缺点到底是什么？她回答说："老实说吧，50年来，我始终没有把这10条缺点具体地列出来。每当我丈夫做错了事，让我气得直跺脚时，我马上提醒自己，算他运气好，他犯的是我可以原谅的10条错误中之一。"这位老妇人保持婚姻幸福的秘诀不是别的，正是宽容！

> **提示**
> 人们对社交有着不同的解释。故事中的老妇人认为宽容才是与人交际的真谛。

我的社交观是＿＿＿＿＿＿＿＿＿＿＿＿＿＿＿＿＿＿＿＿＿＿＿＿＿＿＿＿＿＿＿＿＿

社会交往是为了满足人们各种不同需求而进行的社会性活动。它的功能表现在：对

项目三 社会关系管理能力的训练

个人来说，它有自我满足的功能、自我认识的功能和全面地自我实现的功能；对社会来说，它使人们结成各种社会关系及群体，从而形成一个庞大的社会，促进社会的繁荣与发展。

2. 社交的目的

人们从事社交活动主要有以下4个目的。

(1) 共享信息资源

人们从事社交活动往往是为了获取信息资源，没有信息资源则会使人倍感孤独。

(2) 增进感情

人是社会性动物，是有感情的动物。人一旦遭遇感情上的饥饿便会烦躁不安。增进感情，是社交活动的基本需要。

细节见真情

有个中年人买了一套房子，隔壁邻居是个老太太。为了表示友好，他对老太太很客气，每天看见她总要朝她微笑，对她招手，可老太太的神情总是霜一般的清冷。

春天到了，家园前的草坪里露出了红红绿绿的生机。一天，中年人回家时，不忍心践踏那片草坪，便绕了点路。没想到刚上楼，老太太微笑着迎了上来，一番话让中年人颇感意外："我整个冬天都在想，也有点担心，新来的邻居是个什么样的人？"顿了一下，老太太又说："当你刚才绕过那片草坪时，我算了解了你，也知道我没什么好担心的了。"

🔍 提示

生活就是这样，刻意为之未必能够缩短彼此的距离，而偶尔发生的一个"细节"、一个举动，却会在人与人之间架起美丽的心灵桥梁。

我认为

(3) 建立关系和充实人生阅历

通过社交活动，可以达到丰富社交关系的目的。此外，与人交往、充实人生阅历也是社交的重要目的之一。

(4) 丰富人性情感

丰富的人性情感是高质量生活的需要。相反，冷漠则是地狱的代名词。

冷漠的距离

美国心理学家为从动物实验中了解具备关爱的人类行为线索，给幼猴设计了5种人造母猴，然后观察"母亲"的拒绝会在幼猴的身上引起怎样的反应：第一种偶尔用压缩空气吹幼猴；第二种会猛烈晃动，致使幼猴无法爬到母亲身上；第三种装有弹簧，能将幼猴弹开；第四种"母亲"的身上布满了铁钉。这4种"母亲"都未能将幼猴从它们的身边赶开，唯独灌有冰水的"母猴"使幼猴躲在墙角，并永久地拒绝了母亲。

(资料来源：芳华.冷漠的距离.中考金刊，2010(1))

> **提示**
> 很多人认为是自己的优秀拉开了同他人的距离，其实冷漠才是造成自己孤独的原因。

我认为＿＿＿＿＿＿＿＿＿＿＿＿＿＿＿＿＿＿＿＿＿＿＿＿＿＿＿

3. 社交活动的形式

社交活动有多种形式，如打电话、聚会、送礼等。如何进行社交活动，是管理者需要认真学习的重要课程。

(1) 打电话

电话是现代人越来越常用的一种交流工具。因此，了解一下打电话的礼貌要求是有必要的。打电话的基本原则是简明扼要，因此，在打重要的电话之前，不妨作些必要的准备。例如，要讲的事情预先按顺序写在纸上，提醒自己；接通电话后，要用适当的礼节性用语与对方打招呼；如果是对方办公室里其他人接的电话，你想请他转告，则应该先报出自己的姓名，然后再讲清楚有关事宜；如果想挂断电话，可以用惯用的托词婉言拒之，例如"有事""正在忙着"等；如果受话人确实很忙，又想与之接洽，可以请对方过些时候再打，或者等受话人打去电话；如果在讲话过程中突然断线，打电话的人应该再打一次。

年轻天使的疑惑

两个天使到一个富户家借宿。这家人只是在地下室给他们找了一个角落。当他们铺床时，老天使发现墙上有一个洞，就顺手把它修补好了。

第二晚，两个人又到了一个贫穷的农家借宿。主人夫妇俩让出自己的床铺给他们。第二天一早，两个天使发现夫妇俩正在哭泣，他们的一头奶牛死了。年轻的天使非常愤怒地质问老天使：第一个家庭什么都有，老天使还帮助他们修补墙洞，第二个家庭尽管如此贫穷还是热情款待客人，而老天使却没有阻止奶牛的死亡。

"有些事并不像它看上去那样，"老天使答道，"当我们在地下室过夜时，我从墙洞看到墙里面堆满了金块，所以我把墙洞填上了。昨晚，死亡之神来唤农夫的妻子，所以我让奶牛代替了她。"

(资料来源：雅琴编著.小故事大道理.北京：海潮出版社，2004)

> **提示**
> 有些时候事情的表面并不是它实际应该的样子。只要你没有抓住事物真实的一面，就不要轻易下结论，也不要被事物的表面现象所欺骗、迷惑。

我的看法是_____
_____

(2) 聚会

聚会是现代社会交往中很常见的一种形式。对于学习管理的人来说，这种社交活动是演练的好机会。为了能够在各种类型的聚会中得心应手，需要注意一些基本的礼节。

① 舞会。参加交谊舞会，要注意仪表举止，这是对主人的尊重。在邀请别人时，要大方真诚，在舞曲终了后，应向舞伴致谢。谢绝别人的邀请，应委婉一些。跳舞时，应把握好分寸，不要引起他人的反感。

② 庆祝会。参加这种性质的聚会须把握住"喜庆"原则，不能过于拘谨、古板或严肃。但在一些正式的庆祝会上，参与者应注意其中的礼节。例如在给老人祝寿时，做晚辈的应注意言谈举止，在选择座次时应听从主人的安排，不要"先入为主"。在选择买什么礼品时，也要考虑庆祝会的特点。

③ 其他聚会。除了舞会、庆祝会的聚会形式外还有其他形式的聚会，如茶话会、纪念会等，同样要求参与者举止得体，切忌喧宾夺主、哗众取宠、忘乎所以。

(3) 送礼

在一些正式交往中，送礼或者不送礼以及送什么礼是有一定讲究的。初次见面，可以不送礼。有许多人在一起时，尽量不要单独给其中一个人送礼。此外，要注意礼尚往来，在回礼时，不要选用比别人送给自己的礼品贵重许多的礼品。一般来说，赠送礼品，要注意以下几点：送礼时切忌偷偷摸摸，应当落落大方；所送礼品要尽量"投其所好"，根据受礼人的情况，选送相应的物品；轻易不要送贵重礼品；要选择适当的送礼时机；所送礼品最好要有包装，注意不要让礼物留有价格标记或标签。送花已越来越成为人们接受的一种送礼方式，但应注意，在不同的文化背景下，鲜花有不同的象征意义。

外交用语

2000年10月，我国一位知名教授赴洛杉矶访问。时值美国总统大选，刚下飞机，记者就过来采访他："请问×教授，你认为美国总统大选谁会获胜？"当时是官方活动，不能信口开河，这时，就应该使用外交辞令了。"首先，我要感谢各位记者对我们的关注。此外，我相信美国人民是受过良好教育的人民，是强调独立自主的人民，所以这次美国总统大选，美国人民一定会作出符合自己意愿的选择，而且我相信不管谁当选美国总统都会促进中美关系的可持续发展。谢谢，我的话完了。"这样的回答，无论最后谁当选，这位教授都不会落入尴尬的境地。

🔍 提示

社交活动并不需要把一切都说得明明白白，有时，必要的不着边际的话语也是社交的重要手段。

你认为外交用语的适用范围是_____

4. 社交的类别

社交按不同的角度，有不同的分类法：按哲学角度，分为物质交往和精神交往；按社会交往是否有中介，分为直接交往和间接交往；按交往双方的社会身份，分为角色交往和非角色交往；按社交的向度，分为横向交往和纵向交往；按社交的领域，分为经济交往、政治交往和文化交往；按社交的公开性，分为公开交往和隐蔽交往；按交往的后果，分为良性交往和不良交往；按社交的要素，从静态角度看，包括交往主体、交往手段和交往对象，从动态角度看，包括交往起点、交往程序(过程)、交往结果；按规范遵从情况，分为正常交往和异常交往等。

5. 社交中最常见的问题——社交恐惧症

(1) 什么是社交恐惧症

社交恐惧症是以焦虑、自闭为主要特性的综合心理障碍。其主要表现为：自我封闭，害怕社交；因社交欲望得不到满足，由此产生焦虑、孤独；不敢面对挫折，因而逃避现实，觉得只有躲在没人的地方才安全。

社交恐惧症有多种具体的表现，如赤颜恐怖，见人时害怕，脸红；表情恐怖，见人时表情不自然，表情异样；视线恐怖，与人对视时紧张异常；色目恐怖，见人时自己会产生强迫思维及行为，控制不住地想去注视异性敏感区；姿态恐怖，在人前行走时，怕自己姿态不好引人嘲笑和轻视等。

在美国的心理障碍疾病患者中，患社交恐惧症的人数仅次于抑郁症、酗酒而名列第三。在我国，社交恐惧症的患者也在激增，且有低龄化发展的趋势。有些心理治疗中心所接受的心理疾病患者中，社交恐惧症占了三分之一。

烦恼的消除机理

有一个心理学家作了一个很有意思的实验：要求一群实验者在周日晚上把未来7天会烦恼的事情都写下来，然后投入一个"烦恼箱"。第二周的星期日，在实验者面前打开这个箱，与成员逐一核对每项"烦恼"，结果发现其中90%的担忧并没有真正发生。接着，他又要求大家把那些真正发生的10%的"烦恼"重新丢入纸箱中，等过两周再来寻找解决之道。结果到了那一天，他开箱后，发现那些剩下的10%的烦恼大都已经不再存在，因为实验者认为自己已有能力应付了。

写下、交流、搁置是消除烦恼的最佳良药。

(资料来源：雅琴编著.小故事大道理.北京：海潮出版社，2004)

提示

与其在自找的忧虑和烦恼的迷宫遭受折磨，还不如为自己找一个简单的烦恼箱，通过烦恼箱的作用消除自己和他人的烦恼。

我的看法是 _____

(2) 社交恐惧症的分类

社交恐惧症可以分为两大类：一类称为"一般社交恐惧症"，即无论处在何种社交场合，都害怕被人注意，害怕被介绍给陌生人，甚至害怕在公共场所进餐、喝饮料。另一类是"特殊社交恐惧症"，即对某些特殊的情境或场合恐惧，如害怕当众发言等。

(3) 易患社交恐惧症的人群类别

易患社交恐惧症的人群主要有：一是性格内向或情绪不稳定者。他们不喜欢接触人或情绪不稳定，易焦虑，强烈的情绪反应会影响正常的适应。二是完美主义者。他们希望自己在各个方面都表现得完美无缺，但反复的自我挫败会导致见人就紧张的心理反应。三是缺乏自信者。他们往往对自己的社交技巧和能力认识不足。四是感觉过敏者。他们感到别人看出了自己的紧张、不自然，并因此更加害怕。对于这几类人，认识并修正自己观念中的不合理因素，宽容地接纳自己，可以改善在社交场合的表现。

(4) 克服社交恐惧的方法

克服社交恐惧的方法有以下几种。

① 适当的自我放松。可以做一些克服羞怯的运动，如将两脚平稳站立，轻轻地把脚跟提起，坚持几秒钟后放下，每次反复30下，每天做2～3次；或者强迫自己做数次深长而有节奏的呼吸，这样可以消除心神不定。

② 让手里有事情做。在正式或非正式聚会场合，开始时不妨手里握住一样东西，一本书、一块手帕或其他小东西，这对于害羞的人来说，会感到很舒服，还能获得一种安全感。台湾名主播蔡康永在做节目时手里就老拿着一支笔，他说："我观察过非常多的人，结果是很多人没拿东西的时候，手就会没有地方放，那时我就真想递一支笔给他。"

③ 平时小试牛刀。练习专心看着别人的眼睛说话，开始时可能会感觉比较尴尬，但可以给自己一些心理暗示，如为什么不能大胆而自信地看着他呢？或者当成一场自己的小活动：我就这么盯着他看，看他能怎么着！

④ 话题的预备与操练。有时，社交场合的手足无措是因为担心自己没有合适的话题。平时可以多注意报纸杂志上的热门事情，积累一些话题，有了料，何愁炒不出菜来？

⑤ 关注事情本身，而不是你的个人表现。当需要做当众演讲等事情时，将注意力从自己的表现转移到如何能够完成这件事情上来。要知道，大家关心的是事情本身，而不是你本人，除非你是大明星。所以，你只要把需要讲的内容清清楚楚地表达出来就行，这样恐惧的心理就会被转移。

直来直去地说话

通过电视看美国总统大选，对英文不好的人来说是最佳的入门听力训练。这是因为，演讲人讲的话全是最简单的英语，平白浅显、速度慢、吐字清晰。按说，美国人才济济，能够进入最后一轮竞争的，应该是社会精英中的精英。可是听总统候选人的讲话，实在是简单得很。比如克林顿，在一次公共集会上这样演说："我们的国家要向前走，不能倒退。就像我们手中的录像机的遥控器，我们要摁前进的键、快进的键，而不是倒带的键！"

待的时间久了，才渐渐明白了其中的奥秘。美国虽然名为民主，实际上还是精英治国。这一点，看看近20年总统的文凭就明白了。不过，精英治国和草根民主之间却必须有个接合点。其中最重要的就是精英政治家能够用最粗浅、最简单的话和最"没水平"的小民百姓对话。不管你的思想有多么高深，你必须能够用最生动、最平白的话向哪怕是大字不识的人表达得清清楚楚。所以，美国的各路精英上电视，几分钟时间，就把自己的立场解释得清清楚楚，一个术语也没有。

布什就是一个例子。论出身，他是所谓"含着金勺子出生"的特权阶层。然而，他不知道从哪里学来了一口德州的土腔，在竞选时，甚至不愿提他在耶鲁受过教育。有人称他就像加油站修车的憨厚的伙计。欧洲人嘲笑这位德州土老帽儿的无知，殊不知，这是他在美国政治中成功的最大秘诀。在选民看来，他是大家的一分子，笨头笨脑没有坏心眼，很值得信任。

(资料来源：薛涌著.直话直说的政治.桂林：广西师范大学出版，2004)

> **提示**
>
> 直来直去地说话能给人亲近的感觉。但是，中国几千年的历史为我们留下了精英主义的文化传统。人们写文章、说话常常不是用浅显通俗的词汇把观点讲清楚，而是用一些老百姓听不懂的语言折腾读者和听众。这样做的目的，无非就是要确立自己的身份，表示自己比别人高明。这是一个需要防范的倾向。

你喜欢直来直去地说话吗？

四、知识拓展

1. 社交禁忌

在社交场合，有许多礼仪、习俗是需要特别注意的，其中一些近乎于禁忌，最好不要触犯，否则会被认为不懂礼貌，有时甚至会导致关系破裂。在国际商业交往中，下面一些禁忌尤其需要注意：其一，选用或选送某种物品、图案的忌讳。例如，法国人视核桃花为不祥之物。其二，颜色的忌讳。在欧美国家，尽量少用黑色。其三，交往的忌讳。与欧美人打交道时，不要涉及私人性质的问题。其四，数字的忌讳。比如，西方人把"13"视为不吉利的数字。

2. 社交测试

美国著名企业家卡耐基曾指出：一个人事业的成功，只有15%是由他的专业技术决定的，另外的85%则要靠人际关系。你是否善于交际呢？请回答下面的问题。

(1) 一位朋友邀请你参加他的生日聚会。可是，任何一个来宾你都不认识，那么：

　　A. 你借故拒绝，告诉他说："那天已经有别的朋友邀请过我了"

　　B. 你愿意早去一会儿帮助他筹备生日

　　C. 你非常乐意去认识他们

(2) 在街上，一个陌生人向你询问到火车站的路径。这条路，你不很熟悉，很难解释，况且你还有急事，那么：

　　A. 你让他去向远处的一个警察打听

　　B. 你尽自己所知道的告诉他

　　C. 你实话实说不认识这条路

(3) 表弟到你家来，你已经有两个月没有见到他了。可是，这天晚上，电视上有一部非常精彩的电影：

　　A. 你让电视开着，与表弟谈论

　　B. 你说服表弟与你一块看电视

　　C. 你关上电视，让表弟看你假期拍的照片

(4) 你父亲给你寄钱来了：

　　A. 你把钱搁在一边

　　B. 你买一些东西，如油画、一盏漂亮的灯，装饰一下自己的卧室

　　C. 你和朋友们小宴一顿

(5) 你的邻居要去看电影，请你照看一下他们的孩子。孩子醒后哭了起来，那么：

　　A. 你关上卧室的门，到餐厅去看书，任由他哭，你想他终究会停下来的

　　B. 你看看孩子是否需要什么东西，哄他不要哭

　　C. 你把孩子抱在怀里，哼着歌曲让他继续入睡

(6) 如果你有闲暇，你喜欢：

　　A. 呆在卧室里听音乐

　　B. 到商店里买东西

　　C. 与朋友一起看电影，并与他们讨论

(7) 当你周围有同事生病住医院时，你常常是：
    A. 有空就去探望，没有空就不去了
    B. 只探望同你关系密切者
    C. 主动探望

(8) 在选择朋友时，你发现：
    A. 你只同与自己趣味相投的人友好相处
    B. 与兴趣、爱好不相同的人偶尔也能谈谈
    C. 你几乎能同任何人合得来

(9) 如果有人请你去玩或在聚会上唱歌，你往往：
    A. 断然回绝
    B. 找个借口推辞掉
    C. 饶有趣味地欣然应邀

(10) 对于他人对你的依赖，你的感觉：
    A. 避而远之，因为你不喜欢结交依赖性强的朋友
    B. 一般来说，不介意，但希望朋友们能有一定的独立性
    C. 很好，喜欢被人依赖

说明：选A得1分，选B得2分，选C得3分。

分数为26～30分：你非常善于交际，你的伙伴们非常爱你，你总是面带笑容，为别人考虑的比为自己考虑的要多，朋友们为有你这样一位朋友而感到幸运。

分数为16～25分：你不喜欢独自一个人呆着，你需要朋友围在身边。你非常喜欢帮忙——如果这不花费你太多精力的话。

分数为15分以下：注意，你置身于众人之外，仅仅为自己而活着。你是一个利己主义者。为什么你的朋友这样少？请找一找原因，从你的贝壳中走出来吧。

思考和训练

1. 总结一下自己喜欢或不喜欢社交的原因。
2. 在你的社交圈子里，谁最活跃？尽量从欣赏的角度去总结他的优势并向他学习。

每日练习

星期一

1. 如果你是一名导游,你觉得拉近与游客间距离的最好方法是:

2. 你认为什么是社交?

3. 写出两个对你建立人缘有帮助的习惯细节:

4. 假如你刚进一家公司,思考几个能让他人快速认识你的方法:

星期二

1. 你常用哪几种形式与人交往?它们的优势分别体现在:

2. 分析你与某人有隔阂的原因:

3. 谈谈你的某个好友,你和他能建立好友关系的关键在于:

星期三

1. "直来直去地说话"在你人际交往中的优势与劣势分别是:

2. 找一个朋友比较少的人,分析原因,试想你有何建议能让他拥有更多的朋友?

3. 你如何看待生日举行聚会的意义？

星期四

1. 讲某个和你关系一般的朋友的3个优点：

2. 如果你对所聊的话题不感兴趣，怎样才能不让对方意识到你的这种心态？

星期五

1. 讲三句与陌生人开始构建关系的话：

2. 假如这个月你的父母给你多寄了200元钱，该如何用到交际上去？

3. 有人请你参加他的生日聚会，可你不认识其他来宾，该如何让自己适应环境？

4. 在闲暇时间里，你能否开展一些对社交有意义的事，如：

星期六

1. 给他人帮忙后，你期待对方有什么反应？为什么？

2. 你不喜欢的人请你参加他的聚会，无法拒绝，你应以何种心态应对？

3. 朋友去聚餐，把你当做替补者，谈谈你的感受：

4. 假如你的同事总是喜欢使唤你，要你无代价地帮助他们做杂事，你应该如何处理，才能既不得罪同事又能让自己摆脱困境？

星期日

1. 写出3句能改善与你有矛盾的人之间关系的话：

2. 分析在你的社交圈子里最受欢迎的人的做事风格：

3. 如果有人请你去玩，而你没空，你通常的反应是什么？为什么？

4. 如何安排周末才能扩大自己的交际圈？

接受管理

一、教学目标

终极目标：掌握接受管理的能力并养成接受管理的习惯。
促成目标：1. 理解接受在管理中的重要性；
2. 掌握一定的接受管理能力。

二、能力训练

活动一　　　　红黄牌

时间：10分钟。
道具：红牌、黄牌。
活动目的：训练对他人观点的接受、辨别和反应能力。
活动程序：1. 任意指定一名学员为主持人。
2. 规则由主持人临时决定，如主持人要求举红牌时其他人举两次黄牌，主持者要求举黄牌时其他人举一次红牌。
3. 举牌错者扣分，分多者胜。

🔍 **提示**

这是一个训练对他人观点的接受、辨别和反应能力的活动。人们必须首先学会服从，同时明确是服从主持人还是服从制度。根据情况，可以把规则变得复杂些。

在接受他人规则时，你的反应能力如何？_____

活动二　　　　带眼罩行走

时间：不限。
道具：眼罩。
人数：不限，2人一组。
活动目的：培养服从及默契。
活动程序：1. 一人带眼罩行走，另一人牵其手，可用语言提示。

2. 一人带眼罩行走，另一人在其左右，但不能有身体接触，只能用语言提示。

3. 一人带眼罩行走，另一人与其保持适当的距离，只能用语言提示。

提示

听话反映了你对他人信任的能力，对他人的接受意愿。听话是人的一个重要能力，更是管理者的一门必修课。

我认为

三、理论知识

人们喜欢接受什么

城市的郊区有一座水库，每个夏天都吸引来一大批游泳爱好者前去游泳。而水库是城市自来水厂的重要取水源，为了保持水源的清洁卫生，自来水厂在库区竖了许多"禁止游泳"的牌子，但效果并不理想，人们照游不误。

后来自来水厂换了所有的禁止类的话语，牌子上改写为："您家用的水来自这里，为了您和家人的健康，请保持清洁卫生。"结果，库区中的游泳者就鲜见了。

(资料来源：流沙.顺性而为.新疆妇女杂志，2005(01))

提示

人因为私心，所以有些时候并不能自觉地接受社会的合理要求。我们要做的就是在合理的情况下如何让人们接受管理。

你喜欢接受什么样的劝告用语？

1. 接受管理能力的含义

根据三维管理理论，换个角度看管理者，他同时也是被管理者。他需要接受组织制度的约束，接受组织内级别更高的管理者的管理，接受掌握着技术、社会关系、团队等资源的更有话语权的部下的指使。即使是组织外部——被人称之为环境的东西，也普遍存在着强烈的"主观性"内容，这些"主观性"内容会要求他人接受自己的管理意志。为此，接受管理成为关系管理的一部分，接受管理能力成为管理能力训练的一个重要方面。

换"婆婆"的好处

大连电线厂、大连家电六厂等5家企业，均属大连市地方国营企业。由于内部原因和外部条件的限制，5家企业，4家亏损，1家微利。就在这些企业空耗、闲置的时候，5家企业所在的大连市西岗区和中山区却急需场地、厂房、技术人员发展区街工业。于是，在大连市体改委的协调下，将这5户企业划转隶属关系，由市管变成了区管。主管部门这个"婆婆"一换，带来了意想不到的结果。短短几个月，4家亏损企业全部扭亏为盈，一家微利企业也有了新发展。

换一个"婆婆"为何产生如此活力？5家企业的厂长们归结为4条：一是政策灵活了。企业的事情，一律由企业作主，区里不干扰。二是地位重要了。这5个企业都是两三百人的小厂，过去在市里不显眼，得不到重视，而现在区政府却视其为重点骨干企业，大力扶持，千方百计搞活。三是靠山搬走了。国营帽子摘了，靠山也就没了，逼着企业不得不想尽办法下"海"，到市场上去找生路。四是有了调控手段。到了区里，区里的综合部门纷纷上门服务，使这些企业的外部经营条件得到了改善。

(资料来源：谢敏，盛立先，吴荣新著.W理论：关于组织外部来的管理、受外管理及对外管理的叙述.北京：光明日报出版社，1993)

> **提示**
>
> 5家长期亏损或微利的企业，没换厂长，没换产品，只换了上级主管部门这个"婆婆"，企业便迅速重现生机。显然，外部来的管理之变动在影响着内部管理意志的贯彻。外部条件的改变，对接受者来说，通常是巨大的挑战，同时也未尝不是重大的机会。

我认为 _____

2. 接受管理能力的要点

(1) 调整心态、放弃自主

因为是接受，所以必须调整角色。调整角色的关键就是调整心态。管理者总是习惯于管理者的心态，但是从接受意义上来说，他就不能再用管理者的心态去对待管理他的人。接受管理一个最重要的内容，就是不要再把管理活动看成是自己主导的活动，放弃自主，乐于接受"他主"。

(2) 认清意志、辨识来源

接受管理必须认清管理意志是什么？来自何方？有什么特点？不了解管理意志，不辨识其来源和特点，则一切都是盲目接受。盲目接受是接受管理的大忌，对于身居高位的管理者来说尤其如此。这是因为，管理者本身负有带领他人一起工作的要责，他的盲目会使整个团队失去方向。

(3) 甘当配角、习惯服从

服从的习惯本来应该是被管理者所具有的，但是，如果管理者处在接受态，那么他也应该学会服从。没有服从，就不能做好接受管理的工作。由于管理意志来源很多，而且几乎无时不在，所以不但要有服从的意识，而且应该养成服从的习惯。要学会并习惯于当配角。

(4) 学会赞赏、戒除腼腆

大胆接受是接受管理的要点之一。因害怕影响自己的权威而轻易不敢接受他人的管理和管理意志，是非常不明智的。在接受的过程中应该由衷地表示赏识，这是接受管理最重要的心理准备。

3. 接受管理的原则

既然人们不可避免地需要频繁地接受他人管理，就应该把接受管理作为一种能力来加以训练，并遵循必要的原则。

(1) 接受的主动原则

对于接受管理的利弊分析到位以后，认定利大于弊，便应考虑主动接受。主动接受就是接受者对他人管理的主动迎合，有利于弱化他人管理的强势，或者说，容易使自己处在与他方管理者相对均衡的地位。

(2) 接受的自尊原则

接受管理时需要维持接受者的自尊，这是对接受者地位完整性的保护，也是对正常接受关系的保护。如果接受者不能维持接受的自尊，则一定会形成他方管理者对你的轻视，起码无法引起对方对你的重视。在这种情况下，维系正常接受关系也是困难的。世界石油大王哈默成功的例子有力地支持了这个观点。

接受的自尊

80多年前，美国加利福尼亚州的沃尔逊小镇，涌来了一群饥饿的难民。当镇长杰克逊先生发送食品时，许多难民拿到分得的食物吞嚼起来，有一个年轻人却例外。他对镇长说："镇长，您送给我这么多好吃的，我能为您做些什么吗？"

杰克逊笑了："我给你们食物，并不是寻求什么回报，我只不过给你们提供一些帮助而已，并不需要你们做什么。"那位年轻人听了，并没有领情："如果没有活儿给我做的话，我不会接受您的食物。真的，我总得为您做点什么呀！"

杰克逊觉得这位年轻人很不一般。可是，又确实没有什么好让他做的。于是，杰克逊只好蹲下来，让年轻人给他捶背。后来，年轻人被留了下来，杰克逊镇长把女儿也嫁给了他。20年后，这位年轻人成了世界石油大王，他的名字叫哈默。

(资料来源：刘伟.接受的自尊.全科护理，2004(4))

提示

哈默的成功固然有许多其他因素，但他那种在接受过程中拒绝不劳而获的做法，却为他赢得了宝贵的自尊，而自尊亦是成就事业的基石。

我认为 _____

(3) 接受的系统原则

因为管理中的接受通常与组织活动相关，于是，接受管理的活动通常也是一个系统活动。怎样从系统角度去应对管理的接受事务，成为接受管理的重要原则。下面的案例反映了接受管理的必然现象和坚持这一原则的重要性。

霸力集团对家乐福的接受管理

成立于1993年的浙江霸力集团公司，是温州一家颇具实力的制鞋企业。经过20世纪90年代初短期的繁荣以后，与其他许多民营企业一样，从1999年开始，由于产品开发能力减弱，市场开拓和控制成本增大，逐渐暴露出增长乏力的疲态。为了重振雄风，霸力公司一直在积极寻找机会，拓展新的发展空间。

与此同时，近年来，由于中国经济的飞速发展，国内市场逐步成熟，国内企业的加工能力也逐步提高，尤其是中国廉价的劳动力成本，更吸引了许多跨国公司来华采购。排名世界500强第95位的法国家乐福公司（根据2002年福布斯排名）是位居沃尔玛之后的全球第二大零售商。2002年家乐福在华的采购额达20亿美元，并且计划未来几年对华的采购要达到120亿美元，其中5亿美元将是鞋类产品。这对于有中国鞋都之称的温州来讲，无疑是鞋类企业极好的商机。

一个需要借船出海，拓展国外市场；一个需要寻找厂家，提供价廉物美的商品。正因双方有着这种互补性需求，经过一番接洽和磋商以后，家乐福有意向将霸力作为自己供货厂家的候选对象。

然而，要正式成为家乐福的供货商却并非易事。作为一家国际著名的跨国零售商，家乐福有着自己的选择供货商的标准。它不仅要求供货商的产品特性符合自己的市场定位，而且还要求对方的价值观和经营理念符合自己的要求。

家乐福对霸力的评审在2003年3月中旬开始。来霸力评审的是家乐福对鞋厂管理有着丰富经验的专家，他们还带来了一本厚厚的评审标准，每一项考核都严格按照标准开展。这些评审人员的评审并不是只坐在会议室听汇报，而是对生产与管理的每一个环节都进行实地评审。评审过程长达一周。

评审人员的第一站是仓库。一进入仓库，评审人员就找灭火器，掏出数码相机对准灭火器"咔嚓"拍照，然后又上前看灭火器的使用期限是否过期。伴随着数码相机的还有两部摄像机，对整个仓库做了立体拍摄。在生产车间，评审人员也不是边听汇报边检查，而是一个人比照一个标准，各自行动。除了检查常规性项目外，评审人员还对在生产线旁的员工进行访问，了解工人的工作时间与休息时间，同时评审人员还拿着秒表测算流水线的生产情况。评审人员对工人的福利尤为重视，如员工的工作时间是否是8小时，是否有假节日、休息天。工人的生活环境也是评审的重要内容，比如厕所要达到宾馆级的标准。

因为霸力集团事先已经为这次评审花了几个月时间进行准备，所以最后顺利通过了评审。但还是在下料这个环节上被扣了好几分，按规定工人应该双手将料送入机器，但一些工人只用一只手操作。这次通过的评审并不是最后一次，在生产前，家乐福还会来企业评审一次，并且将比这一次更严，评审标准多达51页纸。此外，当订单完成后，家乐福还将委托第三方对其产品进行检验。

> **提示**
>
> 企业接受客户的外来管理的主要诱因在于想得到客户的订单。为了得到客户的订单，"接受"的心理准备、"接受"的物质准备等从系统进行考虑就成为必然。

这个案例给我的启示是

4. 管理受体的主要特性

(1) 接受特性

接受特性是受体之所以成为受体的最基本性质，是一种贯彻最彻底、牵涉最全面、影响最深远的受体基本性质。这种性质不但贯穿于受体生命过程的始终，而且反映在受体之观念和行为的方方面面。

① 接受特性的含义

接受特性就是收受承接的特性。首先，它反映的是受体被动地接受的性质。如果没有施体和它们施放的管理能量、信息，那么受体也无物可受。如果持续地无物可受，则受体就不成其为受体。因此，受体不仅仅是从名词含义上显示"受"这一概念的对象地位，而且更重要的是它在质的保持上反映着这个第一位的基本特性。

其次，接受特性还反映着受体对施体依赖的从属性质。当受体对施体的依赖形成了习惯，它经常会表现出在自己解决问题更为合理的情况下，却去请求施体指导、解决的现象。对那些素质比较低，而且又很不相信群众的管理者来说，这种情况更具有普遍性。动辄请求上级管理者指示，就是常见的例子。

受体还需要具有相当的服从性。没有这项内容，在他方的管理状态下就很难把受与施的关系处理好。施者的心理定势为——这一部分你要听我的；相应来说，受者的心理定势应该是——这一部分我基本上愿意服从你的管理，如果你的目的与我的目的不是背道而驰，而是可以通融的话。这一点其实也是施体与受体之间的权力分配、权限规定的基本条件。

② 值得注意的两个问题

首先，不能把被动性作绝对化理解。受体是具有独立开展管理活动能力的组织单元。只有同时具有主动性的管理单元才有能力应对和贯彻施体的管理，并对施体管理的方式、内容等作必要的矫正。为此，不能让"被动性"完全排斥"主动性"，相反，应让二者融合并存。

其次，不能把依赖性、服从性绝对化。与依赖性、服从性并存的应该是独立性和理智性，只有受体的独立和理智，才能达成高质量的服从。

(2) 内化特性

内化特性是管理单元接受施体管理的第二个基本特性，它是使施体管理得以贯彻的受体功能的重要表现。

① 内化特性的含义

所谓内化特性，就是管理的受体——接受管理单元把承接了的管理之压力、能量、信息等内推和化解到管理单元内部有关方面的特性。这是管理单元所具有的一种对外力、外物、外部信息作内部承担接受的调整过程。

管理单元对外部来的管理需要经过辨别、接受、再辨别和整理，然后内推到自己机体的有关方面。所以，内化特性实际上是由一系列过程来表现的受体的基本特性，了解这一过程是了解内化特性本质的基本要求。

②值得注意的几个问题

首先，在内化过程中有规范内化和非规范内化之分。规范内化是符合规矩和约定的内化方式；非规范内化是不按规矩所进行的内化方式。区别这两个方式，有利于人们注意寻找和发现有规律的内化行为，有利于人们认识他方管理的能量、信息、物质传递线路和运行特色。

其次，在内化过程中，需要强化一些方面，同时制约或压制另一些方面。单元内有些成分是内化后的承担体，而有些只是过渡物；有些成分对某一内化活动几乎无相关关系，有些却是内化的大障碍。

第三，在内化过程中，要重视单元的管理能力与他方管理力的结合。内化是两方面管理组织共同活动的过程，这种活动过程可能是二力一致的，也可能是二力相互利用的，还可能是二力背反的。总之，了解这种关系不但对管理施体是重要的，对管理单元内任何部门也很重要。

刮胡子前先涂上肥皂水

美国第30届总统柯立芝刚上任时，聘用了一个女秘书。这位女秘书年轻漂亮但工作却屡屡出错，这给总统的工作带来了很多的麻烦。

有一天，柯立芝把女秘书叫进办公室，称赞了她的美丽和衣服得体，然后接着说："相信你的工作也可以像你的人一样，都办得很漂亮。"

果然，女秘书的工作从那天起就再也没有出现过什么错误。有个知道来龙去脉的参议员好奇地问总统："你这个方法很妙，是怎么想出来的？"

柯立芝笑笑："这很简单，你看理发师帮客人刮胡子之前，都会先涂上肥皂水，这样做的目的就是让别人在受刮时不会觉得疼痛，我不过就是用了这个方法而已！"

(资料来源：雅琴编著.小故事大道理.北京：海潮出版社，2004)

提示

必须明白，责备的目的是为了让对方改正缺点。因此，带着爱心，试着用赞赏的方式去责备，你收到的将是双倍成效。

我的看法是

(3) 传导特性

管理的接受体决不是只与施体发生关系，或只在管理单元内部发生作用，它还与环境中的其他因素发生联系。这些关系之总和体现着接受机体的一种特殊性质——传导特性。其实，传导特性反映的是管理单元作为受体而存在的特殊社会属性。

① 传导特性的含义

所谓传导特性，主要反映在以下3个方面：一是管理单元在作为受体过程中，把外来管理信息等向环境中的其他因素作传递、反射；二是把其他外部环境方面的内容传递反射给管理施体；三是把单元内部的能量和信息反射、传递给施体或环境中的其他有关对象(反作用)。传导特性反映的是管理单元作为受体而存在时的诸方面传送关系(对内传送是特例，被称为内化特性)，它具有使各方面关系通过受体来集中表现的性质。由于这里表现的是管理单元与各种其他外部内容的关系，所以说，它也是受体社会性的表现。

② 必须注意的两个问题

首先，传导是一种功能，所以，理解传导特性就应该从它的功能性质和表现形式上去深化。传导特性的功能受受体的质地、传递的内容、发射力量、通道、最终接受者的情况等制约。

其次，在接受管理的活动中，受体之间经常是通过各种参照活动来平衡利益、协调关系的。如果某管理施体的指令对甲受体有利而不能惠及乙受体，乙受体就会通过与甲受体多次的信息传递和比较，构成参照结论(如，认定本人也应该得到相应的照顾)。一旦愿望不能得到满足，就会以认定了的结论来抗拒施体的指令，并可能迁怒于甲，使甲与乙的关系难以协调。参照显然是受体传导特性的一个不可分割的内容。

(4) 选择特性

管理受体不是一个被纯粹抽象了的概念，它是以实体形式存在着的管理单元。为此，如同一般意义上的被管理者那样，它除了被动为主的基本性质外，还具有重要的但却是相反的主动属性，其最典型的内容就是选择特性。

① 选择特性的含义

选择的基本词义乃为挑选和择取，它反映的是行为角色的主动性，包含这样的意思：选择是一个行为主体面临着切身利益时对一系列对象的择取——接纳一部分，不接纳另一部分；或者，在接纳程度上有明显的亲疏之分，对一部分作亲融性的接纳，对另一部分却保持一定的距离。管理者以受体角色存在时，它所蕴涵的选择特性同样具备这种特性，即它将从自己的角色责任和利益角度出发，决定对对象是择取、抗拒还是亲融或保持一定距离地接纳。

② 值得注意的几个问题

首先，受体的选择是在接受特性前提下的选择。接受特性是统帅于受体角色始终的基本性质，体现了受体与施体关系的根本。没有接纳或为保持着接纳关系，管理单元就会失去作为特定管理受体的角色，从而背离我们的领域。所以，选择是在管理单元对管理的接纳或保持着接纳关系状态下的选择。选择的方式、活动的范围、选择的对象内容等都受着施体的制约。

其次，理解选择特性需要把组织性质的受体和自然人性质的受体区别开来。二者由于实体形式、结构、能量等方面的区别，致使它们在选择内容上存在着区别，在承受管理压力时的自我估量、动机和态度方面也有相应的区别。不了解和分析这一情况，就不可能了解被施体管理的对象为什么会作这样的姿态？为什么会对管理作这样而不是其他方式的选择？

第三，选择特性反映着受体生命进取内容之主流。主动进取表现着生命的旺盛力，其中，主动选择就是这一特征中的主要内容。作为有生命力的组织实体，只有通过主动选择，才能使自己保持着人们通常所说的"生存于发展之中"这一状态。当然，生命的进取内容并不是仅仅依赖于选择特性来表现的，接受特性、内化特性、传导特性也从不同的角度构建着生命进取的整体内容。没有接受，则有选无择；没有内化，就只能使生命停留在表层现象；没有传导，则没有组织之间的参照、交流、交换，还将严重阻碍管理单元健康的成长。不过，这些内容并不妨碍管理单元这一受体在处理与外来管理的关系中以选择特性作为反映其主动进取的主流。

鹤小姐应该绣什么花

一大清早，鹤就爬起来，拿起针线要给自己的白裙子绣上一朵花，以显出自己的妩媚动人。刚绣了几针，孔雀探过头来问她："鹤妹你绣的什么花啊？"

"我绣的是桃花，这样能显出我的娇媚。"鹤羞涩地说。

"咳，为什么要绣桃花哩？桃花是易落的花，不吉祥！还是绣月月红吧，既大方，又吉利！"孔雀说。

鹤觉得言之有理，便把绣好的金线拆了改绣月月红。正绣得入神时，锦鸡在耳边说："鹤姐，月月红花瓣太少了，显得有些单调。我看还是绣一朵大牡丹吧，牡丹是富贵花啊，显得多么雍容华贵！"

鹤觉得锦鸡妹妹说得对，便又把绣好的月月红拆了，开始绣起牡丹来。

绣了一半，画眉飞过来，在头上惊叫道："鹤嫂，你爱在水塘栖歇，应该绣荷花才是。为什么要去绣牡丹呢？这跟你的习惯太不协调了。荷花清素淡雅、亭亭玉立，多美呀！"鹤听了觉得也是，便把牡丹拆了改绣荷花……

每当鹤快绣好一朵花时，总有人提出不同的建议。她折了绣，绣了折，直到现在白裙子上还是没有绣上任何一朵花。

（资料来源：郎悦洁编著.小故事大启示.黑龙江：哈尔滨出版社，2004）

🔍 提示

每个人都要有自己的立场和决断。一旦决定了的事，就不要因为旁人的否定而轻易作出变化，在处理各种事情时，过多地听取他人的意见或接受他人的建议而无自己的判断，最后必将一事无成。

我认为 _____

---

(5) 受体的边界特性和表现

从组织意义上来看待管理的受体，则有必要谈谈它的边界特性和表现。

① 受体边界的组成与基本功能

受体的边界由本组织内负有特定职责和权限的子系统(如公关部门、法律顾问小组、市场调查组织等)组成。诸多子系统构成一个受体的界面网络而与其外部环境相联系。这些子系统在社会学著作中被称为组织的"跨界单位"。它们的基本功能是为了使组织从外部环境中确认自我，使组织能明确地观察分析自我以外的环境情况，并针对自己的外部管理力量，更好地适应和运用这些外界的力量。此外，它们还承担着把自己组织的资源和价值观念向外传输的任务。

可以说，受体的边界(或"跨界单位")有些类似于细胞的生物膜，其功能是多方面的，与组织单元(受体)的增殖分化、信息转录、代谢、能量传递、运动、神经传导等都有关系。

② 受体边界作用的主要表现

受体边界要发挥它的正常功能，首先要明确组成受体边界的各跨界单位特定的职责，并赋予各跨界单位一定的处理事务的权限。在此基础上，跨界单位的中心作用就是在遵循组织既定的战略方针的前提下，处理好与外来管理施体的关系。具体地说，受体边界(跨界单位)的作用主要表现在以下几个方面：首先，作为组织与外界环境之间的"过滤网"，有效地加工和处理内外源信息。作为受体边界的各跨界单位，要在外界管理施体发出的信息中筛选出对受体有用的信息。这就有必要经常调整和修补信息过滤网的网眼，并锻炼自己审视、评价外来管理信息的基本功，捕捉到更多及时、准确而适用的信息。

其次，作为组织单元受体与外来管理施体之间的"传感器"，能够灵敏地反应受体与施体之间的动态变化。不仅如此，还要能"主动转运"外来管理施体的管理观念和行为，即把来自不同施体的、零散的信息归聚、分析，通过上文所讲的内化和传导，通过自己的主动加工，形成较全面、较系统的对本组织单元有用的东西，使外来管理施体的管理意图明晰化，并根据自己与外来管理施体打交道的经验，预测出一定时期外部施体的行为。

第三，充当组织的"外交部"，处理好组织单元受体与外来管理施体之间的关系，遵循依法行事、互利等原则，积极地开展外事活动，以达到改善组织形象、提高组织效率的目的。

受体的跨界单位在与外来管理施体打交道的过程中，要经常向施体介绍组织单元的情况，把组织单元通过自己释放的物质、能量、信息不断地"吐"出来，使外来管理施体更多地了解特定受体。这样，对上下垂直关系的施体来说，可减少官僚主义瞎指挥；对平行关系的施体来说，可减少无谓的交流费用。

该用什么语言解梦

皇帝梦见自己所有的牙齿都掉了，觉得很奇怪，立刻召来一个解梦家，问他这个梦是不是预示着将来会发生什么。

"唉，陛下，很不幸地告诉你，"解梦家说道，"每一个掉落的牙齿，都代表着您的一个亲人的死亡！"

"什么？你这胡说八道的家伙。你竟敢对我说这种不吉利的话！"皇帝下令给这个家伙50大板。

又一个解梦家被传召来了，他细心地听完皇帝讲述的梦境，说道："皇上，您真是洪福齐天！您将活得比所有的亲人都要长久！"

皇帝听后，立即眉开眼笑，解梦家获得了50个金币的赏赐。

(资料来源：雅琴编著.小故事大道理.北京：海潮出版社，2004)

> **提示**
>
> 如何巧妙地表达出心中的意思，需要用心诠释话中的道理，需要在生活中细细体味。

我的看法是_____

四、知识拓展

"胞饮作用"和"胞吐作用"

在受体边界所进行的各种外事活动，其作用类似于生物细胞活动过程中的两种现象，那就是"胞饮作用"和"胞吐作用"。

"胞饮作用"是指某些外来物质，由于与细胞膜上某些蛋白质有特殊的亲和力而附着于细胞膜上，通过与细胞膜发生作用，这部分细胞膜凹陷入细胞内形成小泡，将该物质包进去。小泡随即与细胞表面的细胞膜断离，使带有物质的小泡进入细胞内。在"胞饮作用"过程中，有一点是至关重要的，即细胞膜要保持自己的活性，以便对某些物质有灵敏的反应。受体的跨界单位也是这样，要保持自己的活力，开展灵活机动的、富有成效的活动，以便不断地把来自外部的各个对组织单元受体有益的东西"饮"进来。

"胞吐作用"是指某些物质从细胞内排出时，该物质先在细胞内为一层膜所包围形成小泡。当小泡与细胞膜相接触时，在接触点二者的蛋白质发生构形变化，产生小孔道，泡内物质就可经由这小孔道排出细胞外。

思考和训练

1. 什么是接受的自尊？
2. 为什么说接受能力是执行能力的基础？
3. 围绕可能要开展的工作，思考如何主动接受？

每日练习

星期一

1. 分析一下你身边的朋友，看看他们能接受什么样的批评方式？

2. 如果你想在某个项目上进行投资，但下属告诉你存在风险，你会怎样要求他作进一步的解释？

3. 你若善于"听话"，对你有什么意义？

4. 你容易接受哪几种批评方式？

星期二

1. 写信交流的好处是：

2. 你对组织规则的接受能力如何？它体现在哪些方面？

3. 请举一个因他人提了不同看法而导致自己计划改变的例子：

4. 当你犯了错误，对于旁人的批评在什么样的情况下你会容易接受一些？

星期三

1. 你对工作搭档的基本要求是：

2. 假如你的企业资金周转出现问题，朋友建议你与某个人合作，你会要求对方从哪些角度解释这个建议？

3. 对于苛刻的上级,你在接受他的任务时,有些什么心理活动?

4. 你做的事被朋友们否定,在这种情况下你会接受他们什么样的劝告?请举例说明:

星期四

1. 你交际的基本原则有哪些?其原因是什么?

2. 你觉得接受能力与执行能力之间有何联系?结合实际说明:

3. 在学习中犯了错误,什么样的意见或建议你比较容易接受,为什么?

4. 说服下属接受他们不乐意做的工作,其基本思路是:

星期五

1. 如果你要接受领导的批评,什么方式比较容易让你接受?

2. 回想一下他人对你提的意见中哪些让你特别赞赏?原因在于:

3. 学习中犯了错误,你希望老师对你说什么?

星期六

1. 他人给你提出的苛刻意见你会全部接受吗?原因是:

2. 工厂面临倒闭的危险，有人提议关闭，你会请他从哪些角度谈原因呢？

3. 对于某人不劳而获的做法，你可以从哪些方面对他提出反对的意见？

4. 在工作中犯了错误，你能承受他人的指责吗？为什么？

星期日
1. 当对方意见正确时，你能接受与你有隔阂的人对你的批评吗？为什么？

2. 想想自己最迫切要改的缺点是哪个？今后有何打算？

3. 在哪种情况下，你会接受来自下属的意见？

项目四
团队建设能力的训练

模块一 学习型团队构思

一、教学目标

终极目标： 形成建立学习型团队的基本思路，掌握建立学习型团队的基本方法。

促成目标： 1. 理解什么是学习型团队；

2. 懂得怎样建立学习型团队。

二、能力训练

活动一　　圆球活动

时间： 根据培训师的经验，从最低可能性上进行限定，如5秒。

人数： 分组进行。

道具： 标有1、2、3号的球，秒表。

活动目的： 通过这个活动让学员认识到，每一件看似不可能的事情摆到面前时，这种"不可能"的心理定势，使每个人都会想到放弃。其实，做了才有机会成功。

活动程序： 1. 所有的人分成3组，每个小组约10～15人，分别配有1、2、3号球。

2. 将球按1、2、3号的顺序从发起者手里传出，最后按此顺序回到发起者手里。在传递过程中，每一人都必须触及球，所需时间最少的获胜。

3. 球掉在地上一次加2秒。

4. 要求第一次活动在7秒钟内完成，第二次活动在5秒钟内完成，第三次活动在4秒钟内完成，第四次活动在老师设定的更短时间内完成。

> 🔍 **提示**
>
> 很多人认为4秒钟内完成任务是不可能的。结果，发挥团队智慧，集合团队的创意，原来想都不敢想的事情却奇迹般地成功了。这就是团队的力量！

你所在的团队有学力吗？为什么？

活动二　　　　　　　黑夜营救

时间：60～120分钟，晚上。

道具：手电筒、手机、指南针、1张大致的周围环境地图，两根约4米长的棍子、两条约8米长的绳子(用来做担架)。

活动目的：在场景模拟中感受团队完成任务的水平。检查团队在管理、决策、计划、执行等方面的能力，让所有学员活动起来强化学习力。

活动程序：1. 培训师事先安排一位学员"失踪"，与这位学员一起失踪的还有一位助教。助教的作用是为了防止出现真正的意外和监督整个过程。

2. 培训师要求"失踪者"假装不能行走和站立，不知所措，情绪激动，只能用手机描述(根据难度设定次数)非常简单的情况，身边有1个手电筒和1个指南针。

3. 失踪者出事的地点要选在地形相对复杂、不容易被人发现的地方。

4. 一切安排好后，培训师告诉其他学员："现在你们中的一位伙伴出事了，我找了很久没找到他。你们的任务就是把他找回来，所有学员都必须参与。你们可以使用这些物品(上述物品)。"

> **提示**
> 虚心学习、细心安排、团队合作，往往是成功的关键。

哪些因素对营救活动起了作用？

通过营救活动，你学到了什么？

活动三　　　　　　　看看谁最笨

时间：10分钟。

人数：不限。

活动目的：提升学员一起活动、一起学习的兴趣。

活动程序：由主持人起头，由"1"开始报数，依座次"2""3""4""5""6"，到"7"时不能喊出来，以拍手或敲击桌子代替，当数到"14""17"时也是如此，即逢7或7的倍数或含7的数字(俗称"明七暗七")均以拍手或敲击桌子代替，出错或太慢者受罚。

> **提示**
> 细心学习、安心学习、不浮躁，往往也是成功的关键。

你怎样才能让自己不浮躁？

项目四　团队建设能力的训练

三、理论知识

小矮人的团队启示

在古希腊时期的塞浦路斯,曾经在一座城堡里关着7个小矮人。传说他们是因为受到了可怕的咒语,而被关到这个与世隔绝的地方。他们找不到任何人可以求助,没有粮食,没有水,小矮人们越来越绝望。他们没有想到,这是神灵对他们的考验。

小矮人中,阿基米德是第一个收到守护神雅典娜托梦的。雅典娜告诉他,在这个城堡里,除了他们呆的那间阴冷潮湿的储藏室以外,其他25个房间里,有一个房间里有一些蜂蜜和水,够他们维持一段时间;而在另外的24个房间里有石头,其中有240块玫瑰红的灵石,收集到这240块灵石,并把它们排成一个圈的形状,可怕的咒语就会解除,他们就能逃离厄运,重归自己的家园。

第二天,阿基米德迫不及待地把这个梦告诉了其他6个伙伴,但只有爱丽丝和苏格拉底愿意和他一起去努力。开始的几天里,爱丽丝想先去找木柴生火,这样既能取暖又能让房间里有一些光线,苏格拉底想先去找那个有食物的房间;而阿基米德则想快点把240块灵石找齐,好让咒语快点解除。3个人无法统一意见,于是决定各找各的,但几天下来,3个人都没有成果,倒是耗得筋疲力尽,让其他4个人取笑不已。

但是3个人并没有放弃,失败让他们意识到应该团结起来。他们决定,先找火种,再找吃的,最后大家一起找灵石。这是个灵验的方法,3个人很快在左边的第二个房间里找到了大量的蜂蜜和水。

显而易见,一个共同而明确的目标,对于任何团队来说都是非常重要的。

在经过几天的饥饿之后,他们狼吞虎咽了一番;然后带了许多分给特洛伊、安吉拉、亚里士多德和梅丽沙。温饱的希望改变了其他4个人的想法,他们后悔自己开始时的愚蠢,并主动要求和他们一同寻找灵石,解除那可恨的咒语。

从这件事中小矮人们发现了一个让他们终身受益的道理:知识不过是一种工具,只有通过人与人之间的沟通、互补,才能发挥它的全部能量。

为了提高效率,阿基米德决定把7个人兵分两路:原来的3个人,继续从左边找,而特洛伊等4人则从右边找。但问题很快就出来了,由于前3天一直都坐在原地,特洛伊等4人根本没有任何方向感,城堡对于他们来说像个迷宫,他们几乎就是在原地打转。阿基米德果断地重新分配,爱丽丝和苏格拉底各带一人,用自己的诀窍和经验指导他们慢慢地熟悉城堡。

喜爱思考的阿基米德,又明白了:经验也是一种生产力,通过在团体中的共享,可以产生意想不到的效果。

当然,事情并不如想象中的那么顺利,先是苏格拉底和特洛伊那组,他们总是嫌其他两个组太慢;后来,当过花农的梅丽莎发现,大家找来的石头里大部分都不是玫瑰红的;最后由于地形不熟,大家经常日复一日地在同一个房间里找灵石。大家的信心又开始慢慢丧失。小矮人们都注意到一个问题：阻力来自于不信任和非正常的干扰。

阿基米德非常着急。这天傍晚，他把大家召集在一起，商量办法。可是交流会刚开始，就变成了相互指责的批判会。

性子急的苏格拉底先开口："你们怎么回事，一天只能找到两三个有石头的房间？"

"那么多房间，门上又没有写哪个是有石头的，哪个是没有的，当然会找很长时间了！"爱丽丝回答道。

"难道你们没有注意到，门锁是圆孔的都是没有的，是十字形的才是有石头的吗？"苏格拉底反问。

"干吗不早说呢？害我们做了那么多无用功。"其他人听到这儿，似乎有点生气。经过交流，大家发现，有的人能很快找准房间，但是在房间里找到的石头却都是错的；而能找到正确石头的人找房间的速度又太慢。其实这个道理非常简单：具有专业素质的人才很关键。

于是，在爱丽丝的提议下，大家决定每天开一次会，交流经验和窍门，会后再把这些都抄在能照到光亮的墙上，提醒大家，省得再走弯路。这面墙上的第一条经验就是：将宝贵的经验与更多的伙伴分享，我们才有可能最快地走出困境。

在7个人的努力下，他们终于找齐了240块灵石，但这时候，苏格拉底停止了呼吸。在大家极度的震惊和恐惧之余，火种又突然灭了。没有火种，就没有光线。没有光线，大家根本没有办法把石头排成一个圈。

本以为生火是一件简单的事，大家纷纷来帮忙，哪知道，6个人费了半天的劲，还是无法生火——以前生火的事都是苏格拉底干的。寒冷、黑暗和恐惧再一次向小矮人们袭来，灰暗的情绪波及每一个人，阿基米德非常后悔当初没有向苏格拉底学习生火，他又悟出了一个道理：在一个团队里，不能让核心技术只掌握在一个人手里。

在神灵的眷顾下，最终，火还是被生起来了。

小矮人们没有想到，这是神灵对他们的考验，是关于团结、智慧、知识、学习、合作的考验。神灵希望通过这次考验，使小矮人们能悟出以下道理：分享、沟通与行动是将知识转化为成果的关键；知识通过有效的管理，最终将变成生产力。

提示

团队的组建过程就是团结、智慧、知识、学习、合作的考验过程。强化团队学习，是永久成功的关键。

你所知道的团队学习的例子有哪些？

对于一个组织而言，也许条条框框为组织的发展立下了汗马功劳，但一味地遵循就易沦为守旧。为团队成员建立一种启发创造性和冲破框架的环境条件，鼓励创新精神，开发突破性的解决方案与策略，也为组织创造了更多意想不到的机会。

1. 学习型团队的概念

20世纪60年代以后，人们逐渐认识到事物是一个整体，对事物的认识应从总体上去把握，在进行"分析"的时候要着重于"综合"，以还其本来面目，这样才能更好地把握事物的本质。在这个思潮的推动下，管理科学出现了"学习型团队"理论。所谓学习型团队，就是通过强调团队精神，通过团队和成员的持久修炼，在学习上改变自己，使团队成为具有典型性的组织。学习型团队理论认定：一个组织(或团队)所具有的唯一持久的竞争优势，是具备比你的竞争对手学习得更快的能力。

学习型团队的"学习"并非仅指获取知识，其理论强调创新。它分析了传统思维方式的一些弊端(如局限思考、归罪于外部原因等)后，提出培养能看出产生问题背后的症结所在，并能采取从根本上解决问题的能力。过去讲竞争优势在人才，现在认为竞争优势在团队，强调组织中的团队活动形式和团队精神。学习型团队的建立是一种艺术，是一种调动组织潜能的艺术。

2. 如何建立学习型团队——以营销团队为例

(1) 选择好的领导

创建一支学习型营销团队，首要条件是营销总裁(经理)必须是一个学习型的营销领导。"兵熊熊一个，将熊熊一窝。"如果营销总裁(经理)不是一个学习型的营销领导，则创建学习型营销团队便是一句空话。拿破仑曾说："一只狮子率领一群绵羊的队伍，可以打败由一只绵羊带领一群狮子的部队。"讲的就是这个道理。

营销总裁必须具备系统而娴熟的营销经验和知识，具有为企业的整个营销团队提供战略指导，带领整个营销团队进行目标管理、队伍培育的作用。由于一个团队的指挥、管理责任落在营销总裁一个人肩上，所以他实际上承担着这支团队的荣与耻，承受着一个企业在市场中生死沉浮的重担。如果营销总裁缺乏专业、系统而娴熟的营销知识和实战经验，那么他就很难指挥营销队伍在激烈的市场竞争中打胜仗。丰富的营销经验往往有助于在瞬息万变的市场或关键时刻对"两难抉择"起到正确的决策支持作用。

营销总裁应在个人品德、作风和人格魅力上形成强大的感染力，必须时刻以身作则、富有理想、胸襟宽广、无私无畏、光明磊落、表里如一。营销总裁身居高位，他的一举一动在整个营销团队中起着指导的作用，营销人员也往往以营销总裁为标杆。

营销总裁必须具有不断虚心学习的品德。通过不断的学习和自身的提高，在营销团队中起到学习的表率作用。在知识爆炸的今天，一个营销总裁不可能什么都懂，但不学习始终会落后。营销总裁每天事务繁多，也许很难再进校门培训，但是制订学习计划，并能够持之以恒比什么都重要。

营销总裁必须关爱部下，让下属能感受到温暖和依靠。爱和责任是优秀管理者的两个基本要素，只懂得责任而漠视爱的管理者至多只是一个跛脚鸭。所以，作为营销总裁，应及时发现下属关心的问题，并主动加以解决。

(2) 形成好的管理机制

管理机制是指管理系统的结构及其运行机理，它决定着管理功能的核心问题。管理机制对创建学习型营销团队和保障团队正常运转起着保证的作用。一个企业能否建立并真正拥有一套适合创建学习型营销团队的好机制，关键在于企业的文化定位和管理者的作用。应该选择有魄力、能起作用的人担任管理者；企业的文化定位须以创建学习型营销团队为目标。创建学习型营销团队应从价值观、制度和物质层面作好必要的准备。

(3) 确立一个细化的便于操作的目标体系

如果营销部门只有一个笼统的大目标，则很难让营销团队在清晰的目标下工作，形成合力。目标的作用是激励学习型营销团队发挥潜能的标杆。作为一个学习型营销团队，目标的砥砺作用是清晰可见的。整个团队成员都应该清楚地知道营销任务目标，这个目标包括公司营销任务、营销赢利的各种指标、网络建设、品牌建设，以及分解到每个成员的市场的各种具体目标。从目标管理的原则来说，管理者不要自上而下去颁布制定的各种目标，否则队员将难以发挥主观能动性。根据各成员所处的角度不同，把各项内容分解出来，让团队成员自己先参与制定各项目标、目标的实施步骤和指标的布控；再和营销总裁的营销目标进行参照吻合，共同修正；最后，在总目标的指引下实施完成。营销团队的目标要具体、合理、清晰。各种数据要有依据、要准确，让团队成员能真正理解和把握。营销总裁和队员都应切忌主观上的贪大求全。

各种目标制定后，营销总裁对团队各成员的目标分解情况、执行情况和评估要及时，并准确而严格地把握；要有具体合理的分解和执行步骤，在特定的时间和地点进行检查评估，对完不成的指标要找出原因和解决的办法，并在具体的时间和地点进行弥补。营销总裁要善于在整个营销团队里就各种目标进行积极沟通，了解成员对目标的理解程度和执行程度。团队成员和营销总裁所处的位置不一样，他们对目标的制定和理解也不同，往往会造成对目标执行的分歧。沟通是解决分歧的最佳手段。营销总裁在目标制定上对成员要大胆授权，给他们一个空间，让其对具体目标进行调整。

(4) 有效的战略思考和安排

美国哈佛大学商学院教授安德鲁斯认为，"战略是目标、意图或目的，以及为达到这些目的而制定的主要方针和计划的一种模式"。迈克尔·波特教授认为，"战略是公司为之奋斗的一些终点与公司为达到它们而寻求的途径的结合物"。美国学者霍弗和申德尔认为，"战略是企业目前的和计划的资源配置与环境相互作用的基本模式。该模式表明企业将如何实现自己的目标"。公司的营销战略是在公司战略的引导下制定的。在很多企业的营销中，营销战略总是以一种单一的模式出现，如成本领先战略、差异化战略等。战略的专一性在较大程度上保证了战略的制定执行和持续发展，但过多地专注于单一战略，在市场的实际运作上有可能会脱离实际，并在相当程度上限制营销团队的创造性。

学习型营销团队对营销战略执行"变化"的优势要强于"专一性"的优势，营销总裁对于营销战略的安排要有余地,让团队成员在实施战略的过程中有适应性、灵活性和机动性。根据公司和市场的情况,团队成员要对营销战略的实施进行艺术剪辑,将各种战略巧妙融合。

(5) 营造出有利于激发团队活力的文化氛围

创建学习型营销团队,要营造出一个适合这个营销团队活力的工作氛围。团队必须充满活力和激情。团队是个大舞台,每个队员都可在这个舞台上淋漓尽致地发挥自己的营销天分。

团队可以利用各种正式或非正式场合,鼓励成员对工作设计进行大胆想象、大胆构思、大胆表演。营销总裁是最耐心的听众和观众。营销总裁应该对成员意见的合理成分在公开场合予以大力肯定,再私下和队员面谈,提出改进的方案,让队员自己去判断,最终找到答案。营销总裁一方面需要激发队员使其确信自己是最优秀的营销人;另一方面应当主动将属下被曝光的失误责任中的大部分揽到自己头上,给队员一个认真反思的机会,并让他学习作为团队管理者所应具备的包容精神、自我牺牲精神。

金矿上面的十字镐

"请问你致富的秘诀是什么?"记者问阿拉斯加的金矿大王约翰逊。约翰逊回答说是运气。约翰逊告诉记者:"记得当时,我无意间在荒废的矿区发现一把生锈的十字镐插在泥土中。我只是用力把十字镐扳了过来,没想到十字镐的泥土下就是金矿,因此发现了矿床。"

约翰逊强调说:"假如,那个十字镐的主人,能够再稍微坚持一下,挥动一下十字镐,那么,如今的金矿大王,或许就是这个人了。"

(资料来源:雅琴编著.小故事大道理.北京:海潮出版社,2004)

提示

有时,成功就在我们眼前,但却被我们所忽略,以致最终丧失。把握眼前,坚持做好每件事,那么,成功将会离我们越来越近。

我的看法是_____

_____

(6) 进行边界再造

学习型营销团队,应尽可能打破旧有企业的组织边界,缩小、减少管理层面。学习型营销团队最佳的管理层面是"两点直线制",即从营销总裁直线到区域经理这一层面,可节省人力,提高决策效率。而免去营销副总和大区经理的真空部分,可以通过团队内加大授权范围来弥补。对营销前沿和公司本部的管理科室,实行弹性制、交叉制的多线沟通决策组织结构。

(7) 强化学习

学习型营销团队,善于学习是其最大特色。团队的能量和生命力源于学习。那么如何让这支营销团队善于学习呢？一是制定良好的学习制度，并持之以恒地执行。这个制度的作用是把学习的必要性通过制度的确立，作为对营销人员业绩考核的标准。在很多企业，对营销人员的考核指标只局限于营销业绩(如回款、销售利润、网络开发等)，而缺乏对"学习指标"的考核。二是及时进修。对营销人员按企业状况进行规划。对有管理者潜力的，进行必要的进修，进修内容不仅是营销理论，还包括财会、法律、人力资源、管理学等内容。三是经常性的培训讲座。培训讲座可以外请专家前来培训，也可以在营销团队内轮流由队员自选课题相互教学，强化队员的学习能动意识。四是要求每个成员都要有自己过硬的本领。如精通电脑、掌握两门专业知识(一门为主业，即必须具有较全面的市场营销学专业知识；另一门专业知识则根据团队的迫切需要和个人的兴趣选择)、学习一门外语等。五是对新知识学习的领先性。对新学科知识的陌生会导致团队对新知识的恐惧。解除这种恐惧的最佳办法是及时学习。及时学习和掌握相关知识，可领先对手一步。长期如此，营销团队将保持巨大的学习创造力。

(8) 及时评估与表扬

营销总裁对团队成员的评估正确与否，直接关系到队员能否健康成长。最佳的评估方式通常有两大原则，即及时表扬与"团队参与"：及时表扬能够提升团队成员之间的认同；"团队参与"可激活团队气氛、树立民主作风，让整个团队在评估过程中相互交流洗脑。这种"团队参与"的评估方式，对保证学习型营销团队的健康发展是大有裨益的。

3. 提升学力的途径——五项修炼

"学习型组织"是对具有强学习力特点的组织的称呼。这一概念早在30多年前就有人提出过，如何形成学习型组织学界作过很多的探讨。经过30多年的发展、完善，形成了不同的流派，其中以美国学者彼德·圣吉的模式最为权威。圣吉在《第五项修炼》一书中把他的理论归纳为"五项修炼"。他认为组织的学力要通过修炼来完成。这五项修炼是个有机体，相互作用、相辅相成，不可或缺。

(1) 培养组织成员的自我超越意识

"自我超越"包括3个内容：建立愿景；看清现状；实现愿景。"愿景"是指"一种愿望、理想、远景或目标"。个人愿景应是个人生命真正想要达成的那个东西。但个人愿景不应与组织的愿景相矛盾。组织的每个成员都有了愿景，就有了动力，才能活出生命的价值。"看清现状"就是要面对现实，看清现状与愿景间的距离，从而产生"创造性张力"，以缩小现状与愿景间的距离。"实现愿景"是指由创造性张力引发创造性工作，从而改变现状，缩小现状与愿景间的差距，使之逐渐靠拢而最终实现愿景。

"自我超越"的关键是在原先的愿景实现后，又培育起新的愿景。随着愿景的不断提升，又产生出新的"创造性张力"。组织成员都有了自我超越能力，那么组织也就有了力量的源泉。因此，通常说"自我超越"是组织生命力的源泉。"自我超越"是一个过程，而不是目的，目的是要实现愿景。

(2) 改善心智模式

"心智模式"是对人们的思想方法、思维习惯、思维风格和心理素质的反映。一个人的心智模式是从小到大经历漫长的过程而逐渐形成的，和所受的教育、生活环境以及经常接触的人的影响有关。人们的心智模式有着这样或那样的缺陷，加之能力上的差异就更使事情的本来面目受到曲解。以这样的认识去指导实际工作，就难免"事与愿违"。

(3) 建立共同愿景

"共同愿景"是组织成员都真心追求的愿景，它为组织的学习提供了焦点和能量。杰出的企业由于有共同愿景，职工们就能心往一处想、劲往一处使，企业运作协调，人员素质和企业文化的品位较高，因而生产与管理进行得有条不紊，企业的产品与服务品质、企业形象也将是优秀的。而那些缺乏共同愿景的企业，必然是生产与管理混乱、内耗大、事端多，企业的产品与服务品质也必然是低下的。

共同愿景源自个人愿景，但不是个人愿景的简单汇总。它是经过不断交谈，在互相聆听间逐渐融汇出超越和综合所有个人愿景的那个愿景。因此，共同愿景既是你的，也是我的。在共同愿景的感召下，组织成员视组织目标为自己的目标，并甘愿为之献身，从而创造出难以想象的业绩来。

(4) 搞好团体学习

团体是组织的一部分。在同一团体(例如管理团体、产品开发团体等)中，成员间有相同的目标。所谓"团体学习"是指发展团体成员整体搭配与实现共同目标能力的过程。它建立在发展"自我超越"及"共同愿景"的修炼上。

在有些团体中，成员的智商都很高，而团体智商却不高。这是因为力量分散、抵消了。"团体学习"的目的是使团体智商远大于成员智商的简单之和；促使团体既有创造性又有协调行动，扩散"团体学习"的成果。团体是企业的基础，只有每个团体的"团体学习"搞好了，组织才更有竞争力。因此，"团体学习"比个人学习更重要。在实际生活中，"团体学习"是可能的，因为周围的每个人对他人的思维都有程度不同的影响；"团体学习"又是必要的，因为通过团体学习可以得出远胜于个人的见解。

(5) 运用系统思考

"系统思考"就是，要从整体而不是片面去分析问题；要能透过现象看出产生问题背后的本质，而不是就事论事；要能找到可从根本上解决问题的根本解而不是暂时缓解问题的症状解。系统思考告诉我们，要了解重要的问题，我们的眼界必须高于只看个别事件，我们必须了解影响行动背后的本质。系统思考是见识，也是能力。当然，这种能力的培养是逐渐的，不是一蹴而就的。

圣吉主张"学习型组织"通过五项修炼形成，而"系统思考"则是其他四项的基石。例如，在培养组织成员的自我超越意识时，组织成员必须看清自己与周围世界的一体性、个人愿景与共同愿景的一致性，从而产生出一种从属于整体的使命感。例如，人们不难理解"根深蒂固的旧心智模式将阻碍系统思考所能产生的改变"，这是因为"旧的心智模式常会漏掉重要的回馈关系，或因时间滞延而判断错误，或只注重明显易衡量但未必是高杠杆解的参数"。再如，共同愿景若要不成为空洞的口号或不切实际的指标，它必定是源于系统思考的关于事物的理解及达成愿景的杠杆解。

狮子妈妈与羚羊妈妈

在动物王国的生存训练场上，狮子妈妈教育自己的孩子："孩子，你必须跑得更快一点，再快一点，你要是跑不过最慢的羚羊，就会活活饿死的。"羚羊妈妈也在教育自己的孩子："孩子，你必须跑得更快一点，再快一点，你要是跑不过最快的狮子，那你就会被它们吃掉的。"

（资料来源：雅琴编著.小故事大道理.北京：海潮出版社，2004）

🔍 **提示**

在现在这个知识大爆炸的年代里，谁不继续学习，谁将被社会淘汰，只有不断地给自己充电，才能在竞争中立于不败之地。

我的看法是

四、知识拓展

1. 学习型营销团队与传统型营销团队的区别

(1) 理想性

学习型营销团队是一个理想主义的团队，营销人员都具有较鲜明的理想主义色彩和较积极的人生观。他们自觉地把企业利益放在首位，把营销人生作为个人的理想目标，通过在艰苦的营销生涯中为企业作出奉献，把创造良好的营销业绩当成个人理想的实现。企业是施展个人才能的理想平台，应努力追求阳光下的利润，而不过多追求个人的经济回报，更不会借工作和职务之便获取不义之财。无论企业是处在巅峰状态还是陷入经营谷底，他们都会和企业荣辱与共，他们的努力和成功往往是企业成功的基础。

传统型营销团队，往往缺乏激情洋溢的理想，他们不是将营销人生视为人生的事业和理想来实现，其心中的价值标准还没有上升到将企业前途和自己的努力自觉联系在一起，形成一种休戚相关、生死与共的关系。他们把在企业的关系当作"寄附"，最关注的是个人利益，即能在企业获得多少报酬。当企业效益好，个人收入高时，他们会在企业干下去，而一旦企业效益下降或遭遇风险，他们就会舍企业而去。

(2) 激情性

学习型营销团队是一个充满营销激情的团队，不论这个团队的人员年龄结构如何，他们的心态永远是年轻的。其最大的特色是充满了营销创意，不为市场困难所压倒，不为经典经验所束缚，不为传统框架所约束，更不以目前的业绩为满足。团队人员具有较强烈的营销创新激情，并乐于实践。

传统型营销团队，往往缺乏营销激情，他们的营销实践过多遵循传统的营销方式和现有的条规约束，不求创新，权威至上。在一个组织边界不开放和营销理念比较封闭的营销团队，营销人员没法迸射出激情，或是激情一出现就面临被扼杀的境地。因此这支队伍的人力资源或财务状况可能是比较理想的，但由于他们的营销方式是沉闷的，缺乏激情和创造力，当市场发生巨大变化时，他们才会感到原来所奉行的"金科玉律"已经过时。

(3) 变革性

学习型营销团队的营销人员具有较强烈的对传统规则的"否定"意识。不迷信权威和教条，不满足现状，总想通过改革来打破旧有框架，并大胆追求和尝试新方案，其工作过程充满了创造。即使在多变的市场，他们也总能通过变革来适应现状。

传统型营销团队对变革往往充满恐惧和敌视，他们希望一种营销机制或一种分配机制最好永远不变，一旦改革就会触犯他们的既得利益，从而对变革敌视并抵制。由于变革在传统型营销团队面前受到的各种抵抗力是巨大的，在很多企业，一旦实施变革往往因遭到传统观念的抵制而失败。

野马放归前后

科考人员将驯服了两年的野马放归到人烟稀少的草原。两年后科考人员发现回归大自然的野马家庭观念和团队保护意识得到了很大的增强。为了验证这一结论，科考人员慢慢接近野马群，当科考人员靠近马群时，很快，在最短的时间内马群围成一个铁桶形，头朝里，屁股朝外，挥动尾巴，做好了战斗的准备。当马群发现科考人员无意伤害它们时，就又掉头迅速排成"一"字形，整整齐齐地缓缓驰向前方。

动物园里的野马群对待入侵的画面却是这样的——当有人接近马群时，它们很惊慌，四散奔逃，没有丝毫抵御入侵的举动。

合理的解释就是：在恶劣的自然条件下，为了抵御外界的入侵和伤害，通过学习，野马群已能自觉地凝聚成一股强大的团队力量，铁桶形的队伍可以有效地保护整个群体。每当有外界力量入侵时它们可以用后蹄狠狠还击，使入侵者敬而远之。在没有任何危机感的动物园里，野马群的抵御能力逐渐下降，团队意识无法凝聚成强大的攻击力，当然要受到伤害了。

(资料来源：马国福.野马放归前后.人生十六七，2005(6))

🔍 提示

这个现象和具有社会属性的我们很相似，为什么在艰苦危难的环境中我们能够形成合力应对困难、战胜厄运，而在安逸舒适的条件下却不能共苦呢？危机四伏的环境或环境意识能够助推我们形成学习型团队。

我认为 _____

(4) 学习性

学习型营销团队是一个善于学习的团队。这种团队，无论是从机制上还是观念上都充满了强烈的再学习意识。营销人员具有对新知识的渴望和再学习的意识，善于在实践中将理论和实际相结合，善于发现他人的优点，并加以吸收。

传统型营销团队再学习的意识不强。他们多满足于固有的知识和经验，而不会很自觉地吸取新知识，也不会积极地开展横向学习。所以，他们一边故步自封，一边对他人的学习进步采取消极、抵触甚至打击的态度。

因此，提高企业的竞争力不完全是进行战略功能的设计和对组织层面的变革。组织设计再好，关键还是要有优秀的团队来执行。没有优秀团队的全面领会与配合执行，再好的企业赢利模式设计都会在实施功效上打折扣。培养优秀的、学习型的团队将会从根本上改变企业的命运。

2. 不成熟—成熟理论

不成熟—成熟理论由美国学者阿吉里斯提出，其目的在于探索管理方式对个人行为和下属成长的影响。事实上，作为一个强调自身学习的个人或学习型团队，时刻都在让自己由不成熟转为成熟。

阿吉里斯认为，一个人由不成熟转变为成熟主要表现在以下7个方面：由被动转为主动；由依赖转为独立；由少量行为转为多种行为；由错误而浅薄的兴趣转为较深和较强的兴趣；由只顾及眼前转为能总结过去、展望未来；由附属地位转为同等或优越地位；由不明白自我转为能明白自我、控制自我。

思考和训练

1. 如何才能建立一个高效的学习型团队？
2. 你目前所在的团队是否是你理想中的团队？
3. 如果你是该团队的管理者，你会怎么做？
4. 每天晚上问一下自己——我今天给他人帮了什么忙，并这样坚持一周。

每日练习

星期一

1. 假如你是一个寝室长，为了建设一个有学习氛围的寝室。你的措施是：

2. 你认为班长与班级学风有何关系？

3. 晚上睡觉前问一下自己，今天我为别人做了什么？_____

星期二

1. 为你所在的团队提出两点建设性意见：_____

2. 假如你要组织一个春游活动，你将如何调动大家的积极性？_____

3. 为什么说"三人行则必有我师"？_____

星期三

1. 对于周围那些优秀的班组，你所见到的他们的长处是：_____

2. 假如你是某公司老总，你会把管理层的组织机构设置为简单的还是复杂的？这样设置的理由是：_____

3. 写下一到两件你以后将为他人做的好事：_____

星期四

1. 给出几个能让同事之间和谐相处的好点子：_____

2. 在与搭档的共同学习中，最难的是：

3. 把消极型团队变成学习型团队，最重要的是：

星期五

1. 晚上睡觉前回想一下——今天我看到别人做的好事是：

2. 写出几条你所在团队中管理者的好的管理方法：

3. 你对建立员工之间相互学习的良好氛围有什么好的建议？

星期六

1. 找出你所在团队组织人员安排上尚欠合理的内容：

2. 作为上级，给两个有矛盾的人分配合作任务，你应先对他们说：

3. 列举一个你曾和同事配合默契的工作例子：

4. 为他人做事给你带来了什么？你看到的变化是：

星期日

1. 每天为他人做好事的心情如何？你感到自身的具体变化是：

2. 帮他人提建设性意见的好处在于：

3. 如何使良好的团队更进一步？请提一些建设性思路：

团队组织建设

一、教学目标

终极目标：形成建设团队的能力。

促成目标：1. 形成团队建设的基本意识；

2. 了解建设团队的基本要求。

二、能力训练

活动一　　　画　牛

道具：A4白纸。

活动目的：训练团队的组建。

活动程序：1. 学员分成若干小组。

2. 各小组召开10分钟会议讨论——不准用笔和纸。

3. 每个学员发一张A4白纸，要求每个人画牛的一个局部——如一只耳朵。

4. 把各人画的牛的局部(纸上的位置不能移动)拼起来，最像的小组获胜。

> **提示**
>
> 这个活动的关键在于组织讨论。通过讨论，训练意见的形成和集中，训练创见的互相激发，训练团队的和谐氛围等。这个活动可以重复训练，也可作一些变化(如画龙或组织时作特别要求等)。

我是这样画牛的＿＿＿＿＿＿＿＿＿＿＿＿＿＿＿＿＿＿

活动二　　　踩　轮　胎

时间：15～30分钟。

道具：一只备用轮胎。

活动目的：加强团队的合作意识。

活动程序：培训师把一只备用轮胎放在空地上，团队的全体成员一起站上去并至少能够停留5秒。

> 🔍 **提示**
>
> 这个活动被用来考验团队合作的能力,也可以用来消除队员的疲劳心态。为强化团队意识,可以在此时喊喊口号。

该活动最难的地方是哪里?下次你会怎样改进?_____

在活动过程中,你感觉团队的合作精神怎样?是否有信任感?_____

活动三 　　诗歌(配曲)

时间:5分钟。

人数:不限。

道具:诗歌若干。

活动目的:提升学员一起活动的兴趣。

活动程序:参与者排成几排,平举双臂搭在前者的双肩,和着"白浪滔滔我不怕,掌稳舵儿向前划,撒网下水到渔家,捕条大鱼笑哈哈"等诗歌节拍跳兔子舞。

> 🔍 **提示**
>
> 即便是简单的东西,一旦组成团队一起学习、活动,其快乐往往也会增添不少。

你认为如何才能提升你所在团队的快乐氛围?_____

三、理论知识

拴马的栅栏

有一天,国王在大臣们的陪同下来到马棚视察情况。见到养马人,国王关心地询问:"马棚里的大小诸事,你觉得哪一件最难?"养马人回答道:"编排用于拴马的栅栏最困难。因为在编栅栏时所用的木料往往曲直混杂,若想让编排的栅栏整齐美观、结实耐用,开始时的选料就极其重要。如果在下第一根桩时用了弯曲的木料,随后就得顺势将弯曲的木料用到底,像这样曲木之后再加曲木,笔直的木料就难以再用。反之,如果一开始就选用笔直的木料,继之必然是直木接直木,曲木也就用不上了。"

(资料来源:慧聪.拴马的栅栏.东方烟草报,2003-11-03)

> 🔍 **提示**
>
> 用人与选才如同编排栅栏,第一根栅栏怎样选择是问题的关键,因为这是标准的设立。

我认为 _____

1. 团队的组织建设

团队是现代管理的核心理念之一。它强调的是组织的整体效应，追求的是创新、高效、综合实力和抗风险的能力。从企业的发展角度来说，团队的精神和力量是企业可持续发展的内在动力，是一个现代企业生存与发展必不可少的要素。

(1) 确立团队精神

如今，越来越多的企业在招聘人才时把团队精神作为一项重要的考查指标。那么，究竟什么是团队精神？企业为什么如此重视团队精神？又该怎样去培养团队精神呢？

所谓团队精神，就是企业中员工之间互相沟通、交流，真诚合作，为实现企业的整体目标而奋斗的精神。它包含两层含义：一是与人沟通、交流的能力；二是与人合作的能力。也就是说，要善于与人沟通，尊重别人，懂得以恰当的方式同他人合作，学会被他人管理和管理他人。

团队精神对于企业而言非常重要。因为在当今社会，企业的分工越来越细，任何人都不可能独立完成所有的工作，一个人所能实现的仅仅是企业整体目标的一小部分，企业必须依赖团队合作来完成。缺乏团队精神，企业就不能适应现代的环境，无法维持其持久性，最后也一定会失败。

团队精神的培养要从以下几个方面着手：第一，倡导主人翁的精神，将个人的利益与企业的利益相结合。个人的利益来源于企业的利益，只有企业的利益得到了维护，自己的利益才可能有保障。第二，学习积极地与人沟通的技巧，凡事采取合作的态度。第三，搭建交流平台，强化团队成员之间的交流。

微软公司的团体意识

众所周知，微软公司使数以百计的雇员成了百万富翁。大多数人认为，发财就等于取得了辞职的资格证书。但是，事实证明，微软公司的百万富翁们并不那样认为。

如果你知道了微软公司的工作条件并非舒适安逸，你就会觉得雇员们的这种献身精神是难能可贵的。在这里，一周工作60小时是常事。在主要产品推出的前几周，每周的工作时数还会过百。微软公司也并非以高额津贴出名，相反，它却以"吝啬"著称。据该公司的一位前副总裁透露，多年以来，董事长比尔·盖茨因公出差时，总是自己开车去机场，而且坐的是二等舱。

那么，是什么神奇的吸引力，竟使这帮百万富翁(甚至包括几个亿万富翁)如此卖命地工作呢？答案只有一个，那就是完全超越了自我的团体意识。这种团体意识，已在微软公司落地生根。微软人认为，他们不属于自己，而是从属于某种特别的东西——微软这个团体。比尔·盖茨在谈到这种文化时曾说："这种企业文化营造了一种氛围，在这种氛围中，开拓性思维不断涌现，员工的潜能得以充分发挥。我们微软公司所形成的氛围是,你不但拥有整个公司的全部资源,同时还拥有一个能使自己大显身手、发挥重要作用的小而精的班级或部门。每一个人都有自己的主见,而能使这些主见变成现实的则是微软这个团体。我的策略一向是,聘用有活力、具创新精神的顶尖人才,然后把权力和责任连同资源(人、财、物),一并委托给他们,以便使他们出色地完成任务。"

> **提示**
> 团体意识使雇员的工作热情更高、工作体验更深,从而也使其生活更具价值。只有协同合作才能创造出触动人类心灵深处的某种东西。

我反思自己的团队意识后发现_____

(2) 建班子、定战略、带队伍

我们无法知道一个团队到底怎么做才一定会成功——因为成功的因素中包含着太多不可控制的内容,但是我们可以知道一个团队要想成功必须做些什么。不能单纯地模仿别人的经验,应该有自己的观察、思考和策划。建班子、定战略、带队伍是团队建设工作的基本内容。

建班子讲的是建立一个好的管理者班子。一个管理者班子,由3部分组成:一是一把手,也就是班子的责任者;二是核心成员,他们是部门全局问题的策划和支持者;三是重要的功能负责人,即参与班子决议的执行者。在重大问题的决策程序上,应该要求立项、调查、研讨、决策,而且主要程序应是"听多数人意见,和少数人商量,核心说了算"。

确定战略,应该从5个关键问题着手:确定中长期目标;确定实现目标的总体战略和阶段;制定目前的目标;确立采取什么方式进行战术动作的分解;在实施中如何进行调整。

带好队伍讲的就是如何管好一个团队。一个团队能否发挥出应有的水平,除了依赖于团队成员的素质以外,主要还应仰仗管理者的技能水平。这时也应该注意5个要点:优化的组织结构和岗位设置;以岗位责任制为核心制度;完善和落实考核与激励机制;建立培训体系;加强企业文化建设。

通天塔的故事

《旧约全书》上说,人类的祖先最初使用的是同一种语言。他们在底格里斯河和幼发拉底河之间,发现了一块异常肥沃的土地,于是就在那里定居下来,修起城池,建造起了繁华的巴比伦城。后来,他们的日子越过越好,人们为自己的业绩感到骄傲,便决定在巴比伦修一座通天的高塔,来传颂自己的赫赫威名,并作为集合全天下弟兄的标记,以免分散。因为大家语言相通、同心协力,阶梯式的通天塔修建得非常顺利,很快就高耸入云。上帝得知此事,立即从天国下凡视察。上帝一看，又惊又怒，因为上帝是不允许凡人达到自己的高度的。他看到人们这样统一强大，心想，人们使用同样的语言，就能建起这样的巨塔，日后还有什么办不成的事情呢？于是，上帝决定让人世间的语言发生混乱，使人们互相言语不通。人们各自讲起不同的语言，感情无法交流，思想很难统一，就难免出现互相猜疑，各执己见，争吵斗殴。这就是人间误解的开始。修造工程因语言纷争而停止，人类的力量消失了，通天塔终于半途而废。

（资料来源：[美]房龙著.圣经的故事大全.王伟，刘国鹏译.西安：陕西师范大学出版社，2010）

> **提示**
> 团队有共识，才能激发成员的力量，心甘情愿地倾力去打造企业的通天塔。

我认为

团队没有默契，不能发挥团队绩效，团队交流沟通发生障碍，也就难以达成共识。身为管理者，要能善用任何沟通的机会，甚至创造出更多的沟通途径，与成员充分交流。唯有管理者从自身做起，秉持对话的精神，有方法、有层次地激发员工发表意见与讨论，汇集经验与知识，才能凝聚团队的共识。

2. 团队建设能力的提高

团队建设的关键在于发挥团队的协同效应。协同效应表现于部门与部门之间、员工与员工之间的良好合作，而这种合作是以沟通、协调为前提的。有一个关于"交换"的说法。两个人相互交换了一个苹果，结果每个人手中还是只有一个苹果。两个人互相交换了思想，结果每个人都丰富了思想。这就是沟通的结果。沟通可以达成1+1>2的效果，可以避免恶性事件的发生，可以互相学习经验，弥补不足。

团队建设能力提高的最大障碍通常来自于自身，因为一个人最强劲的对手往往是他自己。我们只有战胜自己、发掘自己、突破自己、提高自己，才能在众多的竞争对手中立于不败之地。

通用的组织结构创新

1916年，随着联合汽车公司并入通用，阿尔弗雷德·斯隆出任通用副总裁。斯隆发现通用管理上存在很多问题，于是先后写了一些分析内部管理弱点的报告。但是，总裁杜兰特只是赞赏，却不予采纳。到了1920—1921年的经济危机期间，通用在经营管理上的问题彻底暴露出来了。公司危机四伏，摇摇欲坠。这时杜兰特引咎辞职，皮埃尔·S.杜邦兼任总裁。斯隆在他的支持下，开始了改革的进程。这场改革从1921年开始一直持续了10年。

斯隆分析了通用公司的弊病，指出公司过去将管理者的权力集中在少数高级管理者身上。他们事无巨细、大包大揽，结果反而事与愿违，导致公司各部门出现控制混乱的局面。斯隆认为，大公司较为完善的组织管理体制，应以集中管理与分散经营二者之间的协调为基础。只有在这两种看似相互冲突的原则之间取得平衡，把两者的优点结合起来，才能获得最好的效果。根据这一思想，斯隆提出了改组通用公司的组织机构的计划，并第一次提出了事业部的概念。

斯隆将管理部门分成参谋部和直线工作(前者在总部工作，后者负责各个方面的经营活动)部门，创造了一个多部门的结构，将力量最强的汽车制造单位集中成几个部门。这种战略现在人们已经熟悉，但在当时属于第一流的主意并且被出色地执行了。多年后斯隆这样说明：我们的产品品种是有缺陷的，聪明的办法是造出价格不同的汽车，就好像指挥战役的将军希望在可能遭到进攻的每一个地方都要有一支军队那样。"我们的车在一些地方太多，而在另一些地方却没有。"首先要做的事情之一是开发系列产品，在竞争出现的各个阵地上对付挑战。

斯隆认为，通用汽车公司出产的车应从凯迪拉克牌往下到别克牌、奥克兰牌、奥尔兹莫比尔牌，最后到雪佛兰牌。每个不同牌子的汽车都有自己专门的管理人员，每个单位的总经理相互之间不得不进行合作和竞争。这意味着生产别克牌的部门与生产奥克兰牌的部门都要生产零件，但价格和式样有重叠之处。许多买别克牌的主顾可能对奥克兰牌也感兴趣，反之亦然。这样，斯隆希望在保证竞争有利之处的同时，也享有规模经济的成果。零件、卡车、金融和通用汽车公司的其他单位有较大程度的自主权，其管理者成功则获奖赏，失败则让位。通用汽车公司后来成为一架巨大的机器，但斯隆力图使它确保有较小公司所具有的激情和活力。

斯隆的战略及其实施产生了效果。1921年，通用汽车公司生产了21.5万辆汽车，占国内销售的7%；到1926年年底，斯隆将小汽车的产量增加到120万辆，拥有40%以上的汽车市场。1940年该公司产车180万辆，已达该年全国总销量的一半。相反，福特公司的市场份额1921年是56%，而1940年是19%，不仅远远落后于通用汽车公司，而且次于克莱斯勒公司而成了第三位，而后者在1921年时甚至还不曾出现。这是美国商业史上最戏剧性的沉浮升降之一。

(资料来源：[美]彼得·德鲁克著.卓有成效的管理者.北京：机械工业出版社，2005)

> **提示**
>
> 斯隆的改革是典型的放权、授权改革，与放权、授权同行的是组织机构的变化，改革的结果是基层管理者有了权力，但责任增加了，压力也随之而来。这就是团队组建的一个基本原则和要求。

我认为

3. 团队建设中的几个要点

(1) 仰仗于沟通

团队合作和保守秘密有时是不能兼顾的，所以，一位不能和团队成员开诚布公的管理者，是无法让团队成员发挥最佳潜能的。管理者应定期、不定期地安排"有话要说"的会议，要有意、无意地制造团队成员可以表达自己意见的机会，以此作为沟通的管道。成员会因彼此了解而解除戒心、放松心情，这有助于培养忠诚和凝聚力。在适当的场合，充分开放所有与团队任务有关的信息，如数据、事实、议程或记载成员个人对整个计划所应负责的备忘录。

(2) 鼓励成员发表意见

每个人在团队工作时，通常比一个人独自工作更有创意。鼓励公开讨论意见，并确保每项意见都受到聆听及尊重。如果对某个意见持保留态度，要委婉地表示，驳回的理由一定要合理正当。提醒团队成员有何相关资源可供运用，并促进成员之间公开讨论与团队目标有关的话题。

(3) 诱发最佳表现

团队成员能合作无间以达到最佳表现是极其重要的。交付给成员全部的工作责任，授予他们执行及改良其工作的权力，诱发他们对整个团队作出最大的贡献。如果团队成员中有人被诱发出最佳表现，对其他人也是极大的鼓励。

(4) 分担责任

团队刚成立时，设定共同目标和安排个人角色只是一个程序的开端。一支团队须负起执行政策、控制进度的责任。遇有不能达到目标的行动时，亦必须向上级作出有建设性及创意性的反馈。作为一个整体，团队有责任确保成员间沟通自由且畅通，还要让每位成员都清楚明了政策上的改变和工作的进度。

爱斯基摩结构

在一年四季冰封雪冻的北极世界，狗拉雪橇是爱斯基摩人唯一的运载工具。如何让狗多拉快跑，爱斯基摩人有自己的一套对狗的管理方法。爱斯基摩人的狗拉雪橇，狗是分两个层次的，前面有一只领头狗，后面便是多只狗了。爱斯基摩人给领头狗许多特权：它单独享用食品，单独睡好的狗舍，还从来不挨鞭子抽打。与其相反的是后面的力狗，大家一起抢着吃，还不管饱，狗舍也是大通铺，拉雪橇时稍有走神主人的鞭子便会落下。于是，狗感到不平，拉着雪橇跑起来的时候，在后面的力狗就都想趁乱咬上领头狗一口。领头狗的缰绳比后面力狗的长两尺，后面的狗要咬它，势必要拉着雪橇飞跑，而领头狗因缰绳长，几乎是空跑，力狗虽然从始至终都差一点就要咬着领头狗"傲慢的尾巴"，然而到了终点也咬不着。这便是爱斯基摩结构。

(资料来源：孙国强.爱斯基摩结构的启示.企业管理.2006(4))

> 🔍 提示
>
> 让人不得不佩服爱斯基摩人想出这么一个"以狗治狗"的办法。不过是简单地给狗区分了待遇，便使其有了内动力。爱斯基摩结构对付的是狗，它绝不能在团队管理中使用，但是作为一个极端的例证，它不一样具有镜子作用吗？

我认为

(5) 保持弹性

任何团队对成员都有很多要求。虽然每位成员皆有自己的角色和责任，但是他们必须保持弹性并愿意适应与改变。有些制造业的团队，甚至会要求成员有能力完成团队各个层面的工作。当团队向前发展时，需检讨每个人的角色，依任务需要适时调整。

(6) 创造自我管理团队

自我管理团队是指对某一特定工作从头至尾负起全部责任的团队组织。自我管理团队比其他团队有更多的自主权。譬如，一支制造业的团队，可能会接管一条组装线的整个生产流程。这类团队的特质包括分享管理者角色、高度自主、公开讨论以作出民主的决策、自行管理团队的各项活动、承担全部的责任等。

向山顶跑

有一天，有人问一位登山专家："如果我们在半山腰，突然遇到倾盆大雨，应该怎么办？"

登山专家说："你应该向山顶走。"

那人很奇怪，又问道："为什么不往山下跑？山顶风雨不是更大吗？"

"往山顶走，固然风雨可能会更大，但却不足以威胁你的生命。至于向山下跑，风雨可能小些，似乎比较安全，但却可能遇到暴发的山洪而被活活淹死。对于风雨，逃避它，就有可能被卷入洪流；迎向它，却能获得生存的机会！"

（资料来源：雅琴编著.小故事大道理.北京：海潮出版社，2004）

提示

不断进取，勇于面对一切困难，努力克服它、战胜它，这是生存的法则。相反，逃避是懦夫的作为，最终只能带来更多的危机。

我的看法是＿＿＿＿＿＿＿＿＿＿＿＿＿＿＿＿＿＿＿＿＿＿＿＿＿＿＿＿＿＿＿＿

四、知识拓展

企业团队中的4个关键因素

如果把一个企业作为一支团队运作，那么，在这个团队中，关键的4个因素——领导、沟通、销售、人际互动，将决定团队的命运。

(1) 领导

《高效团队24法则》中提到，世界上最伟大的橄榄球教练文斯·隆巴迪，虽不是企业界精英，也没有经营过数十亿美元的公司，但是他将一支垃圾球队培养成一支冠军球队。他的成功领导经验为美国人甚至全世界管理者所敬佩。其实，一支球队所面临的考验和危机，也会类似地发生在其他组织之中。团队领导，首先要认清自己的能力，然后培养自己的品德和诚信，向队员灌输求胜的意念，激励他们发挥出超越体能和职能的能力，那么他所领导的这支团队才可能有所收获。

一个领导在认清自己的优势和缺陷之时，首先要问自己一些这样的问题：你的生活中有没有一个至高无上、愿意全身心投入的目标？你所做的一切是否有意义、有目标？通过提问，时刻保持头脑清醒。要想成为高效的领导者，必须勇于承担责任。这就需要有破釜沉舟的勇气。不要相信那些瞬间成功的神话。对于领导者来说，最重要的一点就是要记住——成功是你的领导才能所带来的最终结果。

钓鱼的老人

有位年轻人与一位老人相邻钓鱼，奇怪的是，老人家不停有鱼上钩，而年轻人一整天都未有收获。

年轻人终于沉不住气，问老人："我们俩的钓饵相同、地方一样，为何你轻易钓到鱼，我却一无所获。"

老人从容答道："我钓鱼的时候，只知道有我，不知道有鱼；我不但手不动、眼不眨，连心也似乎静得没有跳动，令鱼也不知道我的存在，所以，它们就咬我的鱼饵。而你心里只想着鱼吃你的饵，连眼也不停地盯着鱼，见有鱼上钩，心有急躁，情绪不断变化，心情烦乱不安，鱼不让你吓走才怪，又怎会钓到鱼呢？"

(资料来源：雅琴编著.小故事大道理.北京：海潮出版社，2004)

提示

成功的人背后自有成功的原因。不要让自己处于烦躁的状态，让自己的情绪安静下来，让自己有控，这往往是成功的关键。

我的看法是　　　　　　　　　　　　　　　　　　　　　　　　　

(2) 沟通

沟通工作是当今社会最频繁的事情之一。只有在合适的时间做合适的事情，成功沟通才会实现。以客户沟通为例，著名的客户管理专家弗尼斯指出，客户才是最终的购买者，所以，每一次洽谈的核心思考应该是客户会采取什么样的行动，而不应该是沟通人员会采取什么举措。在与客户打交道的过程中，沟通人员要着眼于成为专业人员。获得哪个名牌大学的学位或者具有什么头衔，并不能保证你就能成为一名专业人员。你今天所做的事，也只能让你在今天称得上是专业人员。一位专业的沟通人员应该十分清楚：什么是客户感兴趣的、什么是其不感兴趣的、什么是其可能感兴趣的、什么是绝对要避免提及的。在与客户的沟通过程中，不可避免地会出现难以解决的问题。一位专业的沟通人员会主动地把问题提出来，并且站在客户的角度提出最优方案，用一种朋友的心态与客户沟通。这样既赢得了客户的信任，也为老板赢得了市场份额。

(3) 销售

在当今商业世界，单单依靠产品知识或者技术专长来推销已不再奏效。作为一个开放便利的信息来源，互联网使客户得到了比以前更多的信息。在这种情况下，你和客户对产品信息的了解程度，已经不再是你们之间的最大区别。销售培训专家理查森指出，销售人员的作用不再是谈论产品，而是向客户传达一种信息，该信息融入了产品的特点、能给客户带来的益处以及你对产品的评价和观点，这些都要适合客户的需要。

多数销售人员都在使用盛行数十年的销售模式，即陈旧的、经实践证明已经失效的、一味强调产品特点和益处的模式。很多销售人员总是急不可耐地谈论自己的产品，一成不变地从某类产品而不是客户的角度开始谈话。现在，销售是一种要求更高的工作。在21世纪的客户关系中，销售人员必须转变自己的角色，也就是从"专家"转变为"资源提供者"。

(4) 人际互动

在《职场人际24戒律》一书中，雷克·布林克曼博士列出了10种最不受欢迎的行为类型：坦克型、狙击手型、手榴弹型、万事通型、假万事通型、好好先生型、犹豫不决型、三缄其口型、否定型、抱怨型等。坦克型的人激进而冷酷，会采取任何手段，毫不犹豫地消灭所有阻碍；狙击手型的人会因为某种原因把对方作为怨恨的对象，专挑其缺点；手榴弹型的人常常大发脾气，与现有的环境格格不入；万事通型的人滔滔不绝、口若悬河，但不愿意拿出一点点时间听别人的观点；假万事通型的人所知不多，但自己却从不这么认为；好好先生型的人表达赞成时非常快，发表自己的观点时却吞吞吐吐；犹豫不决型的人，在作重要决策时，总是不断推迟决定；三缄其口型的人，绝不会告诉对方想知道的任何事情，对方永远都不会得到反馈；否定型的人总是很消极，把别人引入悲观和失望中去；抱怨型的人总是沉迷于自己的烦恼中，不断地抱怨。因此，无论是团队中的个体成员还是人力资源主管，都要看清自己是不是这样的人、有没有在犯这样的错误，然后努力发掘身边每个人的优点，使大家的表现更加出色，使自己的团队更有竞争力、凝聚力。

思考和训练

1. 请复述模块一中7个小矮人脱困的故事。
2. 请在虚拟情境中试着组建一个团队。

每日练习

星期一

1. 你所在集体存在的最大问题是什么？提出自己的建议：_____

2. 做一件有利于培养团队精神的事，具体内容是：_____

星期二

1. 你通常给他人提建议有什么目的，意义在哪里？＿＿＿＿＿＿＿＿＿＿＿＿＿＿＿＿＿

2. 如果你想举办一个Party，你认为该如何调动大家参加的积极性？＿＿＿＿＿＿＿

3. 假如你所在的某个社团就要解散了，试提出3点维持社团的理由并去说服大家：

星期三

1. 给自己为所在集体提出的建议做目标分解：＿＿＿＿＿＿＿＿＿＿＿＿＿＿＿＿

2. 假如你是某厂的老板，工厂面临倒闭，你将对你的员工说：＿＿＿＿＿＿＿＿＿

3. 如果你是一名导游，一位游客因阶梯陡而想放弃，该怎样帮他跨越心理障碍？

星期四

1. 通常你为团队提出的建议可行性如何？原因在于：＿＿＿＿＿＿＿＿＿＿＿＿

2. 成员的素质对团队的业绩至关重要，假设你是某旅行社的总经理，你将怎样安排如下类型人员的工作岗位呢？
   性格内向的人：＿＿＿＿＿＿＿＿＿＿＿＿＿＿＿＿＿＿＿＿＿＿＿＿＿＿＿＿
   性格外向的人：＿＿＿＿＿＿＿＿＿＿＿＿＿＿＿＿＿＿＿＿＿＿＿＿＿＿＿＿
   原则性强的人：＿＿＿＿＿＿＿＿＿＿＿＿＿＿＿＿＿＿＿＿＿＿＿＿＿＿＿＿
   明哲保身的人：＿＿＿＿＿＿＿＿＿＿＿＿＿＿＿＿＿＿＿＿＿＿＿＿＿＿＿＿

3. 建立一个兴趣小组，记录你今天为建立这个小组所做的事：＿＿＿＿＿＿＿＿

星期五

1. 给团队提出建议时该用怎样的沟通方式？＿＿＿＿＿＿＿＿＿＿＿＿＿＿＿＿＿

项目四 团队建设能力的训练

2. 讲述你做过的有损集体荣誉的两件事：_____

3. 回忆一件因合作而成功的经历，谈谈你们成功的经验：_____

星期六

1. 你为所在集体提出的建议实施效果如何？为什么？_____

2. 你是如何与别人分享你的快乐的？_____

3. 说出你所在团队的两个缺点，如果你是团队管理者，将作何改正？_____

星期日

1. 什么原因会导致团队的凝聚力不足？_____

2. 如果你任某组织领导，写出与下属沟通的几个重要原则：_____

3. 讲述你做过的有利于集体荣誉的两件事：_____

团队文化营造

模块三

一、教学目标

终极目标： 参与团队文化营造的具体工作。

促成目标： 1. 理解团队文化出现的必然；
2. 把握团队文化营造的相关条件。

二、能力训练

活动一　　进化论

时间：15～30分钟。

活动目的：增强同事间的友谊，有利于团队文化的建设。

活动程序：全体人员先蹲下作为鸡蛋，然后相互找同伴猜拳，赢者进化为鸡仔，可以站起来；然后找鸡仔同伴再猜拳，赢者进化为凤凰，可退到边上休息，输者退化到前一个阶段。如此一直进行，直到大部分的人都进化为凤凰为止。

🔍 提示

这是一个很小的活动，但是它能够使管理者、员工一起放松，在"没大没小"的活动中复归人的"平等"天性，构建团队的和谐文化。

你喜欢与人同乐吗？为什么？

活动二　　自我SWOT分析

时间：15分钟。

道具：SWOT分析表。

活动目的：增强自我认识及学习能力。

活动程序：1. 培训师给每位学员发一张SWOT分析表，学员把自己的优势、劣势、机遇及威胁填在SWOT分析表中。
2. 与小组的其他成员分享、讨论。

> **提示**
> 只有当每个人都把自己的特点与机遇及威胁结合起来考虑，团队的共性问题才能暴露无遗，才能有的放矢地构建自己的团队文化。

当你为自己作了SWOT分析之后，是否对自己的认识更加深刻？

与小组的其他成员分享之后，有了什么新的认识？

SWOT分析是对自己的优势、劣势与机遇及威胁的分析。自己的强弱和外部环境的机会、威胁组成了两个维度（如表4-1所示）。它可以帮助人们分析个体情况，也有助于分析组织情况，是帮助人们进行细化认识的重要工具。

表4-1　SWOT分析表

优势	劣势
机会	威胁

三、理论知识

思科的平等团队文化

思科的工作效率全世界闻名，但很多人并不知道思科的效率源于思科平等的团队文化。

思科公司的办公室，无论员工级别高低，面积相差无几，且级别高的要坐在中间地带，把临窗向阳的地方让给普通员工。思科公司总部，不设高级管理层专用车位，即使是总裁约翰·钱伯斯也一样得自己到处找停车位。思科员工出差，一律坐经济舱。若有人要享受商务舱的舒适，需自己补足两者的差价。

在思科曾收购的企业中，很多高层都留在了思科，而没有另立门户。谈及缘由时，有人说："约翰与我们完全平等，假如他把我们看成下属的话，我们可能早就离去了。"

在思科，从秘书的职位做到高层经理，这不是一个童话。公司会最大程度地给予员工发展的空间，只要敢于发挥你的才能，并让公司注意到，每个员工的成才之路都有章可循。员工可以在公司部门之间频繁转换岗位，直到找到最适合自己的岗位为止。然而，在"灰姑娘"成为"公主"之前，你也不会感到任何不平等：与高层管理者享用同样大小的办公空间，出差享受同样等级的舱位，世界各地持有股票的员工与在美国的员工一样多。即使是一名新到公司的员工，也会收到总裁钱伯斯从美国寄来的签名欢迎信，而且新员工到公司的周年纪念日还会收到纪念品。

> **提示**
>
> 平等的团队文化极大地消除了效率中的"层级关系"障碍，也是驱动团队有效工作的源于情感逻辑的一个非常重要的因素。

你认为平等的团队文化是怎样产生效果的？_____

1. 对团队文化的认知

团队文化是组织文化的一种形式。它是组织在长期的实践活动中所形成的并且为组织成员所普遍认可和遵循的具有本组织特色的价值观念、团体意识、行为规范和思维模式的总称。其构成要素有组织精神、组织理念、组织价值观、组织道德、组织素质、组织行为、组织制度、组织形象(服务产品形象、环境形象、成员形象、组织管理者形象、社会形象)等内容。其功能有自我内聚功能、自我改造功能(包括导向功能)、自我调控功能(包括约束功能)、自我完善功能、自我延续功能、辐射功能等。

团队文化可分成3个层面：一是表层文化，包括物质文化和行为文化；二是中层文化，也叫制度文化；三是深层文化，即精神文化。优秀的团队文化是一种综合性的人性化氛围，是团队全体员工在长期的工作中精心培育而成的，是团队全体成员共同遵守的最高目标、价值标准、基本信念及行为规范的总和。优秀的团队文化的意义在于统一团队成员的价值观，从而在成员之间形成一种心理契约关系。团队文化的核心是组织价值观，中心是以人为主体的人本文化。

从西夏的消亡看文化的重要性

杨保军在《读书》2005年第9期上撰文阐述保护传统文化的意义时谈到，他在银川考察西夏故宫的时候，发现地下的瓦片都被敲碎了。当地人说，当年西夏的文明程度几乎赶上了宋朝，也创造了比较灿烂的文化，可是最后西夏的"党项族"居然被灭掉了，这个民族没了。

蒙古人打下了西夏，觉得把"党项族"的人全部杀掉是不能解决问题的，因为只要他们的文化传承下来，这个民族就灭不掉。只要把他们的文化灭掉，没有了文化这个载体，它就会变得不是这个民族了。后来蒙古人规定，西夏语言不许用(现在的西夏文字是非常罕见的)、音乐不许演奏、服饰不许穿戴、民俗礼节统统禁止、寺庙和塔也毁掉，连所有的瓦片也都敲碎。这个民族的人找不到凝聚的文化了，就都改了民族，"党项族"也就消亡了。

> **提示**
>
> 一个民族、一个国家如果没有了自己的文化，人民就找不到根子，这个民族或国家就可能真正消亡。其他组织也是这样。这就是文化的重要性。

我所理解的文化是_____

2. 团队文化营造的主要途径

团队文化营造的主要途径(如图4-1所示)包括：①选择价值标准。其关键要把握两点，即立足于本组织的具体特点和把握住组织价值观与组织文化各要素之间的相互协调。②强化员工认同。通常从以下措施着手——充分利用一切宣传工具和手段；树立英雄人物；培训教育。③必要的制度保障。制度是团队文化中明确和相对稳定的内容，必要的制度保障着管理意志在行为层面的贯彻。④管理者的率先垂范。其需有相应的配套，如精心的分析、全面的归纳和明确的示范。⑤巩固落实。文化建设和其他系统性工作一样，最终一定要予以巩固落实。

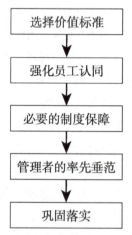

图4-1　团队文化营造的主要途径

唐恩林的闹钟

摆渡工人唐恩林在黄浦江上工作了30年。1个闹钟怕误事，5个闹钟才放心。每天早晨3：45，老唐都是被5个闹钟闹醒的。"如果我迟到了，自己扣奖金倒是小意思，人家乘客们可都要受牵累了。我工作30多年从没迟到过一次。"老唐说。他的5个闹钟，作为这个城市职业精神的象征，已经被上海历史博物馆永久收藏。

> **提示**
>
> 当摆渡工人唐恩林的5个闹钟成为这个城市职业精神的象征，并被上海历史博物馆永久收藏后，榜样已无可非议地得到了树立。

我认为

3. 企业所追求的组织文化

很多管理者对企业文化感到难以理解，更不懂得如何将企业理念渗透到企业的经营管理活动当中去。其实，从某种角度上来说，企业文化就是企业管理中最人性化的东西。而这种人性化的东西，通过企业的管理方式、经营作风、规章制度、文体活动、广告宣传甚至是企业的每一个行为，都能体现出来。

企业的人性化管理是一个系统工程。首先，企业必须树立"以人为本"的企业理念；其次，这种人性化的理念更重要的是要体现于企业的管理制度之中；最后，这种人性化的东西还要通过企业宣传、企业行为等各种细节表现出来，体现企业文化的魅力。

企业文化是一种综合性的人性化管理气氛，它是企业全体员工在长期的工作中精心培育而成的，是企业全体员工共同遵守的最高目标、价值标准、基本信念及行为规范的总和。企业文化的意义在于统一企业员工的价值观，从而在企业与员工之间形成一种心理默契关系。而企业文化的形成需要保持企业行为规范、企业管理制度与企业价值观念的高度一致。具体地说，我们所追求的企业文化应该是有凝聚力的、学习型的企业文化。

(1) 有凝聚力的企业文化

有凝聚力的文化源自于对人的尊重。可以说，尊重人性是所有优秀企业文化的核心和基础。若把优秀的企业文化比喻为一座大厦的话，那么，尊重人性就是其最底层的基础。

一滴不会干涸的水

相传佛教创始人释迦牟尼曾问他的弟子："一滴水怎样才能不干涸？"弟子们面面相觑，回答不上。释迦牟尼说："把它放到大海里去。"

提示

一滴水的寿命是短暂的。但当它汇入海洋，与浩瀚的大海融为一体的时候，它就获得了新的生命。大海永远不会干涸，它也能永远存在于大海之中。同样，团队中的每一个成员都可以反映一个团队的整体力量，并且这个团队成员与团队一样具有生命，这个团队也因此而展现出它的凝聚力。此时的文化必然具有高度的稳定性和一致性。

我认为我要去的大海是 _____

一切管理都离不开人，管理的根本在于人。管理者与被管理者是一种平等的伙伴关系。在现代团队式组织中，人员之间的等级界限被淡化，所有的分工只是为了更好地合作。较少的等级结构不仅能提高信息的传递效率，提高决策的速度和进程，而且能有效地降低组织的开支。

(2) 学习型的企业文化

团队的学习力已成为企业优秀文化形成的核心。在学习型企业的文化建设中，更注重对员工学力的培养、心灵的塑造、精神的训练，个人对企业整体的认同感的建立，进而形成整个企业的向心力和凝聚力。

领导者要努力创造一种自主、宽松的工作环境和相互信任、相互支持的团队氛围。团队领导需要制订良好的沟通计划，规划沟通渠道及沟通目标，鼓励员工非正式组织间的交流，使团队成员能够畅所欲言，从不同角度提出有利于团队建设的意见和方案。通过创建健康向上的环境，营造浓厚的企业文化氛围，使广大员工在潜移默化中受到感染

项目四　团队建设能力的训练

和影响，从而激发对企业的热情。

4. 企业文化的延伸

(1) 成为员工能分享的企业文化

企业文化作为一种待遇，人们又该如何去分享或消费这种价值，并切实地感受到这种价值呢？第一，分享企业品牌、企业形象。第二，分享企业的经营管理经验或技术技能。第三，分享和消费企业提供的良好的人际关系、行为规范、积极向上的敬业精神、实事求是的办事作风。第四，分享和消费企业提供的良好的学习与培训条件。这是企业给员工的隐形收入。

企业文化建设应重在关心人、爱护人、培养人、提高人，要从产品导向向服务导向过渡；要从个人享受向共同快乐转变；要使员工深切地领会到在企业中能获得的有形待遇（工资、福利、权利、股份、期权等）和无形文化待遇（优良的环境、成就感、企业员工及社会给予的尊重与荣誉、企业所烘托的个人身份等）相结合的双份的收益。

(2) 成为影响消费者的企业文化

企业文化建设的一个主要内容就是围绕本企业的行业特点、发展战略、产品定位、消费群体等因素提供营销理念和市场战略支持，发展营销文化，以强有力的文化力量传递给消费者并影响他们的消费价值观。

四、知识拓展

以人本团队文化为发展战略——人本集团案例

人本集团有限公司是我国无区域性民营企业，公司以"人本"为名决非偶然，它是公司历史文化精华的沉淀，是公司发展过程中血的教训的总结。人本集团坚持以人为本的经营理念，坚持以人为本的发展战略，给其他民营企业的成长提供了一个切实有效的样板。但是，作为一个民营企业，树立"以人为本"的企业文化并切切实实地坚持下去并不容易。人本集团是怎样建立并坚持"以人为本"的呢？它能给人们带来什么启示？这是一些有探讨价值的问题。

人本集团的前身是温州市轴承厂，创建于1991年。创建之初，正值中国轴承市场"疲软、低迷"之际，虽然入市并不利，但是，30出头的张童生和几位志同道合者带着创业的激情与梦想和对国产轴承远不如国外产品现状的不服气，仍然坚持选择了这一极具挑战性的领域。张童生认为，轴承行业是中国传统行业，同行之间没有技术秘密，轴承企业之间的竞争主要不应该在设备、技术、资金上，而是在员工的素质上，谁把员工素质提上去，谁就能掌握主动权。为此，他提出了"建厂先建人"的办厂方针，以培养一支优秀的员工队伍来弥补企业其他硬件的不足。于是，以人本团队文化作为发展的战略构思自然而然地被提了出来。

一个企业如果长期坚持以人为本的理念进行管理，则它的员工应该是最具有战斗力的，它的企业形象也最能够得到社会的认可，它的内部关系也一定最为协调，它的发展也一定最具持久性。如何才能把这一理念贯彻下去，这是一个复杂的问题，张童生和他的同事们可谓煞费苦心。

首先，他们意识到在企业建立以人为本的文化理念必须从制度抓起，制度是理念得以贯彻并行之有效的保障。当时企业管理层形成了一种共识，他们确定了"依法治厂"的办厂方针，形成了"标准老大、厂长老二"的权威性氛围。

其次，他们意识到制度建立的方式能从根本上反映公司的核心理念。所以，人本集团内部的各种标准采用员工制定、员工执行的民主管理方式，有效地保障了员工的合法权益，增强了企业的凝聚力和团队精神，激发了员工的积极性、创造性和主人翁精神。人本集团公司内部设有一个由工会代表、管理者代表、股东代表三方组成的企业标准制定委员会，负责全公司标准的起草、制定。其标准无所不包，宗宗小事都有明文规定。

第三，他们意识到需要建立特定的组织机构，使规则的贯彻执行获得切实的保证。"人本"设立了企业标准促进部，全权负责标准的落实执行。每年4月和10月，企业标准促进部需对标准提出修改补充意见。

第四，公司的管理层意识到，企业建立以人为本的文化理念必须在企业内部构建一系列相关的共识，这些共识的基本内容将深深地根植于企业全体员工的内心之中，让它成为人们行为的规则、思考的信念和评估是非的价值标准。集团管理者认为，严厉的制度、金钱的诱惑只能产生被动的积极性。企业应该想方设法营造一种宽松、和谐、温馨的家庭式文化氛围，从而极大地调动员工的全部激情和聪明智慧。例如，自1996年开始，公司每年都举行别开生面的"赠品拍卖会"。拍卖会上的礼品都是社会各界人士因工作和业务上的往来馈赠给集团管理者及有关人员的。拍卖礼品获得的收益交工会用于员工福利开支。

第五，公司的管理层意识到，在企业建立以人为本的理念和发展战略的过程中需要一系列正确的生产经营决策和行为判断，人本集团做到了。张童生和他的同事们跳出国家标准的习惯思路，制定出一套全新的质量标准，以用户的要求作为企业产品质量的最低标准。他们生产的轴承之精密度普遍提高，公差缩小到国标的1/2、1/10，甚至是1/20以上。

十多年来，人本集团从一个名不见经传的单一的轴承生产小厂发展到现在集轴承制造、机电物流和商业超市于一体的全国无区域性大型企业集团，其关键是营造了一支真正能打硬仗的员工队伍，这也成为人本集团真正的核心竞争力。

人本集团案例的启示：

1. 把"以人为本"作为发展战略具有可行性

人本集团发展案例起始于少量的资本投入(400万元)和创始人的敬业，张童生和他的同事开始对轴承行业并无任何经验、门路和其他值得一提的可用资源，他们只知道轴承行业在中国还很弱,该行业在中国还很有发展潜力,于是就投入了。如果仅仅是这些条件就能成就像人本集团这样的企业,那么可成功的民营企业家将多得不可胜数。中国并不缺乏精明的民营企业家,而是缺乏能够把以"人为本"作为自己企业发展战略的精明的民营企业家。民营企家业容易选择以钱为本,容易选择唯亲是用,这是民营企业家普遍存在的思维惯性。只要民营企业家们能克服自己不良的思维惯性,坚持以人为本的发展战略,便可以把自己的企业做好。

2. "以人为本"便于构建企业持续发展的运行框架

我国的民营企业大多还处在原始积累阶段,现代产权制度尚未建立,大股东是董事会的主持者,经营负责人的权力也很难从大股东处获得明确的独立,整个企业尚处在一个向大股东直接负责的权力构架形态之中,企业的管理意志具有明确的向下垂直贯彻的倾向。资本职权的影响容易造成以钱为本的文化理念,而以钱为本的企业文化是难以构建起企业持续发展运行框架的。人本集团不遗余力、自始至终地构筑以人为本的企业文化理念造就了它持续发展的业绩,这是值得民营企业家予以重视的。

3. 坚持"以人为本"需要做好前期准备工作

人本集团的案例告诉我们,坚持以人为本的发展战略需要做好一系列的前期准备工作,其中包括企业家自身素质的修养、心态的调整和制度上的创新等。人本集团做到了这一点,而且做得相当精彩,所以它成功了。张童生主张"制度老大、厂长老二""标准老大、厂长老二",强调在制度和标准面前人人平等,首先要把自己的心态调整好,所以,以人为本的发展战略就容易坚持。张童生和他的同事们进行了一系列的制度创新,他们促成了一个由工会代表、管理者代表、股东代表三方组成的企业标准制定委员会,负责全集团的标准的起草、制定;建立"赠品拍卖会"制度;建立公正的用人制度——通过公开、公平、公正的形式选拔和使用人才,各级管理人员按照理论测试、就职演讲、群众投票选举、面试答辩、公司管理者评选和董事会审批等程序进行民主选举,避免了直接任命的主观性和"任人唯亲"或"唯情用人"的现象。张童生和他的同事们所进行的制度创新对很多民营企业都是有借鉴意义的。

4. 齐心协力是贯彻"以人为本"的基本保障

人本集团的主要股东和高级管理者在"坚持以人为本的发展战略"这一看法上,持有相同的观点,他们都一致地认识到本企业需要构建的核心竞争力是什么,由心而发的齐心协力是贯彻以人为本这一理念的基本保障。

5. 强有力的执行文化是"以人为本"得以贯彻的支撑因素

人本集团执行文化的创立得益于集团管理者的自律。在企业初创时期,张童生为了把质量抓上去,几个月都睡在工厂里,为了企业资金的快速积累,股东们几年不分红利。人本集团就是这样依赖于自身的执行文化,使"以人为本"这一本属于精神层面的理念浸透于制度层，并在物质层面得到了充分且合理的反映。

6. 企业家的才智

企业家的才智是企业运作中影响力最大的要素。人本集团管理者们的确在精明、敬业和运气方面(运气不差经常反映着当事人的综合素质和对机遇的把握能力)有着自己优良的记录。

总之，在中国改革开放以后成长起来的民营企业，由于历史的原因兴起时日短暂，在公有制的夹缝环境中生存比较艰难。从现象来看，它们最大的困惑是对管理人才需求的饥渴和吸引机制构建的困难。所以，民营企业经常因企业家的精明而获得企业的初步成功。但是，一旦谈到企业的长期发展却往往困难重重。究其原因，主要就是在文化和核心竞争力方面对优秀管理干部欠缺吸引力。对优秀员工和管理干部来说，他们选择进入一个企业通常具有这样一些原因：其一是获得一定的经济收入，这是生存和在社会中获得一定地位所必需的；其二是合适的环境，环境如果不适合则心理压力就会很大，而且也会直接影响工作的效率；其三是发展的好处，包括发展的机会和自我实现成就的感觉。这三者具有替代性。当后两条的目的不能满足时如果能给予较高水准的第一项补充也能够在一定程度中保持吸引力，但是由于替代率递减规律的作用，它的代价将越来越大。民营企业通常在第一目标满足方面具有优势，而在第二、第三目标满足方面就有所欠缺了。

 思考和训练

1. 请思考自己所在单位或团队的文化氛围特点是什么？它在哪些方面需要调整？
2. 试着对一个组织进行组织文化体系的设计和策划。

 每日练习

星期一

1. 为自己做个简单的SWOT分析：＿＿＿＿＿＿＿＿＿＿＿＿＿＿＿＿＿＿＿＿

2. 你如何运用自己的优势来为团队尽力？具体表现在：＿＿＿＿＿＿＿＿＿＿

3. 假如你是一个领导者，如何让你的团队成员在工作上配合默契？＿＿＿＿

4. 找出你所在组织制度上尚欠合理的内容：＿＿＿＿＿＿＿＿＿＿＿＿＿＿

星期二

1. 作为一个组织的领导，怎样树立你的榜样？

2. 举一个因你的缺点而影响了你所在团队绩效的例子：

3. 企业决定为所有成员定做一套服装，但团队的女成员在裤子和裙子的选择上有分歧，如果你是该项目负责人，该如何使大家达成共识？

星期三

1. 要让寝室成为一个有学习氛围的场所，你将采取的行动是：

2. 假如你的同事对工作敷衍了事，作为同级的你将对他说的话是：

3. 你认为你适合在什么样的企业工作，为什么？

4. 如果你是领导，为了使你的团队更有文化气息，你将在组织制度上作出哪些改变？

星期四

1. 对于一个向来与你不和的人，你准备怎样改善你们之间的关系？

2. 如果你所在团队的成员之间存在沟通隔阂，作为下属，你该如何替领导分忧？

3. 为了使你的团队学习氛围更好，你对自己有何要求？

星期五

1. 如果你是某企业老总，你认为是制度首位还是职位第一？为什么？

2. 问一下自己，今天说的哪些话具有促进所在团队和谐的功能？

3. 如果你所在公司员工缺乏积极向上的敬业精神，作为下属，你该如何替领导分忧？

星期六

1. 当你快乐的时候，你是怎样与他人分享你的快乐的？

2. 说出自身的两个优点和两个缺点：

3. 如何与不太和睦的人处理好关系？

4. 你所在团队的文化氛围特点是什么？它具体表现在：

星期日

1. 你所在团队在哪些地方体现了"以人为本"？

2. 在改善与你关系不好之人的过程中，最难做到的是什么？

3. 讲一个你了解的团队的氛围，分析它应调整的内容：

4. 如果你所在团队的成员之间存在沟通隔阂，作为领导者，你将为他们做些什么？

模块四 团队战略与核心能力的构建

一、教学目标

终极目标：培养参与团队战略和核心能力构建的能力。

促成目标：1. 理解培养团队战略与核心能力在组织中的重要性；

2. 掌握建立团队战略与核心能力的基本道理。

二、能力训练

活动一　　　　　　　　商店打烊时

道具：答题纸若干，故事情节一份。

活动目的：训练快速听力、快速反应能力。

活动程序：1. 先将答题纸发给学员，培训师说情节(故事情节样本见本模块"思考和训练"，还可以根据需要调整或另编，包括答题纸)，让学员在限定的时间内(如1分钟)回答下面的12个判断题。

(1) 店主将店堂内的灯关掉后，一男子到达。T或F

(2) 抢劫者是一男子。T或F

(3) 来的那个男子没有索要钱款。T或F

(4) 打开收银机的那个男子是店主。T或F

(5) 店主倒出收银机中的东西后逃离。T或F

(6) 故事中提到了收银机，但没说里面具体有多少钱。T或F

(7) 抢劫者向店主索要钱款。T或F

(8) 索要钱款的男子倒出收银机中的东西后，急忙离开。T或F

(9) 抢劫者打开了收银机。T或F

(10) 店堂灯关掉后，一个男子来了。T或F

(11) 抢劫者没有把钱随身带走。T或F

(12) 故事涉及的3个人物是店主，一个索要钱款的男子，以及一个警察。T或F

2. 做完答题纸后，学员通过比对情节，判断自己的答题情况。

3. 公布答案。答案见本模块"思考和训练"。

4. 以正确率高者胜。正确率高者有两个标准：一是答题的正确率高；二是给自己打分的正确率高。最终由培训师决断。

> 🔍 **提示**
>
> 听力、反应能力是社交活动比较多的团队(如营销团队)的较高能力要求，对于这些团队来说，就有必要对此进行有倾向性的训练。

我认为 _____

_____

活动二　空中飞人

时间：15分钟。

场地：空地及1米高的台子(也可低些，低些安全)。

活动目的：挑战自我的安全区，建立对团队队员的信任，感受信任带来的个人突破。

活动程序：1. 全组人员面对面站成两排。

2. 让准备做空中飞人的队员站在台子上，背向队友。

3. 培训师确认学员全部到位，站在台子上的学员背向队友从空中落下(这是一项带有危险性的活动，一定要有专业的教练在现场指挥才能进行)。

> 🔍 **提示**
>
> 这项活动对某些人来说难度很大，要用鼓励的方法，使之对队友产生信任，从而跨越心理障碍，完成空中飞人的任务，但千万不要勉强。

当你跨越心理障碍、完成了挑战之后的感觉如何？_____

怎样才能帮助队友跨越心理障碍？_____

_____

三、理论知识

费雪宾记事本上的1万个点子

莱斯利·费雪宾是美国一家连锁家具店的老板。有一天，他无意中在电视上看到一则彩屏照相手机的广告。费雪宾突然冒出一个灵感：为什么不把公司送货司机的手机全部换成彩屏照相手机呢？这样，司机到达目的地卸货完毕，就可以立即在现场拍照，证明他们在搬运家具过程中没有损坏客户的墙壁和地板。即使他们捅了娄子，也可以通过手机拍摄损坏程度，以便公司借此评估赔偿金额，并留存证据。

费雪宾清楚地知道，这根本算不上什么惊天动地的发明，但对于像他们这样的中小型企业来说，正是这些日积月累、瞄准细节的改进，成为公司不断完善的关键因素。费雪宾办公桌上总放着一个记事本，只要灵感闪现，或者员工提出什么建议，他就立即记录下来，然后再决定是否实施这些改进措施。从1995年到现在，费雪宾的记事本上已经记录了超过1万多条类似的点子。多年来的实践证明，其中最有价值的点子，往往是那些初看上去十分简单，有时甚至是许多人不屑一顾的建议。

（资料来源：许捷.靠员工点子改进细节.环球时报，2004-10-15）

提示

从竞争的角度看，照搬大公司的管理经验固然容易，但无法显示出自身企业的独特优势。对于费雪宾这样的小公司来说，只有着重在细节上动脑筋，于细微处见真章，才能真正建立自己的核心竞争力。

你如何看待费雪宾记事本上的1万条点子？

1. 什么是核心能力

核心能力作为一种企业理论出现，主要是针对行业内存在的竞争，以及对优势企业的特有能力展开的分析。核心能力的定义是由普拉哈德和哈梅尔于1990年在《哈佛商业评论》上发表的《公司的核心能力》中提出的。他们认为"核心能力是组织中的积累学识，特别是如何协调不同的生产技能和有机结合多种技术流派的学识"。在他们看来，核心能力强调的是协调，这一点与管理的本质有相通之处。

核心能力是企业所拥有的一种特殊的资源和能力，使企业能在激烈的市场竞争中取得领先和优势地位。如果一种特殊的资源和能力由众多的竞争企业所控制，那么这种资源就不可能成为任何一家企业竞争优势的源泉。但是，必须指出的是，这种能力确切地说是指企业所特有的能力组合或能力系统，而非拥有的一项技术或技能；同时，核心能力一般是一个企业长期积累的结果，可以体现这个企业的特点，并使其与其他企业显著区分开来。

核心能力是一个相对抽象的概念。不同的企业，甚至同一企业不同的发展阶段，其具体表现也不一样。如果从企业内部不同功能的角度划分，可以把核心能力的表现形态分为管理（决策）能力、技术及其创新能力、市场营销能力、企业文化力、生产制造能力、资本运营能力及以上能力的组合。核心能力最大的特点就是难以被仿制，从而可以使企业保持长期优势，实现可持续发展。

两岸的羚羊

一位动物学家对生活在非洲大草原奥兰治河两岸的羚羊群进行了一番研究。他发现东岸羚羊群的繁殖能力比西岸的强，奔跑速度每分钟也要比西岸的快13米。

对于这些区别，这位动物学家曾百思不得其解，因为这些羚羊的生存环境和属类都是相同的，食物来源也一样，都以一种叫蒿萝的牧草为主。

有一年，他在东西两岸各捉了10只羚羊，把它们送往对岸。结果，运到西岸的

10只一年后繁殖到14只，运到东岸的10只剩下3只，那7只全被狼吃了。

这位动物学家终于明白了，东岸的羚羊之所以强健，是因为在它们附近生活着一个狼群；西岸的羚羊之所以弱小，正是因为缺少这么一群天敌。

（资料来源：雅琴编著.小故事大道理.北京：海潮出版社，2004）

> **提示**
>
> 对手是一把双刃剑，成就自己的往往是自己的对手，对手是促使一切生物生存下来的最好的原动力。

我的看法是

2. 核心能力构建途径

如果把企业当作一个团队来看，团队核心能力的构建可以分为内部培育和外部交易两种途径。

(1) 内部培育核心能力

内部培育核心能力指的是在现有资源条件下，企业通过加强内部管理，强化技术创新、市场创新等，把企业的技术和生产技能融合进企业的生产能力中，不断提炼、吸取从而形成企业特有的核心能力。可口可乐、微软、英特尔等公司都是靠这种途径培育核心能力的。运用这种途径构建核心能力，必须注意核心能力是一种有组织的集体行为。

(2) 外部交易生成核心能力

外部交易生成核心能力指的是利用外部交易型战略、采取收购兼并等方式获取核心能力。这种途径获取的核心能力必须通过内部资源整合，将其吸收并予以发展，才能真正成为企业的核心能力。

3. 如何提升企业核心能力

(1) 提高产业集中度

提高产业集中度就是通过兼并、联合、重组等资本运营方式把企业规模做大，形成一批大公司和大型企业集团。企业的发展单靠自身的积累在短期内是难成大气的，兼并、收购、联合、重组，是企业壮大的必由之路。通过兼并、收购、联合、重组等资本运营方式进行"强弱联合""强强联合"。扩张能使企业规模迅速扩大，增加市场份额和提高竞争优势，实现超常规发展。这是世界著名公司常用的扩张策略。

(2) 制定正确的企业发展战略

制定正确的企业发展战略，必须有一个牢固的基础。基于战略的前瞻性、竞争性、长远性、全局性、现实灵活性和可实施性的特点，必须在大量战略调研的基础上，明确企业生产经营活动所追求的价值观、信念和行为准则。确立企业"有所为有所不为"的经营范围，确立"有所为"的经营方针，制定对企业发展具有推动力、向心力和激励作用的发展战略目标。

一根鱼竿和一篓鱼

从前，有两个饥饿的人得到了一位长者的恩赐：一根鱼竿和一篓鲜活硕大的鱼。其中，一个人要了一篓鱼，另一个人要了一根鱼竿，于是他们分道扬镳了。得到鱼的人原地就用干柴搭起篝火煮起了鱼，没几天鱼就被他吃了个精光，不久，他便饿死在空空的鱼篓旁。另一个则提着鱼竿继续忍饥挨饿，一步步艰难地向海边走去，可当他看到不远处那片蔚蓝色的海洋时，他浑身的最后一点力气也使完了，也只能眼巴巴地带着无尽的遗憾撒手人间。

又有两个饥饿的人，他们同样得到了长者恩赐的一根鱼竿和一篓鱼。只是他们并没有各奔东西，而是商定共同去找寻大海，他俩每次只煮一条鱼，他们经过长途跋涉，来到了海边，从此，两人开始了捕鱼为生的日子。几年后，他们盖起了房子，有了各自的家庭、子女，有了自己建造的渔船，过上了幸福安康的生活。

（资料来源：江枫.一根鱼竿和一篓鱼.生意通，2006-05）

提示

只顾眼前利益，得到的只是短暂的欢愉；目标高远，但也要面对现实；通过人与人之间的合作，把理想和现实结合起来，才有可能成功，才能走得更远。

我的看法是＿＿＿＿＿＿＿＿＿＿＿＿＿＿＿＿＿＿＿＿＿＿＿＿＿＿＿＿＿＿＿＿＿＿

（3）建立高效的组织管理系统，形成相应的观念

设计建立高效的组织和管理系统是提高企业核心能力的关键，此外，还需要有观念上的转变和企业重心的转变，包括从成本最小化到价值最大化的转变，从协调一致到创新张力的转变，从结构设计到联合模式的转变，从精确手段到有机系统的转变等。加强管理，寻求并创造公司的合作优势，通过有效的激励来推动企业创新，提高企业的创新能力，是建立高效的组织管理系统的必需手段。

（4）加强营销与市场工作

适应经济全球化、网络化、市场化的要求，需要更新营销观念，加强营销与市场工作。在瞬息万变的市场上发现新的机会，创造新的市场空间是企业扩大发展的保证。创造新的市场空间，通常要审视、研究很多因素，包括替代品市场、行业内不同的战略性集团、顾客特点、互补品市场、功能或情感吸引力等。通过对这些因素的审视研究，可以发现新的市场，为企业发展开辟新的天地。

（5）构建虚拟科研网，拓展企业自身的能力

虚拟科研网是一种用以对市场环境变化作出快速反应的企业虚拟知识联盟，是一个能够提供意见和信息、进行分析的会员网络。这种联盟既有战术上的联盟，也有战略上的联盟，其主要功能是拓展企业自身的能力。它能够比一个独立的实验室发掘出更多种类的知识源泉，实现技术互补，分散风险，降低研究开发成本，获得规模效益和持续发展能力。

(6) 营造优秀企业文化，构建学习型企业

培育企业持续不断创新的能力和机制，营造优秀企业文化，推进企业知识管理，构建学习型企业，是企业获得持续发展的核心。

认真极处是执著

1984年，武汉柴油机厂聘请德国人格里希任厂长。在这以前，"中国制造的柴油机噪声远播几公里，油迹溅洒数米外。而德国人生产的柴油机可以放在办公室的红地毯上工作，不影响隔壁房间的人们办公"。

格里希刚到武汉柴油机厂时，发现气缸杂质长期徘徊在5000毫克。上任后的第一个会议，他只讲了两句话。一是："清洁度是产品寿命的关键。"二是当着市机械局长的面，把几个气缸放在会议桌上，然后从气缸中一抓一大把铁砂，脸色铁青地说："这绝对不是技术问题，而是责任心问题！"格里希治厂两年，将武汉柴油机厂的气缸杂质由5000毫克降到了100毫克左右。即使卸职(因种种原因)后，每次去武汉柴油机厂探望，他还念念不忘质量问题。当他拿出磁头检查棒伸进缸体孔道探测，发现有未清除干净的铁粉时；当他拿出放大镜检查齿轮上的光洁度，发现有一些波纹时，竟忘记了自己已不是厂长，火气又上来了……

(资料来源：林子明.认真极处是执著.读者，2004(8))

提示

格里希的认真、执著是无法不让人敬佩的。

我认为_____

4. 什么是团队战略

团队战略是通过一定的方式和手段获得团队持续生命力的战略性安排。它不是如同普通组织的战略那样以长远地为顾客提供价值品为谋划，而是倾向于自身改造和建构，所以是更深层面的基础安排。它所展现的特点主要是：团队战略的核心是持续的共同奉献文化；共同奉献需要一个所有成员信服的目标，可信目标是与成功及保持领先密不可分的；在团队中，共同责任的概念已经成为一种常识，"同舟共济"是他们的工作方式；寻找决定团队表现的差异因素，并通过学习和训练调整团队的习惯；管理意志的公共性是其最重要的特征。

5. 管理中如何善用团队战略

团队战略的核心是持续的共同奉献文化。没有这一点，团队只是松散的个人集合。这种共同奉献需要一个所有成员能够为之信服的目标。成功的团队往往将他们的共同目标映射为具体的工作要求，比如将销售商的退货率减少50%，或是将毕业班的数学成绩由60分提高到85分。事实上，如果一个团队不能确定明确的具体工作目标，或是具体工作目标与整体目标毫无联系，那么团队成员会因此变得困惑、涣散、表现平庸。

当一小群人决定将某项产品的成本下降10%或是将某项产品的销售率提高到100%时，他们相对的头衔、工资以及其他个人特性便已经不再重要了。在那些成功的团队中，每个成员如何为集体目标贡献最大力量是人们关注的问题，也就是说，人们关注的是业绩目标本身，而不是各人的地位和利益。对于善用团队战略的组织来说，工作重点在于让团队有效工作、让团队自己负责，并持续地让团队学习、训练、向上，并在此基础上形成团队特有的风格和文化。

(1) 让团队有效工作

任何成绩显著的团队都有"让团队有效工作"的秘诀，如思科成功的最重要原因就在于它的平等文化的构建——通过平等获得有效。

(2) 让团队自己负责

团队战略措施的要点之一就是对团队本身的放手。信任会产生值得信任的员工，不信任会产生不能信任的部下。

锁住的冰柜

1990年，A到美国某可乐公司在上海的投资企业担任人事经理。上班头一天，A发现办公室里的大冰柜上挂着一把大锁，紧紧地锁着各种饮料，看上去有些别扭。于是，A就问外籍总经理："为什么要把冰柜锁起来？"外籍总经理说："饮料过去是放在冰柜里，供所有雇员和外来客人随时享用的，但每次我们将冰柜装满，一转身，冰柜就空了。这冰柜简直成了'无底洞'。所以，只能把冰柜锁起来。"他说，全世界可乐公司的冰柜都可以不上锁，唯独在中国做不到。A本能地对外籍总经理讲："这不是人的素质问题，而是管理问题。"外籍总经理听了跳起来反驳A："你讲什么大话？照你这么说，这不是你们上海人的素质问题，那么请你管给我看看，好吗？"

第二天一上班，外籍总经理就召集全体员工来开会。A对大家讲："昨天总经理告诉我，在全世界，包括越南、菲律宾等国家，可乐公司的冰柜都是不上锁的，而在中国，在我们上海这样一个举世瞩目的、文明的大城市却做不到。有人认为这是我们上海人的素质差，而不得不这么做。但我认为这不是人的素质问题，而是管理问题。因为，如果大家不清楚公司对饮料饮用的全部管理要求，一定会在饮用时出现一些混乱。为了不被人瞧不起，我昨天向总经理提出要就公司的饮料管理问题讲几句话。希望大家配合我，支持我，把冰柜上的锁拿掉！"

"从今天开始，放饮料的冰柜门不再上锁，大家可以在工作时间随时享用公司的饮料，但只能饮多少拿多少，禁止任何人将饮料带回家去。在头3个月里，如果发现有违反规定的现象，我们会提醒大家注意。"话音未落，员工就异口同声地说："不用从第3个月开始，从今天起我们就能做到。"

短短几分钟的沟通，整整锁了两年的冰柜从此永远打开了！后来人们知道，公司里由一个冰柜逐渐变成了每个楼层都有冰柜，但再也没有发生过饮料异常短缺的事。

(资料来源：吴伟.锁住的冰柜.杉乡文学，2006(1))

> **提示**
>
> 考虑一下"老板让我负责"与"我们自己负责"之间的细微而重要的差别，前者可以过渡到后者，但若没有后者则没有团队。

你认为"我们自己负责"有什么意义？

(3) 让团队持续地学习、训练、向上

团队特有的风格和文化的形成与其学习和训练倾向密切相关。每个团队都应该设计一些有自己特色的学习项目和训练课题，通过持续的学习和训练使自己更上一层楼。

四、知识拓展

团队战略战术成功的三大法宝

——上海复星高科技集团有限公司副董事长梁信军2005年4月在高等院校联合召开的"中国民营企业创业论坛"上的讲话摘要

大家可能会问复星十几年的创业成功靠的是什么？主要是3条，第一是优秀的互补团队；其次是合理的战略；最后是差异化的战术。复星12年前靠3.8万元创业，2004年实现了281.3亿元销售额，投资企业共上交35.3亿元税收，控股企业上交18亿元多，纳税名列中国民营企业的第一位，是中国民营企业500强中的第二位。

创业要成功，首先应选对合伙人，这是最重要的。一起步就要选择最好的伙伴。团队竞争是小企业赖以战胜大企业的主要法宝，大企业可以用比较高的代价，用非常好的职业经理人。而小企业有可能通过团队竞争，争取在人力资源上超过大企业，而事实上是超不过的。所以，能寻找到好的合作伙伴是创业成功一半的保证。当然挑选合作伙伴要非常谨慎，首先，要确定你们与这些合作伙伴有共同之处，比如有共同的理想、共同的哲学，包括家庭成员的观念也要一致，这非常重要。其次，要确定合作伙伴之间有互补之处，这个团队最起码应包含4方面的素质：第一，团队中一定要有人具备高超的管理艺术，能将正确的目标用正确的方法激励所有人共同完成；第二，要有专业化的管理水平，一个企业光有理想、没有管理水平将无法控制成本；第三，要有强大的拓展能力，包括产品的销售、融资等方面的拓展能力；第四，还要有战略思考的能力，企业要往哪个方面发展，每一步怎么走，都需要有人进行系统化、战略性思考。所以你想找团队的时候，不仅仅要找钱，更重要的还要找到跟你有共同点，同时又有互补之处的人，只有这样你们这支团队长期的团结、长期协作才是可以预期的，否则就是乌合之众。

很多民营企业已进入二次创业，二次创业成功与否考验的是你能否实现创业团队与职业经理人的和谐相处。对很多民营企业而言，初期是一个创业团队一起干，积累到一定程度的时候，就必须形成一定的企业文化，要引进职业经理人。创业团队很忠诚，吃得少做得多，但缺点是随着企业的成长、发展会感觉到不太专业。职业经理人吃得多，干得也多，所以仅仅是创业团队的企业通常做不大，而仅仅有职业经理人的企业则没有动力，可能走不太远。只有创业团队和职业经理人能够和谐相处的企业才是一个比较成熟的企业。

第二，走对路。走对路是战略的问题，战略和战术的关系是这样，如果战略是错的，你的执行能力越强，你离自己的目标就越远，如果你的战略目标是正确的，你的执行能力的强弱其实只是你企业发展快慢的问题，战略是一种道路的选择。如果在较短时间内，不管战略正确与否，只要足够努力，能够非常敏锐地把握住机遇就能成功。但从长远来看，一个企业的成功是有迹可循的。如果你在不正确的道路上发展，即使一个小小的错误都可能导致必须从头开始。所以走对路，选择正确的战略极为重要。现代的时代机遇是争做先进，坚决不做先烈，诀窍是尽量做充足的准备，要做第一批，但避免做第一个。重大机遇来临时要以第一速度跟进研究，尤其要关注先烈们的教训。只要始终保持与优秀企业为伍，其实你不用每次第一，第一轮下来你就一定是第一了。

第三，寻找差异化。现在中国所有的企业普遍实施全球化战略，我来谈谈差异化战术的应用。用全球化的战略谈谈什么叫差异化战术。中国企业的全球化目标应该是根植于中国比较优势的基础，做全球主流市场的一流企业，而不是简单地追求走出国门。

中国企业在全球化战略的差异化选择中，首先是走向全球主流市场的全球化道路。中国企业的目标是进入全球主流市场，而不是简单地成为全球化的企业。主流市场可以从两个角度分析，第一从区域布局来看，第二从行业价值链分布看。从区域布局来看，考察某一行业的需求在哪里需要从两个层面分析：一个是存量，一个是增量。在存量方面，比如我们要考察一个行业，在去年全年的利润中，区域分布是什么样的，再从区域分布上找到占市场主导地位的市场主体在哪里；在增量市场方面，就是从去年比前年增长的利润中，看区域分布，从增量市场上看增量市场的主体在哪里。中国企业就是要从增量和存量两个市场中，找到自己希望参与竞争的舞台，而不是简单地提全球化。其次是价值分布角度。比如通过企业所在行业的价值链研究和分析，可以很容易地搞清楚哪些环节在创造价值，哪些环节在毁损价值。在全行业现有的存量价值市场中，我们要找到占据价值市场份额的主要环节，去年中国钢铁行业有800亿元的利润，我们要搞清楚这800亿元利润怎么分布，从原料、物流到制造到钢铁的使用，最后分布在哪里。如果中国的企业不能提升这样的战略眼光，不能提升规划预测未来发展，其企业发展一定会受到限制。以复兴医药为例，全球医药行业95%的利润在欧美、日本，中国医药企业要做先进企业一定要定位到欧美。2003年这个行业利润的主要份额是在医药的制造而不是流通，因此我们定位于医药的制造。根据这样的模式，要做主流市场的一流企业，主流市场在欧美日，我们要到欧美日做。现在我们的产品主要做两块，一块是原料药，一块是欧美福利机构采购的成品药。原料药植根于中国的成本优势，不需要品牌、全球销售网络、售后服务体系。事实上这样做也是比较成功的。第二做成品药，我们没有品牌、品质不被信任、价格上不去、没有全球的销售体系，卖给大众的话是很危险的，所以我们是卖给国际红十字会、艾滋病预防组织，他们是福利药，追求的是性价比，不是品牌。以这样的模式，我们把药卖出去就没事了，过程就比较简单。

提示

复星的模式有其特殊性和一般性，每个企业都有必要从自己的特殊性和行业的一般性上分析、设计自己的核心能力和团队战略。

你的看法是_____

1. 结合实际谈谈如何构建团队的核心能力？

2. 活动一的故事情节样本：

某商人刚关上店里的灯，一男子来到店堂并索要钱款，店主打开收银机，收银机内的东西被倒了出来而那个男子逃走了，一位警察很快接到报案。

参考答案：

(1) F(商人不等于店主)　　　　　　(2) F(索要钱款不一定是抢劫)

(3) F(来的那个男子没有索要钱款)　(4) F(店主不一定是男的)

(5) F(店主不一定逃)　　　　　　　(6) T

(7) F(索要钱款不一定是抢劫)　　　(8) F(谁倒没说)

(9) F(店主打开了收银机)　　　　　(10) T

(11) F(是否带走没说，索要钱款也不一定是抢劫)

(12) F(关灯者是谁不确定)

星期一

1. 你所理解的团队核心能力的培养方法是：_____

_____

2. 如果你是企业负责人，当企业面临倒闭的危险时，你该怎样和大家一起同舟共济？_____

_____

3. 如果你所在的团队人心涣散，作为下属，你该如何替领导分忧？

4. 你的下属工作效率很低，你决定就他的业务表现与他谈谈。你将与他讨论的关键点是：

星期二

1. 对于欠缺责任心的员工，你该如何培养他们的"共同责任"观念？

2. 要让自己成为一个有执行力的管理者，你应该学会：

3. 给自己设定一个具体的工作目标，为所在的团队贡献自己的力量：

星期三

1. 一个好的领导应在以下的能力上有所作为，具体是：

带领能力上要

团队建设能力上要

沟通能力上要

2. 如何让自己成为一个有创新能力的管理者？

3. 对自己近期想达成的一个目标进行分析，谈谈它的核心问题：

星期四

1. 如果让你暂代你上级的位置，你想调整组织的核心能力，需要考虑：

2. 优秀的领导与团队的战略设计有什么关系？

3. 某公司一位经理事事亲力亲为，而另一个却放手让员工去做。各自产生的结果是什么？

产生这两种结果的原因是：

4. 假如你是新任领导，设定一个有利于提升团队核心能力的目标：

星期五

1. 选定一个你了解的执行力比较强的领导者，分析他的做事特点：

2. 请你表述一下执行力对人员的影响：
对于管理者

对于被管理者

3. 讲一个团队成员为达成共同目标而团结的小故事：

星期六

1. 人的工作效率在什么时候能够发挥到最佳水平？结合实际作简要说明：

2. 假设你是团队的组织者,你将如何构建团队的平等文化?

3. 你所在团队的最大缺点是什么?

星期日
1. 给自己订一个可执行的计划,看看自己如何逐渐得到人们的重视?
学习上

工作上

生活上

2. 假如你是团队的领导者,要让你的团队在工作上保持积极进取的心态,你会对他们说些什么?

3. 从所在团队的管理特点出发,分析如何提高团队自身核心能力的建设?

参考文献

1. [英] Karen Holems, Corinne Leech 等著. 个人与团队管理. 天向互动教育中心编译. 北京：中央广播电视大学出版社，清华大学出版社，2003

2. [英]菲尔普斯著. 营销培训活动：针对营销经理的实践手册. 包晓闻，张英杰，任明华译. 北京：中央编译出版社，2003

3. [英]克里斯·帕克，布莱恩·斯通著. 领导力开发与训练. 詹正茂，朱美琴译. 北京：机械工业出版社，2004

4. [美]达文波特，贝克著. 注意力管理. 谢波峰等译. 北京：中信出版社，2001

5. [美]朵妮·泰百玲，莎丽·蔚丝著. 培训活动大全. 张振霞译. 北京：企业管理出版社，2001

6. [美]吉姆·洛尔，托尼·施瓦茨著. 精力管理. 付涛译. 北京：中信出版社，2003

7. [美]拉里·博西迪，拉姆·查兰著. 执行：如何完成任务的学问. 刘祥亚译. 北京：机械工业出版社，2003

8. [美]席尼·萧尔著. 天才发明家. 李毓昭译. 哈尔滨：哈尔滨出版社，2003

9. [美]阿尔伯特哈·伯德著. 服从：完成任务的学问. 剑东编译. 北京：当代中国出版社，2004

10. [美]弗兰克·哈多克著. 意志力训练手册. 高潮译. 北京：中国发展出版社，2005

11. [美]彼得·圣吉编著. 第五项修炼：学习型组织的艺术与实务. 郭进隆译. 上海：上海三联书店出版，2004

12. 盛立先，谢敏，吴荣新，叶炳荣著. B理论：关于被管理者及其向上管理的叙述. 北京：光明日报出版社出版，1989

13. 谢敏，盛立先，吴荣新著. W理论：关于组织外部来的管理、受外部管理对外管理的叙述. 北京：光明日报出版社，1993

14. 杨文士，张雁主编. 管理学原理. 北京：中国人民大学出版社，1994

15. 康荣平主编. 中国企业的跨国经营：案例研究工作·理论探索. 北京：经济科学出版社，1996

16. 胡科编著. 卡耐基训练教程. 呼和浩特：内蒙古人民出版社，1997

17. 边一民，徐力，喻燕刚，周建新编著. 组织行为学. 杭州：浙江大学出版社，1998

18. 周三多，陈传明，鲁明泓编著. 管理学：原理与方法. 上海：复旦大学出版社，1999

19. 王东云编. 企业管理培训游戏. 上海：学林出版社，2003

20. 章哲著. 职业经理十项管理训练：职业经理的团队管理. 北京：中国社会科学出版社，2004

21. 陆炳霖编著.有效执行的29个关键.北京：机械工业出版社，2004
22. 滕宝红，刘珍编著.新活力新进员工内训手册.广州：广东经济出版社，2004
23. 陈龙海，韩庭卫编.企业管理培训故事全书.深圳：海天出版社，2004
24. 雅琴编著.小故事大道理.北京：海潮出版社，2004
25. 林格主编.怎样培养习惯.北京：新世界出版社，2006